科学技術の進展と人類の持続可能性

持続可能な開発：SDGs' UNPRI（ESG）の必要性

勝田 悟 ［著］
Katsuda Satoru

中央経済社

はじめに

　科学技術は，人を幸せにするものであり，人類はこれまでにさまざまな研究開発を行ってきています。地球上における物理法則から宇宙における変化，時間と空間の関係，目に見えないダークマター，ダークエネルギーの解明と果てしなく知的活動は続いています。自然科学は物理，化学，生物など人によって分類されていますが，すべてが有機的に関係し合っています。さらに，科学で得た知見を人類の生活に直接結びつける技術は，工学へと発展し，工業生産へと進展しています。新しい技術は，生活や多くの産業に応用され，生活に利便性を与え，産業を効率化しています。

　しかし，かつて工学は，軍事的な目的として開発が進められたこともあります。また，新たな技術は新たに化学的現象，物理的影響，生物学的な影響を発生させ，予想しなかった現象を示すこともあります。新たな科学的現象を発見し，技術へ応用し普及することで社会的メリットや経済的メリットは拡大しますが，その利点の陰に隠れたデメリットを見失うことがあります。製造物による一般公衆の被害，製造現場での災害，事業所周辺の公害，地球規模の環境破壊がしばしば発生し，また核エネルギー，生物，情報通信と軍事利用される技術は，そのメリットを正当化しようとしても納得できるものはありません。研究者の研究成果を確認したいという気持ちは，時には悲惨な結果をもたらします。

　科学と技術は，人の生活を豊かにしますが，予見できない，または予見しなかったリスクも秘めています。適切に研究開発していかなければなりません。しかしながら，未だに科学技術の影について事前評価は，あまりなされていません。「持続可能な開発」，SDGs（持続可能な開発のための目標）が注目され，ESG経営・投資が注目されているにもかかわらず，最も基本的な部分の管理が不十分なままです。

　本書では，最初に主要な科学技術の発展の経緯（科学史概要），科学技術の開発の段階（開発のプロセスの概要），技術予測（フォーキャスト），技術戦略

（バックキャスト）を取り上げ，科学技術の開発の基本的な事項を説明し，現在注目されている科学技術の現状と課題を解説します。

　特に以前の核エネルギー，プラスチック用途の多様化など，科学技術による有益な面の追求は各種行われますが，爆発・火災などの災害，有害物質・病原体による汚染など，さまざまなリスクについては十分な事前評価がなされていなかったことに問題意識を持ち説明します。

　最後に，本書の出版に当たって，株式会社中央経済社 学術書編集部　編集長 杉原茂樹氏に大変お世話になりました。心からお礼を申し上げます。

2021年 6 月

勝田　悟

目　　次

第2章 自然現象

2.1 生物の繁栄と衰退・56

第4章　物質とエネルギー

第 **1** 章

研究開発

1.1
「科学」と「技術」

1.1.1 知識を得るためのエネルギー

　人は，自然現象に疑問を持ち，それを解明しようと化学，物理，生物などに関する興味を深めました。知能が発達し，言葉でコミュニケーションをとり，人と人との関係いわゆる社会を形成し，社会現象へと関心の幅を広げています。人間は，脳を使い思考していることから，すべての人は科学者です。

　人の脳は，成人で約1,200〜1,500gです。体重の2%前後に過ぎませんが，エネルギー消費は1日に300〜450キロカロリーに及び，全エネルギー消費の約1/5が消費されています。生活するための知識を得ている子供は，半分以上のエネルギーが脳で消費されています。棋士やプロのチェスプレイヤーでは，試合中は成人における単位時間当たりの消費エネルギーは10倍以上に及びます。このように，脳で大量にエネルギーを消費する動物は人間だけです。

　人が他の動物と異なるところは，この脳の働きによります。人類は自然環境に適応し，次々と起こる問題に対処する知的な機能や能力を向上させ，柔軟に生き抜いています。人は，自然に生きる動物のような高い運動能力を持っていませんので，知的な能力がなければ動物たちの餌になってしまいます。人が集まり社会を形成し，集団が連携することで効率的に生活し，自然界で生存する能力を高めていったといえます。

1.1.2 持続可能性

　人や動物が生きるためのエネルギーは，光合成で作られた食物が体内に取り込まれて酸化され熱や動力になります。食物には，光合成で直接作られる植物，その植物を摂取する動物，いわゆるバイオマスが対象となります。このバイオマスは，人間や生物すべての体も形成しています。人類の食料採取・入手方法は他の動物と異なり，変化し多様化していきます。そして短時間に失敗分析を積み重ね，次々と改善していきます。また，食料の生産，貯蔵および移動が効

率化していきます。

　人類が最初に食料調達を行った狩猟，漁猟は，自然生物を食料としており，時には野獣との戦いともなっていたと予想されます。人が捕食されるおそれもあり，高リスクの食料調達であるといえます。一方，山林などから採取できる木の実，海岸の海藻，貝類は比較的低いリスクで得られたと思われます。時には，寄り鯨（海岸に打ち上げられる鯨）のように大きな海獣がタンパク源となっていたと推測されますが，需要に対し安定した供給源となっていたとはいえません。弥生時代となると農業が始まりました。農作は貯蔵できる安定した食糧を得ることができます。植物，動物の性質を分析し，気候，季節などを観察し，経験などを解析することで，効率的に食糧を確保し，また動力源として利用し，自然に適応する知識を積み重ねていきました。

　しかし，狩猟のみで食料を得た生活と異なり，農業は朝から晩まで長時間の労働を強いられます。労働が生活のほとんどの時間を占めることとなり，人の生活様式が変化しました。また，経験がない，知見がないこと（hazardが不明なもの）に関しては，なるべく回避すること（exposureを減少）を身につけていきます。ただし，近年では，過労死や労働災害，メンタルヘルス障害および環境汚染・破壊など，人類のみが発生させるリスクも生み出しており，中長期的な視点で考えなければならないことが提唱され始めています。

　他方，人類は自然は無限であると間違った認識があり，有限であることが科学的に証明されても感覚的に理解できず，食料採取，生産および廃棄は無計画に増加していきます。人口が増加すると，バイオマスを生産せず，自然のバイオマス消費のみする生活には限界があり，次々と新しい豊かな土地に移住しなければならなくなります。しかし，その移住先にも限りがあります。

　バイオマス生産における基本的化学反応である光合成では，水が必要です。水の安定供給が失われると持続可能性が低下します。農業技術を手にした人々は，特定植物を繁殖させる生産能力を向上させても，灌漑を失敗するとその土地での生活はできなくなります。日照時間，気候，季節など光の供給も重要な要素です。農業技術は，多くの自然状況を把握する必要があります。自然科学が発展する要因の1つとなりました。

　しかし，近年では輸送技術の発展，経済効率（社会科学・経営工学等）の向

図1.1.1 光合成による有機物（食料）の生産技術向上

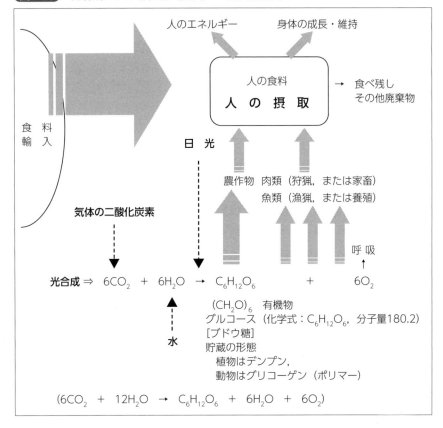

上から食料の輸出入が拡大し，農業技術発展にも影響を与えています。人の生存における持続可能性に目を向けますと，人をはじめ生物の最も基本的な構成要因は有機物で再生可能な材料であり，再生可能なエネルギーとなり得るバイオマスです。そして，物流の拡大によって，価値の高い（高付加価値）食料は高度な輸送技術で高いエネルギーを使って輸送されます。対して，安価な農作物は安価に大量に生産できる地域から莫大な量が効率的に輸送されています。高価な食物には，その食料の持つ（人が摂取する）エネルギーより遥かに大きい量の燃料エネルギーが使用されています。したがって，費やすことができるコスト，すなわち経済的要因の強い影響を受けて，農業，輸送技術開発が実施

されています。

　資源が有限であることを考えずに，人の欲求を満たすための（または利益を上げるための）研究，開発が進められています。なお，経済的な利益は，金融工学によって，その価値は容易に変化してしまいます。持続可能な開発が行われているとは言えません。持続性が失われると，そもそも経済活動の維持も困難になります。

　光合成に必要な水の消費量は感覚的に捉えにくいものです。さらに，これら食料の生産には大量の水が使われています。食料輸出国は，輸出される食料に含まれる水よりさらに大量の水を生産地で消費しています。これらをバーチャルウオーター（（virtual water：VW／仮想水）(*1) といいます。そして，その農業生産には広大な土地も使われており，エコロジカルフットプリント (*2) といった指標で表されています。科学技術の発展は経済格差を生み，新たな貧困国を発生させ，飢餓や強制労働など問題を引き起こしてしまいました。例えば，クリーンエネルギーとされるバイオマス燃料を得るために，途上国の安価な穀物でアルコールが生産され，先進国のクリーンな燃料として使用されました。その結果，途上国の食糧が不足し，大規模な飢餓が起き暴動も発生しています。

　科学は，「絶対」ではありません。常に誤差，予見できない事態が起きることがあります。そのデメリットを事前によく検討しなければなりません。メリットのみに目を向けることなく，経済力が低い国や地域にデメリットが生じないようにしなければなりません。公害の発生や原子力事故など，環境汚染は経済面におけるデメリットであるため，事前評価が不十分となることがあります。「汚染者負担の原則」をよく検討して，不公平が発生しないように科学的事前評価に十分なコストをかけ対処しなければなりません。

1.1.3　鉱物資源としての価値

(1)　資源の共通価値

　大航海時代（15〜17世紀前半〜中頃）は，もの，サービスの生産技術が進み，軍事技術が進んだ国が，技術を持たない国を軍事的に支配し，植民地にしました。西欧の文化，経済システム，習慣などが世界的に広まりました。世界各地

の文明を持った民族が，次々と侵略され滅亡しました。多くの国が西洋の国に支配されました。貿易も盛んに行われ，環境中で酸化されにくく化学的な変化をあまり受けない貴金属の価値は，世界的共通の価値となりました。

　航海など移動に関する技術が人の交流を広め，もの，サービスの国際的な価値が確定していきました。その結果，資源採掘，精製するためのコストがほぼ定まり，技術開発の経済面からの評価が可能になりました。そして，科学，技術の知識も国際的に広がり，世界各国のレベルが向上するきっかけを作りました。しかし，経済レベルの格差と同様に技術レベルの格差も生まれ，社会的問題も発生させてしまいました。

　日本は山岳地帯が多く，火山も複数存在します。鉱脈は，地下のマグマが地殻を通り吹き出る際にできる亀裂に鉱物が凝縮しできる鉱床に生成します。鉱床には，亜鉛（Zn），鉛（Pb），銀（Ag），金（Au），銅（Cu），鉄（Fe），二酸化ケイ素（SiO_2）（*3），イオウ（S）などが含まれます。これら多くの有用な資源は，戦国時代は鉄砲など最新兵器調達のための重要な資金となり，江戸時代は欧州の国々が日本に求める貿易品として，明治になってからは富国強兵のための政府の財源として採掘が進められました。

　これら貴金属（金，銀，銅）の価値は，現在では格差が大きくなり，金は銀の数十倍（約65倍［2021年3月現在　約6,500円/g］）です。銅は，ここ20年間数百円/kgで変動しており，金価格の約10,000分の1です。近年は，金，銀，銅の価値はほぼ定まっています。しかし，紀元前3000年頃は，金より銀のほうが価値が高かったとされます。自然金は自然銀よりも比較的多く存在していたことから，銀のほうが価値が高いとされました。資源は，技術の進展，需要量と供給量による経済的価値の変動で，人が資源につける価値（価格）は適宜変化しています。

(2)　貴金属

①　銀

　銀は，金属の中で導電性，熱伝導性が最も高く工業用としての利用が注目されます。可視光の反射率も極めて高く，装飾用としても古くから利用されています。金属の中では環境中で安定な状態で存在しており，水に難溶であること

から，スプーン，ナイフ，フォークなど食器に使われています。人の口の中で溶解することがなく，味覚を刺激することがないため，料理の味に影響することが少ないことが適していたと考えられます。一般的に高級食器として扱われています。また，銀イオンは細菌などに対して強い殺菌効果があるため，さまざまな物に対して抗菌剤として利用されています。

　しかし，他の化学物質と反応しやすく，環境条件によっては変化してしまいます。特にイオウと反応し硫化物（Ag_2S）を生成しやすく，生成物は黒ずみとなります。銀製の装飾品，食器やなどによく見られ，イオウ泉の温泉などでも銀製品の表面を黒くしてしまいます。

　銀が人の生活に利用され始めたのは紀元前3000年頃からで，非常に貴重なものでした。16世紀半ば以降には，アメリカ大陸，オーストラリア大陸から持ち運ばれた銀によって価格革命が起き，全欧州の銀価格が下落しています。現在も両大陸は世界的に主要な生産国となっています。日本は，「日本書紀」に対馬における銀生産が記述されており，7世紀後半から始まったと考えられています。日本の石見銀山（島根県大田市），生野銀山（兵庫県朝来市）では，16世紀初頭に海外から得た銀の製錬技術である灰吹法がもたらされ，銀の生産量が飛躍的に向上しました。日本では，この頃から江戸時代にかけて，世界の銀生産の3分の1を占め（*4），国内の銀資源のほとんどが海外に流出しました。この影響によっても世界の銀価格を下落させています。

　灰吹法とは，銀や金を含んだ鉱石（貴鉛）を酸化分離して，銀または金を抽出する方法です。石見銀山の精錬で行っていた「灰吹法」では，灰の上に貴鉛（鉛85％，銀15％：角礫凝灰岩）を乗せ，木炭を燃焼させ1,000℃前後にすることで鉛成分を灰に染み込ませ（酸化鉛として分離），上部に残った分離された銀を取り出していました。

　石見銀山は17世紀～18世紀にかけて繁栄しましたが，その後銀鉱石が減少し，銀生産量は急激に減少しました。明治時代に藤田組（当時は大阪が本社：現DOWAホールディングス（同和鉱業株式会社））が，大規模・効率化した灰吹法，沸点分離での銀や銅の産出を図りましたが，鉱石の比率が採算に合わなかったため1年半で生産（清水谷精錬所）を中止しています。その後，国際的に知名度があった石見銀山地区は，2007年に「世界の文化遺産および自然遺産

8

の保護に関する条約」に基づいた世界文化遺産に登録されています。

　生野鉱山は，16世紀に石見銀山から採掘・製錬技術を導入し，銀採掘が活発に行われるようになりました。そして，明治新政府が富国強兵の一環として日本の鉱業の近代化を図り，官営（直轄）の鉱山として積極的に銀生産を行い，1973年まで採掘・精製が続けられました。

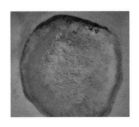

図1.1.2　灰吹き銀

　灰吹法が広まることにより銀の生産効率は向上しましが，酸化鉛の粉塵を吸い込んだ作業員は急性または慢性の鉛中毒を発症していました。鉱山での劣悪な作業環境も相まって当時の鉱夫は短命であり，30歳まで生きられた鉱夫は尾頭付きの鯛と赤飯で長寿の祝いをしたほどでした。作業者の健康リスクまでは配慮されていませんでした（*5）。

　国際的には金，銀を鉛ではなく水銀（常温で唯一液体の金属）に溶け込ませ分離するアマルガム法も古来から行われてきた技術で，旧約聖書にも記述があります。この方法では，アマルガム（水銀と他の金属の合金（*6））から水銀（沸点が低いことを利用）を除去させるために熱を加えて分離するため，作業者が水銀蒸気を吸い込み水銀中毒になりました。

② 金

　銀は環境中での化学変化（硫化物の生成等）がネックとなってしまうため，その代わりとして価値を持った金属資源が金です。金は，イオン化傾向（イオンになり溶液に溶け込む傾向）が全金属の中で最小で，環境中で変化しにくい極めて安定した物質です。人類は古代より永遠を求めていることから，環境中でほとんど変化しない金は次第に貴重価値を高めていきます。

　そして環境中で安定である性質を利用して，腐食を防ぐための金メッキ（表面加工）技術が広まります。これにより，人工物の長寿命性を得ることができるようになります。特に水銀と金の液体状のアマルガムを生成し，塗料のように塗布し，火で炙り水銀を揮発することで金の薄膜で表面処理を行う技術が普及します（*7）。日本では古墳時代から行われてきたとの記録があります。

　奈良時代に作られた東大寺大仏の建設時にも，大仏表面にアマルガムによる

金メッキが行われています。前述の金，銀の分離と同様に，水銀を揮発させる必要があります。高さ14.7mもある大仏に金メッキを行ったことから，大量の水銀が揮発したことが予想され，周辺に水銀汚染被害があったとの学説が有力視されています。8世紀にこのような技術を大規模に利用していたことに驚きますが，金の美しく気高い効果のみにとらわれすぎて，健康被害，環境汚染についての知見がなかったために大きな被害を引き起こした可能性があります。公害による有害物質汚染や原子力発電所事故による放射線汚染に類似しています。

　土肥金山（静岡県伊豆市）は江戸時代に第一期黄金時代を，明治時代から昭和にかけて第二期黄金時代を迎え（佐渡金山に次ぐ生産量で，推定産出量は金40t，銀400t）ましたが，1965年に閉山しています。1609年（慶長14年），キリシタン宣教師たちによって水銀を使うアマルガム金製錬法の技術が導入されて，金の実収率が飛躍的に改善されています。土肥金山では金座および銀座があり，銀の生産も当該方法で行っていたことが推測できます。土肥鉱山の天正金鉱（1577年開坑）では，地下1メートルの土地に水銀が検出されています。ただし，この製錬方法は，現在世界各地で水銀汚染を発生させている方法で，水俣条約（水銀条約：2013年10月10日に熊本県で開催された国連環境計画の外交会議で採択）によって国際的に規制が始まっています。

　水銀は国内に多くの産地がありますが，徳川幕府（江戸時代）は海外より輸入しており，土肥鉱山（金，銀）に幕府より必要量が供給されていた記録があります。ただし，鎖国後は水銀の輸入が激減されたことから，水銀アマルガム法は衰退していったと考えられます。代替法として，従来より行っていた灰吹法に戻っていったと考えられます（生産も減少しました）。徳川家康からこの鉱山の代官を任ぜられた大久保石見守長安は，戦国大名武田氏に仕えていましたが，武田氏の没落で浪人となりその後徳川家康に召し抱えられた人物です。したがって，武田氏の金銀採掘のノウハウがあったと考えられ，石見銀山ではその経験から灰吹法を改良し，銀生産を増産させています（大量の銀の輸出によって世界の銀市場が下落し，国際的な金融の混乱を起こしています）。土肥鉱山で，金および銀生産の技術開発を行ったと思われます。

　現在では，電気メッキ技術によって工業的に表面処理に利用されています。

極めて有害なシアン化金（Ⅰ）カリウム（K[Au(CN)$_2$]）を電解液として表面処理対象物に金被覆（膜厚0.1μm程度）を行い，高価で貴重な金を有効に利用することができます。装飾用が中心だった金は，科学的な性質が少しずつ解明されていくことで工業用材料としての価値も高まりました。非常に高い耐食性，低い電気抵抗，高い展延性，はんだ付け（金属の接合）性がよい，などの優れた特性により，高い性能を持つ電子部品，電子回路，導電性コネクターには欠かせない材料となりました。

　金は採掘できる量が非常に少ないため，展延性を生かし箔状態にして利用することも行われています。古代エジプトで王座などの調度品に金箔が使われていたとされており，日本では1593年から加賀藩で金を箔にする技術が導入され始めています。その後加賀藩があった石川県金沢市では技術開発が進み，職人によって作られる金箔の厚さも0.1～3μmと，工業的に作られたものと同程度になっています。伝統工芸品とされ，近隣にある輪島塗，山中塗りなど漆器，九谷焼など陶磁器の絵柄，さまざまな建物の装飾に使われたことなどが発展した理由と考えられます。

(3) 価値の変化

　鉱物資源は，科学技術の進展でその価値が大きく変化します。新技術，新素材は次々と開発され，必要とされる材料が変化し，供給される資源の価値が変わります。エネルギーも化石燃料から水素，自然エネルギーを利用した電気需要が拡大し，新しい技術開発が求められ，必要となる資源が変化してくる可能性が高いといえます。

　SDGsの推進やESG投資の拡大などで，従来の経営戦略は転換を余儀なくされつつあります。社会の変化は，短期，中長期における科学技術開発の方針も新たに検討しなければならなくなっています。

1.1.4　加速する科学技術の進展

(1) 蒸気機関と工業化

　18世紀に英国のジェームズ・ワット（James Watt）などによって蒸気機関が実用化されたことで，産業革命が進展しました。しかし，その原動力は森林

伐採によって得られるバイオマスであったため，乱伐により国中の森林を枯渇させてしまいました。この英国をはじめとする欧州のエネルギー危機を切り抜けられた理由は，18世紀末から化石燃料資源である石炭を利用できたからです。英国では，5世紀から石炭の商業的採掘は始められており，18世紀初めから製鉄に石炭から作られるコークス（*8）が利用されていたことから蒸気機関の燃料として大量に採掘され，エネルギー使用が始まりました。また，石油化学が始まる前には，化学合成による有機化合物の生成に石炭が利用されていました。この炭素化合物を生成する分野は石炭化学と呼ばれていました。このほか産業革命では，鉄道，海運など運輸，綿糸生産（繊維工業），製鉄生産など工業化が進みました。

図1.1.3　蒸気機関車

英国で1825年に世界最初の蒸気鉄道が開業し，日本では1872年に新橋と横浜間に初めて走行しました。

写真に示すD51型蒸気機関車（日本ではデゴイチと呼ばれた）は，当時の日本国有鉄道で最も多く使われ，1975年末まで鉄道輸送を行いました。

　欧州では，石炭が利用される前に多量に森林が伐採されたため，自然環境が大きく変化してしまいました。その後，植林が盛んに行われ，現在は人工的な美しい森が多く作られています。

　石炭から固体成分であるコークスを乾留（*8）によって分離する際に，副生成物としてコールタール，化学産業で重要な原料である各種有機化合物（芳香族化合物［多環芳香族炭化水素］：ナフタレン，ベンゼン，フェノール，ベンゾピレン，フェナントレン［アントラセンの異性体：医薬品の合成原料］），クレオソート油（カーボンブラック（*9）の原料，殺菌，防腐剤［200種類以上の有機化合物が含まれます］），硫酸，アンモニア，ピッチ（Pitch），石炭ガスが作られます。

　コールタールは，常温では液状で木材の防腐剤，屋根の塗料，炭素電極の保持剤として使用されています。また，コールタールを原料として製造される

ピッチコークスは特殊炭素材の原料となり，アルミ精錬用の陽極の電極材や電気製鋼炉用炭材，半導体用特殊炭素製品に利用され，太陽光発電用の太陽電池パネルに欠かせないものとなっています。クレオソート油から作られるカーボンブラックは，自動車タイヤ，インク等に用いられ，タイヤの性能向上に重要な化学物質です。硫酸，アンモニアは，現在の化学工業にとっては欠かせない化学物質です。アンモニアに関しては，新しい火力発電所の原料として研究開発が進められています。現在の火力発電所でそのまま使用できるメリットがあります。

図1.1.4 化学プラント

化学コンビナートの中では，プラスチックや合成繊維など有機化学製品，または鉄やチタン，その他さまざまな合金など無機化学製品が作られ，他の産業の原料，身の回りの製品に加工されています。産業革命以降，技術革新が進み，莫大な種類の化学製品が作られるようになりました。原子レベルですべて操作できれば，理論的（理想として無駄なくする）には，化学物質はすべて製品にすることができます。

コールタールの副生成物として生産されるピッチは黒色で粘弾性のある樹脂で，道路の舗装材（アスファルトに類似），粘結剤，防水材として利用されます。樽や航海時代の木造船の防水にも使われました。江戸時代末期1853年に日本に開国を迫ったマシュー・ペリー（Matthew Calbraith Perry）が率いてきた米国海軍東インド艦隊（蒸気船2隻を含む艦船4隻）は「黒船」と呼ばれましたが，この黒色はピッチによる防水材の色です。その後石炭からメタンガス（都市ガス）を生産する際にもピッチが発生し，現在は炭素成分として炭素繊維など最先端技術を用いた炭素製品の原料となっています。

石油の蒸留によってもアスファルトなど各種成分とともにピッチも生産され，同様に炭素製品の原料になっています。なお，蒸留とは，石油など成分が異なる液体を熱に加えて蒸発させ，沸点の異なる化学物質を分離する分留を行い，

再び凝縮させることで成分を分離，濃縮する操作のことをいいます。現在では高度な分留ができるようになり，廃液の再生（分離・精製［refine］，リサイクル）にも使われています。一度にいくつもの分留ができる（沸点の違う化学物質を分離：この分離の数を段数で呼ぶことがあります。5種類の分留を5段の蒸留など）装置も作られています。廃液の精製には，複数の分留が必要となります。

　石炭ガスは石炭を高温乾留して得られるガスのことで，コークス生成の際に大量に発生します。成分（容量）は，水素が約50％，メタンが約30％，一酸化炭素が約8％で，工業用燃料，化学産業用水素源となっています。この成分のうち，メタンは都市ガスとして利用されます。石炭精製または石炭ガス生成時に副産物に含まれるイオウおよびその化合物であるセレン（Se），水銀（Hg），ウラン（U），トリウム（Th），ヒ素（As）が灰（フライアッシュ［飛灰］，ボトムアッシュ［落下した灰分：主灰］）となり，廃棄物として発生します。東京都築地市場の移転の際に土壌汚染が問題（2013年にヒ素など確認，2017年に一般へ公表）となりましたが，石炭ガスを製造していた大手ガス会社のガス製造工場跡地であったことから，副産物が土壌に浸透していたものと考えられます。持続可能性のある生産事業であったとはいえません。他方，石炭ガスの半分を占める水素は，燃料電池等将来のクリーンなエネルギーとして注目されており，この水素を利用するビジネスが進められています。技術開発による工業化は生活を向上させますが，リスクも伴っています。

(2)　技術の普及速度

①　蒸気機関からリニアモーターカー

　蒸気機関は，1690年にフランスの物理学者デニス・パパン（Denis Papin：フランス語発音ドゥニー・パパン）によって発明されています。デニス・パパンは，圧力調理器も開発した発明家でもあります。この蒸気機関は，大気圧を利用した装置で蒸気を発生させてエネルギーを得るものではありませんでした。蒸気を使った機関を発明したのは，1698年に英国の技術者トーマス・セイベリー（Thomas Savery）です。

　その後，71年後の1769年にジェームズ・ワット（James Watt）が工業で使

用できる実用的な蒸気機関を開発しました。これまでの蒸気機関より熱ロスが非常に少なく，効率的にエネルギーを得ることができるように性能を高めました。国際単位系（International System of Units，仏語Système International d'unités：SI）（*10）における仕事率（単位時間当たりの仕事量）の単位名称である「ワット（W：J/s［J＝仕事量，s＝時間]）」は，ジェームズ・ワットにちなんで定められました。

　その後，エネルギー資源として石炭が使われたことで，蒸気機関はさまざまな動力源となりました。この動力を利用した蒸気船は，フランスで1783年に作られました。蒸気機関車は英国で1802年に発明され，1804年に蒸気機関車が線路（軌道）上を走りました。蒸気機関が発明されてから産業界で実用化されるまで70年以上要したにもかかわらず，さまざまなものに応用されるまで10数年で普及しています。そして，1881年にはドイツで電車が走り，1897年にルドルフ・ディーゼル（Rudolf Diesel）によってディーゼル機関が発明され，1912年には鉄道車両の動力源に利用されています。

　効率的な移動，運搬手段を得た人類は，石炭の燃焼による蒸気から，新たに軽油によるディーゼルエンジン，ガソリンによるガソリンエンジン，電気によるモーター，核エネルギーを利用した原子力とエネルギー源を多様に変化させ，動力を産み出す方法も次々と開発しました。最も利用しやすいエネルギーである電気を生み出す方法は，さらに多様化して行きました。電気エネルギーを伝える材料も効率化され，超伝導技術が実用化されたことにより，電気が流れることで発生する磁場で生じる磁気力を利用して車体を浮かせて走るリニアモーターカーが作られました（*11）。1970年に日本・大阪で開催された万国博覧会で既に日本国有鉄道（現 JR）がリニアモーターカーの模型を展示しています。

　人工的に作られた動力である蒸気機関が技術開発され，業界で実用化されたことでさまざまに応用され，新たな技術を次々と生み出しました。その広がりは現在の最先端技術開発へとつながっています。

　なお，超伝導（または超電導／超電気伝導）の状態は，電気抵抗がゼロで，マイスナー効果が生み出されるのが特徴といえます。電気抵抗ゼロの状態は，理論的には電流が永遠に流れ続けるため，電力ケーブルに利用すれば熱や動力に利用されるまで全く損失がないということとなります。また，超電導（状態

を保った）コイルに電気を流し，ループさせれば電気が流れ続けることとなります。マイスナー効果とは，磁場における磁極が，S極とS極，N極とN極が反発し合うことがなく，N極とS極が引き合うこともなくなることをいいます。超伝導体の上に磁石を乗せると，その上部で降下することなく空中で止まります。その様子が磁石が浮上しているようになっているため，浮上という言葉が一般的に使われています。

超伝導現象は，1911年にオランダの物理学者カマリン・オンネス（Heike Kamerlingh Onnes）が水銀（Hg）の実験で発見し，その後スズ（Sn），鉛（Pb）でもこの現象が生じることを明らかにしました。しかし，その温度は，−200数十℃と絶対温度（*12）0Kに近い超低温だったため，実用化が極めて困難でした。1990年頃から常温に近い温度で超伝導の状態を生ずる化合物を発見するために研究開発されています。既に数千種類もの超伝導材料が発見されていますが，いずれも超低温状態での現象がほとんどです。イットリウム（Y），ニオブ（Nb）の化合物で比較的高い温度での利用が期待されています（*13）。リニアモーターカー以外にも，高効率電力ケーブル，電力貯蔵，核融合設備，素粒子研究における加速器，医療設備・MRI（Magnetic Resonance Imaging）または分析機器・NMR（Nuclear Magnetic Resonance：核磁気共鳴）装置などに応用されています。

② 通 信

他方，人々が毎日使用する身近な技術も急激に変化しています。例えば，コミュニケーションツールである電話も次々と研究開発が進み，一般公衆がその利用を十分使いこなせないほど進化しています。英国スコットランド出身のアレクサンダー・グラハム・ベル（Alexander Graham Bell）が，1875年に米国で電信線を利用して音声を伝える技術を開発し，特許を得たことで電話が実用化していきます。1878年には米国内に100数十もの電話会社が設立され，日本では，その12年後の1890年に東京・横浜で電話サービスが開始されます。1906年には太平洋を横断する海底ケーブルも設置されました。

その後，アナログで音声データを伝えていた方式が，1976年にベル研究所によってデジタル式の交換機が実用化されたことで，デジタル方式での電話へと

進化しました。通信サービスをデジタルデータで統合するISDN（Integrated Services Digital Network）が1990年頃から普及し，PC（Personal Computer）を利用したインターネットでさまざまな情報が飛び交うようになりました。銅線を利用した電線ではなく，光ファイバーによる光通信により大容量のデータを送信することが可能になり，高速道路，鉄道，電力，水道などとの共同溝に光ファイバーが新しい通信インフラストラクチャー（infrastructure：以下，インフラとします）として世界各国で整備され，情報送信のデジタル化が急激に進みました。

　電話は，1984年頃から移動時にも使えるようになり，自動車電話，ポータブル電話機（肩掛け式電話）などが利用されるようになります。そしてデジタルデータ送信で通信機器が大きく変化した1990年前後から携帯電話が普及し始めます。無線機の一種であるPHS（Personal Handy-Phone System）も1995年から始められます（日本における個人向けサービスは2021年1月で終了）。2007年以降は，PCのOS（Operating System）（*14）のようにモバイル向けOSが備わった携帯電話であるスマートフォンが急速に普及しました。画面が大きいタブレットなど，その形態も変化しています。また，デジタルカメラなどの機能も有し，身近なデジタルデータの作成，送信にその利用を拡大しています。日本の自動車部品メーカーが開発したQR（Quick Response）コードによる高速読み取り機能で，情報送信が容易になり，電子決済など機能が多様化しています。無線で通信する技術は，災害時などに通信ケーブルが遮断されたりしたことへの対応として整備されていましたが，近年では一般的な電気通信手段となりました。1990年頃は，有線による通信ケーブルが整備されていない途上国等で携帯電話が急激に普及しましたが，その後，有線電話より各種機能を有する携帯電話が世界全体で主流の電気通信手段となりました。

　電話が発明されてから便利なコミュニケーションツールとして100年以上もかけて普及してきた有線を利用した固定電話が，無線の携帯電話に取って代わられ20年足らずで普及しました。しかし，その後10数年程度でスマートフォンに代わり，OSを備えたPC機能が加わったことで，他のデジタル機器やさまざまなサービスがこの1つの携帯機器に取って代わられました。科学技術の進歩は，急激に早まっています。人類はこの技術を安全にうまく使いこなせるので

しょうか。個人情報の漏洩，間違った・または悪意を持った情報の拡散，操作ミスによる予想外のリスクなどが比較的容易に発生することが懸念されます。

1.2
科学技術の変遷

1.2.1　分類と経緯

(1)　科　学

　科学は大きく分けて，自然科学（physical science，またはnatural science），社会科学（social science），人文科学（human science，またはcultural science）の3つの分野に分類できます。それぞれの分野は関係し合いながら進展しており，個別の分野のみで発展していくことはありません。「科学」（science）の語源は，ラテン語の「知ること（Conscientia）」を意味しており，わからなかったことを理解できるようにすることです。

図1.2.1　3分野で分けた場合の科学

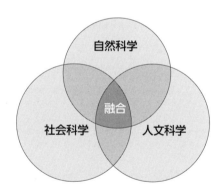

　広く捉えると，学問領域のすべてを体系的にした知識のことをいいます。学問分野が重なり合った部分（または融合した分野）を境界領域ということもあります。しかしこの分類は曖昧で，文系，理系といった分類では，社会科学，人文科学は文系に属すると捉えられています。また，人文科学に含まれるとされる美術，哲学，文化人類学，人間科学，心理学などは，自然観察や実験が伴うことがあり，自然科学と類似している部分があります。

　学問分野とは，その種類をその時点で解明している事実に基づき分けていったに過ぎません。時代とともに知見が増加していくと，変化していくものと思われます。一方，知見が多岐にわたるようになると分類が次々を分化していき，分類そのものが変化していきます。したがって，理系，文系といった分類や，自然科学，社会科学，人文科学といった分け方も次第に意味をなさなくなってくると予想されます。文理融合といった言葉もありますが，そもそもこのようなことは，科学を追究する上でこれまでも存在しており，どの学問分野における研究でも他の分野との関連は欠かせません。

　学問分野に本来は境界はありませんが，科学技術が進展するに従い，研究者の専門とする学問分野が細分化していき，狭く深くなって行きました。日本では，中学校，高等学校の学習において，理系，文系といった分野で分けられることが多く，生徒も成績を中心とした評価で分けられることが一般化しています。大学も大部分が，この大分類に従って学部等を構成しています。しかし，この2つの分類に従いますと，前述の3つの分類とつじつまが合わなくなってきます。

　例えば，法学では，自然科学の知見がなければ判断できない場合もあります。いわゆる蓋然性（可能性）がどのくらいあるかなど，自然科学の知識に基づいて行われます。また，疫学調査（*15）など統計学を利用した解析・評価が，証拠として裁判で認められています。法令による規制を策定する場合，社会で起きる現象を解析しなければならなくなります。また，人の価値観，心理的要因など定量的評価が難しいものもあります。例えば，「景観法」の目的に定められている「……美しく風格のある国土の形成，潤いのある豊かな生活環境の創造及び個性的で活力ある地域社会の実現を図り，もって国民生活の向上並びに国民経済及び地域社会の健全な発展に寄与すること……」は，各地域における文化的背景（空間的変化）が異なること，時代背景など時間経過とともに変化することおよび個人の価値観の違いなどを斟酌しなければならなくなります。したがって，社会科学分野自体が融合分野となってしまいます。経済学でも数学の知識は不可欠です。

　他方，科学を狭く捉えると，自然科学とされており，社会科学や人文科学を科学とは捉えていない人も大変多く存在しています。一般公衆が共通の理解を

持つことが必要と思われます。また，自分を理系的，あるいは文系的人間と自ら分類して思い込んでいる人が多いことも事実です。学者の中には，この分類で妙な壁を作っている人もいます。そもそもこのような壁を作る人を学者というのかも疑問ですが，教育の上で全く無意味な確執を作ってしまうと科学の発展が歪んでしまうおそれもあります。

　15世紀の科学者レオナルド・ダ・ヴィンチ（Leonardo da Vinci）は，絵画「モナリザ」をはじめ彫刻なども行い人文科学の分野で活躍していますが，建築，技術，科学，哲学など多彩な分野での研究成果も残しています。科学の分野に関係なく，研究していたことがうかがえます。現在では，個々の科学の進展がめざましく，1人の人間が複数の学問分野を深く学習することは非常に困難であり，複数の分野の専門家になることも極めて難しいといえます。知識，情報を共有し，プロジェクトチーム（Project Team：PT）またはタスクフォース（Task Force）と呼ばれる複数の専門分野のメンバーが集まり，研究を実施することが多くなっています。

(2)　文明と理論

　英国の哲学者であり，政治家でもあるフランシス・ベーコン（1561～1626年）は，「読書は充実した人間を作り，談話は機転の利く人間を作り，書くことは正確な人間を作る。」と述べています。この考え方は，学習や研究の基本であり，バランス良く行っていくことで理解と知識を深めていくことができます。研究活動では，問題意識を明確にして目的に基づいて研究計画を作成していかなければなりません。そして，文献調査，議論，解析，研究論文として文書化（または産業財産権，著作権など知的財産権として権利化）する際に重要な能力となります。

　四大文明（紀元前3100年頃から）が始まった頃から古代ギリシャの最盛期にかけては，科学者は，哲学や数学など学術分野の仕切りがなかったため，宇宙，時間，空間など自由に研究していました。金属の加工技術，合金技術（銅の合金：硬度の低下，融点の低下）など実用的な技術も発展し，現在の学術分野では，応用化学（applied chemistry）または応用科学（applied science）で体系化されていきます。金属の精錬（目的金属の純度を高める工程：鉱物から金属

を抽出分離することなど）は，この時代の人類がそれまでの生活方法と違って自然の物質循環にはじめて逆らった行為であり，この変化は環境破壊をもたらしました。おそらく，人類はこの環境破壊が生活の破壊につながることなど想定することはなく，有用な自然の法則のみに着目していたと思われます。残念ながら現在もこの考え方は大きく変わっていないことから，これから変えていかなければ人類の持続可能性は失われるおそれがあります。

図1.2.2　エジプト・カイロ　ギザのピラミッド

　エジプト・カイロ郊外にあるギザのカフラ王のピラミッドは紀元前2530年ごろ造られたとされています。正四角錐の石造建造物で高さが約136mもあり，測量等高度な科学技術があったことがうかがえます。現在でも未だ謎が多い技術です。自然科学を応用した技術が，人間活動のさまざまな分野で広がり始め，鉱物等資源が採掘され，次々と人工物が造られていったと考えられます。

　また，エジプト文明やメソポタミア文明では，土地の面積などを測る測量など自然を計測することが行われるようになり，その後，ギリシャで図の大きさや性質などを考える幾何学が発達しました。"Geometry"の語源は，ギリシャ語の「地球や土地」を意味する"geo"と「測る」を意味する"metrein"から作られています。紀元前6～7世紀頃この幾何学を古代ギリシャに伝えたとされる哲学者であり数学者でもあるタレス（Thalēs：エジプト各地を旅行）は，「万物の根源は水から生まれ，水にもどる」と説いており，自然に存在する化学物質（化合物）に最初に着目した科学者と考えられます。さらに，紀元前585年5月28日に発生した日食を予測したとされています。自然を神々によって形象（神話的宇宙論）していた時代に自然を合理的に分析し，科学的事実のみに着目したことは進歩的なことと考えられます。

　自然科学分野は，古代から原子の研究などの物理学，数学，化学など複数の分野の研究が進められています。古代ギリシャのタレス（Thalēs：数学者，哲学者，天文学者）など科学者の考え方を学んだピタゴラス（Pythagoras：数学者，哲学者，宗教家）は，「三平方の定理」（紀元前6世紀）を生み出してい

ます。この定理におけるピタゴラスの主張は，論理立てて正しいことを示す方法がとられており，これを「数学的な証明（Mathematical Proof）」として重要な学術的発展となりました。その後，4世紀のアテネでは，この数学が自然哲学に影響を与え，プラトンやアリストテレスの哲学を生み出しています。プラトンの弟子の教えを受けたと推定されているユークリッド（Euclid）は，幾何学や代数学の証明を著書「原論（Stoicheia）」で示しました。この書は，現在でも高等学校の幾何学の教科書として使用されています。社会科学の研究における「仮説検定」も，最初に結論を想定する面で類似しているところがあります。この時代以降探索型の研究も広がりを見せ，問題点解決のための調査で得られたデータを分析して結論を生み出す方法もいろいろと発展しました。

　また，哲学者アリストテレスが唱えた「万物は完全をめざす」という考え方は，錬金術の基本的な考え方となりました。古代ギリシャで始まった錬金術は，12世紀には欧州で盛んに行われるようになりました。現在の化学では無理なことですが，一般的な金属の混合等によって完全な金属とされた「金」を生み出すことを目指しました。金（Au：ラテン語aurum［金の意味］に由来）は，化学反応性が非常に低い安定した金属で，比重も高い（密度19.32g/cm^3）。延性がよく，金箔は1 μm（0.0001mm）の厚さまで加工でき，古代より貴重な金属として使用されました。現代までに世界で約10万トンが生産されたとされています（海水にも金は超微量の濃度で溶解しており，総量で約550万トンが存在すると推定されています）。完全な物質を探求することによって，多くの研究で化学分野の学術的な発達が進みました。金よりさらに完全な物質である「賢者の石」の生成を目的とした研究も行われています。微積分法や万有引力の法則を発見した物理学，天文学，数学者アイザック・ニュートン（Isaac Newton）も錬金術の研究を行っています。金を溶かす王水（Aqua Regia：硝酸と塩酸を体積比で1：3に混合した水溶液）は，生命の秘薬エリクシルとして研究され，さらに化学の学術的な地位を確立していきました。

　現在では，自然の法則に従った知識を，"physical science"と表現し，「自然科学」と日本語に訳されています。また，自然に関する研究を，"natural research"といい，自然を扱うさまざまな事象を扱う学問は，"natural science"と示され，こちらも「自然科学」と訳されます。一般的に，物理学，化学，生

物学, 地学などが含まれています。

　他方, 人の思いこみは真実を曲げてしまうこともあります。間違った科学である天動説は, 一般的な社会通念として16世紀頃まで信じられていました。この学説は, 2世紀にギリシャの天文学, 物理学, 地理学の学者であったプトレマイオス (Ptolemaeus Klaudios) が著した数理天文書「アルマゲスト (Almagest)」によって示されたものです。天動説は, 現在では間違いであることは誰でも知っていることです。しかし, 16世紀にポーランドの天文学者であるコペルニクス (Nicolaus Copernicus) が唱えた地動説は, 教会をはじめ一般公衆の固着観念として存在している自然に対する意識を覆してしまうとされ, 社会的には危険な考えとされました。

　その後16世紀以降, イタリアの天文学, 哲学, 物理学の学者ガリレオ (Galileo Galilei) やドイツの天文学者ケプラー (Johannes Kepler) によって, 詳細な観測に基づき学術的に解析されますが, 社会にはなかなか受け入れられませんでした。この正しい説を正しいと示したことによって, ガリレオは宗教裁判にかけられ悲惨な運命をたどることとなりました。地球を中心に捉えている天動説は, 自然は無限とする考えにも通じるところがあります。地球環境問題になかなか理解が得られない原因の1つともいえます。18世紀初めにニュートンが, 天体力学 (*16) の体系を示し地動説が社会的にほぼ確立されますが, 自然哲学者は依然天動説を信じていました。

　19世紀には, 英国の博物学者ダーウィン (Charles Robert Darwin) が発表した「種の起源」に対して, 宗教界を中心に強烈な批判が浴びせられました。新しい変化が起きると, 通常, 固定観念が強い者や既得権を手放したくない者が強く抵抗するのは現在も同じです。ダーウィンは社会的批判に対して,「この理論が受け入れられるのには種の進化と同じだけの時間がかかりそうだ」と述べています。ダーウインは, 英国の経済学者マルサス (Thomas Robert Malthus) の著書である「人口論」で示された人口のバランスを保つため増加抑制機能を参考にして種の起源を考えており, 経済学の理論を応用しています。自然科学で真実が解明されても, 社会科学分野で受容できない場合, 社会構造が歪んでいる可能性があります。

(3) 技 術

　「技術」（technology，またはtechnique）は，ギリシャ語の芸術，工芸を意味するテクネ（tekhnē）と，学問分野を意味するロジア（logia）の合成語と考えられています。科学で得た知見を応用して，人に有用なものを具体的に作ることを示します。産業財産権など知的な知識に基づいて天然の資源を使い，人の生活に役立つように加工するなどの行為を実施します。

　技術の進展には，社会科学面における経済的影響を強く受けます。技術開発に対してはさまざまな実験，試験が不可欠であり，場合によっては巨額な費用が必要となります。技術を完成させるには投資は不可欠であり，巨額の投資が必要な技術開発は実施できる国，企業は限られます。このため先進国，工業新興国が技術開発をする機会が多いといえます。しかし，技術開発の起点となる科学的な知見がなければ，開発に着手できません。また，巨額を投じて完成した技術を産業財産権として権利を確保しなければ，投資が無駄となります。知的財産権が盗まれれば大きな損失となりますし，盗めば大きな利益を得ることもできます。ただし，知識は人が作るものですので，知識を持った人が国外に移住したり，転職したりすると知的財産も移動します。ただし，知的財産権は，社会科学の発展で国際法および国内の法令でその権利は保護されています。これにより工業所有権等は，安定した利益確保を伴った経済的価値に変えられるようになりました。先進国，工業新興国と途上国の経済的格差はさらに広がり，また経済大国の間でもさまざまな技術開発競争が行われるようになりました。

　科学技術の発展はめざましく，世界中の多くの人がこの成果に期待しています。1970年に大阪で開催された「万国博覧会」は，多くの人々に大きなインセンティブを与え，将来の技術に対し純粋に夢を抱きました。メリットの部分があまりにも大きく，デメリットの部分があることはほとんどの人がわかりませんでした。残念なことに，この発展と経済成長が，地球上の自然を変化させ，人の生活を変え，さらに悲惨な経済格差，差別を悪化させてしまいました。そして，将来の地球上の生態系および人類の生存も危うくしてきています。万国博覧会で使われた電気は，日本で初めて商業発電をはじめた原子力発電で，科学技術発展の象徴でしたが，現在は原発事故で発生した環境リスクへの不安が大いに広がっています。

　現在，自然科学を応用した技術開発による経済発展は，人類の主要な目標に築き上げられました。経済成長によって，人類が利用できる「もの（人工物）」と「サービス」を拡大させ，自然科学の研究は，「もの」を構成する化学物質および化学物質を構成する物質・状態，その空間に存在する磁場，時間とともに変化する物質の解析へと研究が進展しました。原子の存在は，紀元前5世紀頃，既にギリシャの哲学者デモクリトス（Demokritos）が唱えています。ギリシャ語で「分割できないもの」というの意味を持つアモトン（Atomon）と呼んでいます。その後，原子は，陽子，中性子で構成される原子核と電子で成り立っていることが解明されました。そして，ウランの核分裂をはじめ核反応への研究へとつながっていきます。その結果，人類そのものを一瞬にして死滅（溶かし，放射線汚染）してしまう原子爆弾（ウラン235［^{235}U］，またはやプルトニウム239［^{239}Pu］を利用）も作り上げてしまいました。その後，水素の同位体（*17）による核融合を用いてさらに巨大で破壊的エネルギーと放射線を発する水素爆弾も開発され，人類の存在自体を危機的にするリスクを生み出しました。水素爆弾は，原子爆弾より比べものにならないくらい大きな破壊力を持ちます（十分な知見は公表されていません）。

　技術は，人の生活の利便性についてを加速度をもって高めていますが，それらを破壊する軍事技術も発展させてしまいました。科学技術には影の部分も存在しています。軍事兵器は，核兵器以外にも，毒ガス等の化学兵器，感染性病原体兵器（一般的には生物兵器と呼ばれています）などが次々と開発されています。経済力に加え，政治的な背景もあり，技術開発の環境は極めて複雑となっています。

1.2.2　科学技術計画

(1)　科学技術政策
①　日　本
　科学技術についての日本政府の方針は，1995年に制定された「科学技術基本法」（以下，基本法とします）で定められています。この法律の目的（第1条）は，「科学技術（人文科学のみに係るものを除きます。）の振興に関する施策の基本となる事項を定め，科学技術の振興に関する施策を総合的かつ計画的に推

進することにより，我が国における科学技術の水準の向上を図り，もって我が国の経済社会の発展と国民の福祉の向上に寄与するとともに世界の科学技術の進歩と人類社会の持続的な発展に貢献すること」と示されており，科学技術の推進によって，「経済社会の発展」と「国民の福祉」が向上することを謳い，「社会の持続可能な発展」に貢献するとしています。

基本法第9条（*18）では，政府で「科学技術基本計画」を5年ごとに策定することが定められており，社会状況を踏まえて科学技術政策の基本方針が決められています。なお，科学技術の振興に関する方針については，第2条第2項で，「……広範な分野における均衡のとれた研究開発能力の涵養，基礎研究，応用研究及び開発研究の調和のとれた発展並びに国の試験研究機関，大学（大学院を含みます。），民間等の有機的な連携について配慮されなければならず，また，自然科学と人文科学との相互のかかわり合いが科学技術の進歩にとって重要であることにかんがみ，両者の調和のとれた発展について留意されなければならない。」と定められています。基礎研究と応用研究の双方を本法で取り扱い，自然科学と人文科学を対象として民間等との連携が示されていますが，社会科学との相互の関わりについては示されていません。なお，研究開発と技術開発は，その内容が異なります。研究開発は，現象や法則など基本的科学的知見を探求するのに対し，技術開発では社会へ普及するための方法を検討します。

技術開発者が自らまたは投資を受けて事業化を行う場合もありますが，事業者への知的財産供与で意図的に多様な事業化に適応させることも行われています。この後者の方法は，1998年に制定された「大学等における技術に関する研究成果の民間事業者への移転の促進に関する法律（大学等技術移転促進法）：以下，TLO法とします」で法政策上推進されています。TLO法に基づいて，具体的に大学や研究機関などの研究成果を事業化に結びつけることが推進されています。推進の方法は，**図1.2.3**に示すように，研究成果の中から有望なものを評価，抽出し，特許取得などを支援し，事業化を望む企業を開拓してライセンス契約を締結させます。研究者は，知的財産実施権の企業への供与で得られたロイヤリティ（royalty：特許権・著作権などの使用料）で，さらなる研究開発費を得ることができます。

図1.2.3 TLO事業のプロセス

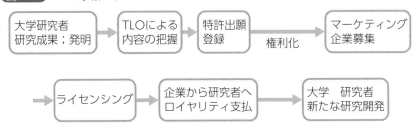

出典：勝田悟『環境戦略』（中央経済社，2007年）11頁。

　この技術移転に関しては，普及が見込まれる技術のみが対象で，基礎研究の成果や実用化に至っていない研究，比較的短期間で事業化（または利益）が見込めない研究は，対象になりにくいのが現実です。事業化の可能性に関しては，社会的動向が大きく影響しています。国際的に行われている再生可能エネルギー普及のための技術開発等ではあまり利益が見込めないため，経済的誘導規制，または政策による社会科学的な手法がとられ推進されています。日本の原子力開発のように，政府が研究開発費をエネルギー政策面（日本にエネルギー資源がほとんどないことが理由として）から国家予算が投入されることもあります。基本法で社会科学的な視点も規定することが合理的と考えられます。

② 米 国

　米国では，政権が代わると科学技術政策も大きく転換されます。例えば，2021年1月に共和党のトランプ（Donald John Trump）政権からバイデン（Joe Biden）政権に代わった際に明確に変わった技術政策があります。トランプ政権では，再生可能エネルギー関連の研究開発の廃止や大幅削減を実施しました。「気候変動に関する国際連合枠組み条約」の「パリ協定」から脱退したことからも明らかのように，環境保全，気候変動関連分野の研究も大幅に削減の方針を在任中毎年継続して示していました。対して，民主党のバイデン政権に代わると即時に，当該「パリ協定」に再参加し，2050年の温室効果ガス排出実質ゼロの方針を示し，クリーンエネルギーのインフラ関連技術に4年間で2兆ドルの投資を公表しています。主要な投資領域は，自動車関連（部品・材料の開発，電気自動車の充電ステーション設置等），都市交通関連（地球温暖

化原因物質排出量ゼロの公共交通機関の構築等），電力供給関連（2035年まで
に電力に関して二酸化炭素の排出がない発電を実現等），住宅関連（持続可能
な住宅の建設を推進，省エネルギー家電製品購入や建築物改修に資金援助等），
イノベーション関連（電池，地球温暖化原因物質低排出技術，次世代の建築材
料，水素利用，高度な原子力開発等），農業と環境保全関連（持続可能な農業，
環境保全事業における雇用の創出）と具体的な開発項目があげられています。

　また，基礎研究支援も積極的に行われています。医療分野以外の自然科学分
野および社会科学分野に関して米国国立科学財団（National Science Foundation：
以下，NSFとします／1950年設立），生命科学・医療分野に関して米国国立衛
生研究所（National Institutes of Health：以下，NIHとします／1887年設立）
が重要な支援を行っています。NSFは，個別研究は実施せず，科学の枠組みに
とらわれず，自由な発想に基づき研究を評価し支援を行っています。組織の長
である 'Director' 及び 'Dupity Director' は大統領が選任し，上院の承認が
必要です。また，技術政策に関するシンクタンクとしての役割も果たしていま
す。NIHは，複数の研究機関も独自で運営しており，さまざまな重要な基礎研
究を実施しています。感染性病原体に関する研究に関しては，米国疾病予防管
理センター（Centers for Disease Control and Prevention：CDC／1946年設立）
が行っており，バイオハザードに関した研究の知見は世界的に利用されていま
す。

⑵　研究開発のステップ
①　科学の発展

　開発段階の時間的変化の面から考えて，「科学」と「技術」の基本的に異な
る事柄として，「技術」は実現時期の予測が試みられていますが，「科学」は予
測が極めて困難であることです。「科学」は自由な発想のもとで知識の体系が
作られていくため，進展が多岐にわたり，その現象がどのような形で普及する
か予想がつきにくいのが現実です。したがって，営利を目的とする企業では，
採算が不明確な基礎研究に多額の費用をかけにくいといえます。

　国立研究所など公的な研究所や，巨大な資金力を持つごく限られた企業が基
礎研究を実施できるのが現実です。しかし，研究費の分配に関しては，さまざ

まな立場の人が選定するため政治的な要素なども加わります。大学でも基礎研究を行っているところはありますが，やはり研究予算を豊富に持っていないとできません。さらに，大学では教育も重要な業務で，大学によっては学生の生活指導，就職などさまざまな仕事が膨大にあり，十分に時間をとって研究ができる教員はかなり限られます。

　研究開発は，一般的には段階を踏んで行われています。古代の科学者は，科学分野などにとらわれず自由な真理の追究が行われていましたが，現在は細かく分けられた分野のどこに属している研究かが決められます。この分類はこの数十年で大分類，中分類，小分類と次々と進められていき，枠に当てはまらない研究は境界領域として定められています。例えば「環境」分野は，境界領域とされ，人によっては「自然科学」の一部との位置づけに固執している者もいます。このような考えが主流になると，環境法，環境経営，環境経済，環境心理学などを専門とする方は枠がなくなります。一般社会と学術分野とが乖離してしまい，合理的研究は期待できません。このように分類した理由は，研究費を配分する際にその研究内容を審査する評価者を適切に選択するためと思われますが，狭い専門の中で適切な人物が選ばれない場合，重要な研究が見過ごされることもあります。本来あるべき自由な研究は失われ，新たな発想も生まれません。

②　研究開発段階

　研究は，現象を解明する基礎研究から始まります。具体的な用途の実用化を想定してるわけではなく純粋な知識の研究です。その後，その現象を利用した具体的な製品開発へと段階を踏んで進みます。したがって，基礎研究で重要な現象が解明されても，具体的な製品まで開発されないものも多く存在します。製品化を果たすには，採算を考えて利益を出させなければ実用化，普及のための研究へ進みません。したがって，開発を実施する技術の経済的な視点を考えて利用，生産等に要するコストおよび商品化のための戦略が詳細に検討されます。このコストが普及に至る際の大きな壁となります。

　例えば，燃料電池（当初は酸水素電池と呼ばれていました）は原理が解明されてから約20年間も，実用的には使われませんでした。実用化が行われたのは

機能が重視される宇宙船の開発や潜水艦など軍事用でした。その後，巨額を投じた実用化研究において知見が蓄積された結果，普及のための研究が進みました。しかし，大型化したシステムでの電力供給への利用等開発は普及には至りませんでした。身近な利用の開発が進み，近年，家庭における発電，燃料電池自動車などは普及段階にあります。この背景として，化石燃料の燃焼による発電では，地球温暖化原因物質である二酸化炭素が大量に排出されることが問題となったことや石油，天然ガス等の枯渇が不安視されてきたことで，その代替エネルギーとしての役割が注目されてきたことがあげられます。ただし，燃料電池の発電原料（反応物）である水素の安定した供給を確保する必要があります。メタン等天然ガスを分解して水素を取り出しても二酸化炭素が発生します。熱効率，発電効率は向上の可能性が高いと予想されますので省エネルギー効果は期待できますが，根本的な地球温暖化対策にはなりません。使用量が増えたり，無駄な使い方をしては却って悪化します。持続可能なエネルギー源とするには水素の製造，安定した供給システムを構築しなければなりません。これには，科学技術開発に加え，経済分析，法政策の検討も必要となります。

　なお，研究結果についての再現性があるかを明確に確認しなければなりません。間違った実証試験を繰り返しても無意味な結果が現れるだけです。客観性を持って検証しなければ，無駄な研究が進められていくだけです。自然科学分野だけでなく，社会科学分野においても同じことがいえます。ただし，景気に関わる経済分析など不確定要因が多いものや，法律制定の効果など時代とともに変わるものもあります。

　さらに，まだ解明しなければならないことはたくさんあります。時間と空間の存在など当たり前と思っているものは，永遠に続くのか，終わりがあるのか，宇宙の存在など空間は3次元で永遠に広がっているのか，など，3次元の地球上で誕生してから（生物として機能できる）有限な時間しか持たない人にとっては理解しがたいことはたくさんあります。解明が続けられている基礎研究は限りなく存在します。

　研究開発の一般的な開発段階は以下のようになります。例として過去または現在行われているものを示しました。

ⅰ．基礎研究：自然の普遍的な現象の仕組みや法則などを解明

　　　　　　一般的に直接利益につながることは困難

　　　　　　　例：素粒子の存在，性質の解明

　　　　　　　　酸素と水素の反応で電子が発生（酸化によって熱，水も生成）

　　　　　　　　放射線の存在，性質の解明

　　　　　　　　ウランの原子核を分裂させると莫大な熱が発生

ⅱ．研究開発：基礎研究で得られた知見に基づいてその利用方法等を検討

　　　　　　先行事例，知見に基づいて多様視点で発展的に研究を実施

　　　　　　　例：燃料電池の開発

　　　　　　　　放射線の透過性に関する性質の解明

　　　　　　　　核分裂の際に発生する熱，放射線の利用方法の研究

　　　　　　　　シンクロトロンを利用した新元素の発見（場合によっては基礎研究）

ⅲ．応用研究：市場化できる可能性があるものを見据えた研究

　　　　　　　例：自動運転の開発

　　　　　　　　省エネルギー技術

　　　　　　　　地球温暖化原因物質排出抑制技術

ⅳ．実用化研究，実用化するための開発：具体的な製品の研究

　　（パイロットプラント）：試作 ⇒ 失敗分析 ⇒ フォルトアナリシス ⇒ 改善

　　　　　　　　耐久性，リスク分析

　　　　　　　例：洋上風力発電の実証実験

　　　　　　　　燃料電池車開発時の一般道での走行実験

ⅴ．普及のための開発研究（技術開発）：市場化のための研究

　　　　　　市場確保，拡大のための開発

　　　　　　今後の技術戦略，経営戦略の検討（*19）

　　　　コスト低減のための開発が多い（大量生産など経済分析も必要）

　　　　インフラに関わるものは，社会的なシステム構築との関連を検討

③ 功績の価値評価

　科学技術の発展に貢献した研究者には，功績を称える賞が複数あります。しかし，研究成果の評価は非常にセンシティブです。仲間内で評価し合ったり，実験データの検証不足，または改ざん，または論文盗用など研究倫理が問われることもしばしば発生するため，その対処が年を追うごとに厳格化されてきています。また，研究分野が複雑化し，次々と細分化されてしまったため，個別研究を評価できる研究者も限られてしまっています。さらに，複数の学術分野に関わる研究は，正確な評価が極めて困難になっています。間違った評価のおそれもあります。人文科学，法政策研究など成果に対する評価はそもそも明確に定められない部分が多いと思われます。自然科学分野も，実用的な技術は社会的背景が大きく影響する場合があります。

　一般的にノーベル賞は，ダイナマイトの発明者として知られるアルフレッド・ノーベル（Alfred Bernhard Nobel）(*20)の遺言に従って1901年から始まった世界的な賞とされています。対象者の選考は「物理学賞」「化学賞」「経済学賞」の3部門についてはスウェーデン王立科学アカデミーが，「生理学・医学賞」はカロリンスカ研究所（スウェーデン）が，「平和賞」はノルウェー・ノーベル委員会が，「文学賞」はスウェーデン・アカデミーがそれぞれ行っています。詳細は，次に示すとおりで世界各国の研究者の中から選ばれています。なお，経済学賞(*21)については，ノーベルの遺言にはなく，スウェーデン国立銀行の設立300周年記念の際に定められたものです。

　＜ノーベル賞の6分野＞
　（　）内は選定機関
　ⅰ．物理学賞（スウェーデン王立科学アカデミー）
　ⅱ．化学賞（スウェーデン王立科学アカデミー）
　ⅲ．生理学・医学賞（スウェーデン・カロリンスカ研究所［大学]）
　ⅳ．文学賞（スウェーデン・アカデミー）
　ⅴ．平和賞（ノルウェー・ノーベル委員会）
　ⅵ．経済学賞（スウェーデン王立科学アカデミー）

　前述のとおり近年では，学術分野間にまたがる境界領域に関する研究が増えてきたことから，この6つの分類では対象になりにくい研究成果もあるため，

選定が困難になってきています。多岐にわたる研究成果が生まれ，そのレベルにも大きな格差があります。一般的に研究評価において衡平な審査を保つことは非常に困難です。これは，人の能力の評価等においても同様です。ノーベル賞審査でもその方法，過程に不明な部分が多く，今後の情報公開が進まなければ，社会的評価が次第に変化していくと考えられます。

　ウランの原子核分裂の連鎖反応を成功させたイタリアの物理学者エンリコ・フェルミ（Enrico Fermi）も受賞していますが，この研究に基づき米国の原爆が開発されました（*22）。この開発にエンリコ・フェルミも参加していますが，後に原爆開発を行ったことを悔いています。その後の軍事的な開発は，宇宙開発，核開発，病原体開発，有毒物質と展開していきます。しかし，その研究開発成果は公表されることはありません。敵国にその情報が伝わると自国自体がその兵器で脅かされる可能性があるからです。通常の研究開発のように公表し，客観的な検証を受けることなく製造段階へと進みます。太平洋戦争で日本に落とされた原子爆弾は，米国では実戦での使用が「実験」と位置づけられて研究開発が行われました。その後も，米国が1946年 7 月に太平洋ビキニ環礁の海中で爆発実験を行ったことで対立していた旧ソ連も研究開発を進め，その他，国連安全保障理事会常任理事国であるフランス，英国，中国なども続きました。1952年（予備実験は1951年）には原爆の約500倍の威力があるとされる水爆（核融合）の実験が行われ，1953年には旧ソ連も開発に成功しています。科学技術の進展が国際的な冷戦をより深刻なものにしました。フィールドでの水爆実験で多くの被害者が発生しているケースもあります。また，原爆の研究開発自体を，他国への軍事的威嚇としている国もあります。科学技術の影の部分には功績はありません。

　他方，1997年には，金融工学におけるデリバティブ（derivative financial instruments：金融派生商品）の値動きについて，数式を駆使して理論的な価格を導き出す方程式を生み出した経済学者のマイロン・ショールズ（Myron S. Scholes）と，当該方程式について数学的証明をしたロバート・マートン（Robert Cox Merton）がノーベル経済学賞を受賞しています。この数式は，ブラック–ショールズ方程式（*23）といいます。この分野は自然科学と社会科学の境界領域であり，数式で算出できる数値とナイーブな社会的な動向，人ま

たは集団の心理的な分析が必要となります。しかし，ノーベル財団（Nobel Foundation）は，経済学賞をノーベル賞に該当しないと述べています。

　金融工学は，年金運用，保険，短期・中長期の投資，投資信託運用など現在ではなくてはならないものとなっています。金融派生商品は，住宅や自動車などのローン，化石燃料や電力エネルギー，外国為替，天候，そして近年では再生可能エネルギーまで対象として投資を行っています。近年では，CSR（Corporate Social Responsibility：企業の社会的責任）投資，ESG（Environment, Society, Governance：環境，社会，ガバナンス）まで金融商品になっています。持続可能性を目標とした投資ですが，「環境」，「社会（あるいは社会福祉）」の定義が不明確です。これら金融商品の最も懸念されることは，実験，実用化試験・実証試験が，市場でしかできないことです。また，金融機関間での競争がありますので，通常の研究開発のように公表され，検証，改善ができないことです。失敗分析，改善は市場で行われます。ただし，商品を作る際に使用した数式は公表されることはないため，客観的に検証されることなく，繰り返し金融派生商品が作られていくこととなります。一般公衆の知らないところで作られ，人々の生活を大きく脅かす開発は核爆弾など兵器に類似しているところがあります。

④　公表されない研究開発

　数学者のエドワード・オークリー・ソープ（Edward Oakley Thorp）は，確率論を利用しコンピュータに統計的処理を行い，投資によって利益を得る方法を研究しました。米国のラスベガスのカジノ（Casino）におけるブラックジャックの必勝法（ケリーの法則に従っています（*24））を生み出し，「ディーラーをぶっ飛ばせ（Beat the dealer）」（1962年）という文献を出版しています。その後，ワラント債（*25）に関して市場の動きを数式で予測を行い，買い手が高い利益を上げることに成功したことで金融工学の基礎となる考え方へと発展しています。この理論は「マーケットをぶっ飛ばせ（Beat the Market）」（1967年）という文献で発表し，市場変動を自然科学の視点で解析する手法が一般に知られることとなります。

　金融界では，市場の不規則な動きをする株価など，債券を予測する方法を数

式で解析することが行われ始めます。1827年に植物学者ロバート・ブラウン（Robert Brown）が，水中で不規則に動く花粉（微粒子）が液体または気体の分子が多方向から無秩序に衝突することで起きる不規則な運動を観察し，液体および気体の分子の無秩序な運動を証明しました。この考え方を使い市場の動きを予測する方法の予測解析も研究されました。また，宇宙などで一見無秩序で不規則に見える星などの動きは，実際には何らかの法則に従うといったカオス理論なども解析されました。

　前述のマイロン・ショールズとロバート・マートンは，ブラック–ショールズ方程式を実証するために，1994年にロングターム・キャピタル・マネジメント（Long Term Capital Management：以下，LTCMにします）というヘッジ（リスク回避）ファンドを設立し，実際の市場で資金の運用を行っています。ヘッジファンドとは，相場が上下しても利益を出す方法を駆使して資金運用を行うもので，金融派生商品の価格決定に当該方程式が応用されています。先に紹介したエドワード・オークリー・ソープも，ワラント債と実際の株券の両方を所有して，買い手の非常に大きな利益（15〜20％）の確保に成功しています。

　LTCMも当初，順調な利益を上げ巨額の資金を運用するようになりました。しかし，ブラック–ショールズ方程式は，市場が危機的状況になったときには対応しておらず，高いリスクのデリバティブに対しての予測が不十分でした。より高い利益を上げようとして1999年に経済不況にあったロシアの国債を多量に購入し，当時のエリツィン（Boris Nikolayevich Yel'tsin）ロシア大統領が国債をデフォルト（債務不履行）にしたことで莫大な損失を出し破綻状態となりました。その理由は，公開されたブラック–ショールズ方程式を利用し他の金融機関も同様の取引を始め，さらに独自に発展的に開発を進めたため，デリバティブの価格が修正され，LTCMが容易に利益を上げられなくなったためです。マイロン・ショールズとロバート・マートンがノーベル賞を受賞した2年後の出来事です。ヘッジファンドとの名称でもハイリスク（ハイリターン）な資金運用を行っており，現実には真逆ということとなります。科学における極めて信用が高いノーベル賞を受賞した研究者が運用している金融商品ということで多くの資金を集めましたが，実験は失敗に終わっています。

崩壊したベルリンの壁・東西冷戦の終結

　1989年のドイツ・ベルリンの壁崩壊に象徴されるように，1980年代末に東西冷戦（旧ソ連を中心とした東側の国と米国を中心とした西側と呼ばれる国の対立）が終わり，軍事的背景をもった宇宙開発への研究開発が下火になったことから多くの数学者，物理学者などが研究の場を失い，ウォール街など金融業界へ人材が移動しました。その結果，ブラック－ショールズ方程式を利用した極めて複雑な金融派生商品が次々生まれました。

　デリバティブへの投資がこのような事態を引き起こしたにもかかわらず，その後も金融工学は市場取引での主要な手法となり，その資金運用額は100数十兆ドルを超える規模に膨れあがっていると予測されています（さらに大きいと予測している経済専門家も複数います）。金融，経済，数学，物理および法律，心理学などの知識を持たない低所得層の人々にもこの金融商品は売られ，いわゆる金融バブルを発生させ，限界を超えたところで崩壊させてしまっています。少ない資金で大きな取引ができるところにデリバティブのリスクが存在していますが，なぜか数式に導かれた低リスクが示されます。そもそも金融で暴走する人の欲望は，先物取引が始まったチューリップバブル（*26）（1637年）以降，何度も繰り返されています。

　2007年には，米国では住宅価格高騰で莫大に作られたサブプライムローン（低収入の者に一時的にアメリカンドリームを見させ，高額の住宅ローンを組み流動性をもたせ証券化したもの）が債務不履行となり価値を失いました。この事件がきっかけとなり米国をはじめ世界の金融界に膨大な負債を発生させ，2008年にはリーマンショック（経済バブル崩壊）が起き，ギリシャ政府の財務破綻にはじまる欧州の金融危機へと拡大していきます。

　金融工学は，日々複雑化しており，一般的学術分野のように研究発表によって評価を受けるのではなく，実社会での金融で実験をしなければ正確な結果はなかなか得られません。さらに，真実を知ることができる方程式を発表してしまうと，金融機関は利益を得る方法を他の機関にとられてしまうこととなります。この理論は，金融機関が利益を得るためのものです。したがって，各金融

機関においてデリバティブに関する数値化された利益を上げるための方程式が
独自で開発されています。この研究開発は，公に公表するような学術分野であ
るノーベル賞を目指して行うのもではなくなっています。前述のとおり，最新
兵器に関する軍事的開発も同様なことがいえます。応用研究以降の研究開発段
階では，しばしば意図的に研究発表を実施しないで普及させる技術があります。
公表によって検証されないことから，見落とされるさまざまなリスクが存在す
ることがあります。失敗してから発見されると，市場に普及していた場合，大
きな損失を生み出すこととなります。社会科学あるいは人文科学に関わる金融，
政策など実社会で試されるため，慎重な対応が望まれます。

図1.2.5　**再生可能エネルギーの売電も金融商品化**

　米国では，1978年に公益事業規制政策法（Public Utility Regulation Policy Act
of 1978［PURPA法］）を制定し，コジェネレーションなど発電の効率化および風力，
小規模水力，太陽光，バイオマスなどで発電した電力の購入を電力会社に義務づけ，
エネルギー調達源の多様化が進められました。しかし，電力供給事業が投資の対象
となり，金融が不安定になると電力供給も影響を受け安定した電力供給を失ってし
まい，安全保障面まで脅かすリスクも発生しました。

　例えば，エネルギーに関わるデリバティブ価格の変動は，生活に関わる重要
なインフラを危うくする可能性があります。再生可能エネルギーや省エネル
ギーに関わるものは，地球温暖化対策に直接関わるため正常な環境政策が展開
できなくなる可能性があります。悪化すれば，人類の持続可能性を低下させて
いきます。これらを債権化することで，値段が上昇しても下落しても，金融操
作によって金融機関は儲けを出すことができるからです。再生可能エネルギー
の長期間固定買取制度であるフィードインタリフ（Feed-in Tariff）制度など経

済的誘導政策または法規制が実施されると新たな債券が作られ，複雑な金融商品に組み込まれたりします。本来の政策や法律の目的が失われてしまうこともあります。金融工学分野の研究開発で作られた商品価格を定める数式などは企業秘密となり，一般に示されることはないため，多くの投資家はその内容をすべて理解することはほとんど不可能です。自然科学，社会科学および人文科学の境界領域の極めて広い範囲の情報，知識を必要とする科学であると言えます。金融機関では，経済や法律の専門家だけではなく，数学，物理などさまざまな専門家が商品開発等を行っています。

　偉大な物理学者ニュートンも「南海バブル」（1970年）の際に（*27）自ら投資，投機的な取引を行い，大損をしています。ニュートンは，英国造幣局長も務めていたため金融に関する知識もあったと思われますが，自然科学の法則では金融の変動を予測することは極めて難しかったといえます。しかし，科学者はこのなかなか予測することができない真実の数値を求め続けています。現在は，数学，物理学，経済学，経営学，心理学など多くの専門家の知識がコンピュータに集約されたエキスパートシステムによって金融取引（さまざまな要素を考慮し，価格変化が複雑な数式によって計算された適正価格に基づいた取引）を行っています。毎日の取引経験（成功，失敗）が情報解析されて，さらに複雑な数式を創り上げます。いわゆるAIを利用したデリバティブ取引が一般的に行われ，新たな金融商品が作られています。稀にコンピュータが数秒暴走し，市場が混乱する事態も発生させています。

　金融は，境界領域として急激に大きな分野となっており，投資の専門家が容易にこれらAI（Artificial Intelligence：人工知能）が行う動作を解説することは不可能です。暴走した場合の原因も分析することは極めて困難と考えられます。LTCMが破綻状態になった原因は，平常時では起きない状況に陥ったことが原因です（*28）。次の経済バブルの崩壊は，AIが引き起こす可能性もあります。同様に，環境・福祉問題，病原体の感染など，自然科学，社会科学，人文科学のすべての学問領域による解析が必要な科学は，単一の学術分野からだけで理解し解決策を研究することは不可能です。さらに，研究を公開しないで，さまざまな視点で議論が行われないまま，応用研究から普及させてしまうと本来の科学技術の開発とはなりません。また，安全と思い込んで，または検証も

せず無理に開発を推し進めても，将来に大きな災害が発生してしまいます。

1.2.3　科学技術の利用

(1)　技術予測

　OECD（Organization for Economic Cooperation and Development：経済協力開発機構）では，技術予測は科学技術の政策や戦略を策定する際の過程（process）であると示しています。複数の加盟国で実施されており，各技術の専門家を中心とした検討に基づいて予測が実施されています。例えば，具体的な製品が想定される技術については，市場状況などの分析も交えて技術のロードマップなどが作成されています。

　わが国の技術予測実施の歴史は古く，1971年から5年おきに科学技術庁（現文部科学省）でデルファイ（*29）法（Delphi method）といわれる手法で行われています。デルファイ法とは，米国のシンクタンクであるランド・コーポレーションで開発されたものが基本になっています。軍事的な技術開発の実現時期を予測する調査，製品開発など技術開発戦略や政策のための実現時期調査などに使われました。

図1.2.6　日本万国博覧会（1970年）

　1970年に大阪府で「人類の進歩と調和」をテーマに万国博覧会（Japan World Exposition, Osaka 1970）が開催されています。世界の77ヵ国が参加し，日本の国家プロジェクトとして行われ，各国のさまざまな最新の科学技術等が紹介されました。会場で使用された電気は，福井県に建設された商業用原子力発電所から送電され，日本の科学技術レベルの高さを誇りました。この翌年より日本政府による技術予測調査が始められました。なお，世界で最初に開かれた万国博覧会は，1851年のロンドン（ハイドパーク）です。2025年には，再度日本の大阪府で開催されます。

　デルファイ法による技術予測調査とは，専門家または技術全般についての研究者・開発者へ，特定の技術について開発，実用化，普及の時期について予想

を依頼し，その後，一度得た調査集計結果を再度回答者へ送付し，その結果を見て予想の見直しを依頼し，最終的な集計結果を得るものです。

　調査方法は，アンケート方式が使われ，通常，質問の作成や結果の確認のため専門家による検討会が設置されます。この複数の検討を行うことによって結果が収斂（縮まることを意味し，この場合，予測の検討は回答者の裁量の余地が大きいため，発散した結果を調整することを意味します）するといった効果をねらっています。将来技術の開発・普及状況に関しては，経済状況や社会状況による研究開発費の取得具合で大きく変化します。また，関連技術について専門とする研究者の数も大きく変化します。

　ただし，不確定要因が複数あることから，該当技術の専門家も予測には苦労しているのが現状です。実際行われた結果分析では，専門家による予想と専門家以外の予想とほとんど変わらない傾向となることもあります。この調査結果は，技術政策や将来の技術発展状況を踏まえた生活などのビジョンを描くには非常に有効な調査研究です。しかし，アンケートの対象者は，個別技術の専門家であって，必ずしも経済動向，国際関係等に関しての専門家ではありません。このことから技術の実現時期のロードマップとして利用するには，別途さまざまな検討を加えなければなりません。

⑵　フォアキャスティングとバックキャスティング

　技術予測を行う際に最初に議論すべきことは，対象とする技術の種類とその実現内容の設定です。この抽出で各専門の検討委員が選定され，経験等の知見に基づいて社会状況を踏まえて重要な課題が設定されていきます。アンケート調査を行う場合は，その調査対象者の選定も順次行われていくこととなります。また，研究開発分野は年を追うごとに細分化していき，総合的に技術動向を分析することが困難になっています。近年では，ITC（Information and Communication Technology：情報通信技術），iPS細胞（induced pluripotent stem cell）等発生工学技術，核融合技術の実用化，普及時期などが注目されていますが，さまざまな科学技術に関連しています。また，環境，社会福祉，国際関係等の考慮が重要となってきます。技術予測のように現在から将来を想定する方法をフォアキャスティング（Forecasting：予測する）といいます。

　対して，地球温暖化問題のように2100年の状況を科学的に予想し，悪化の状況を改善するために開発すべき技術の実現時期を期待することをバックキャスティング（Backcasting：将来から現在を振り返る）といいます。病原体感染を抑え込むときなど人の生存に関わるような危機的状況が明確に認識されれば，最悪の状況を想定しバックキャスティングでの対策が期待されます。この対策のためにさまざまな研究，技術開発が必要となります。しかし，2020年に世界でパンデミック状態となった新型コロナウイルス感染症対策は，感染拡大のスピードが速く，ウイルスの性質についての解明もなかなか進まず，ワクチン，治療薬の開発の予測も困難でフォアキャスティングのまま，ロードマップ対策を立てなければならない状況となりました。この結果，明確な計画ができなかったと言えます。また，ウイルスの変異もあり，バックキャスティングによる技術開発は困難であることが明らかとなりました。

　他方，技術予測の調査結果は，政府の技術政策だけではなく，企業の経営戦略の重要な情報にもなります。企業ではバックキャスティングで検討を進め，技術開発時期の目標を定める経営戦略が検討されます。地球温暖化による気候変動等悪化進行の状況を鑑みて，政府と企業が連携した，核融合等化石燃料を代替するエネルギーの開発実現時期，水素エネルギーの製造技術・貯蔵技術の実用化・普及時期の設定等も行われています。

(3)　影に向かった技術開発

①　戦争に利用された研究成果

　戦争に関した技術開発では，バックキャスティングで技術予測し，戦略的に研究開発が進められることがあります。第二次世界大戦では，現在のミサイル，ロケットの原型となったV2ロケット（Vergeltungswaffe 2）がドイツ軍によって計画的に開発され，英国などに大きな被害を与えています。また，原子爆弾に関しては，その悲惨な効果による結果を想定して米国，ドイツ，日本が開発を行っています。なお，当時のドイツ軍は民間における研究開発も推し進めています。終戦後は，敗北したドイツの科学者は，東西冷戦で対立していた米国，旧ソ連（現 ロシア）で軍事開発関連の研究を続けています。

　V2ロケットは，大陸間弾道ミサイル（大砲のように捉える場合は大陸間弾

道弾という）への開発につながりました。初期の実験で宇宙空間まで達して放物運動を描いて音速で飛行し192km遠方まで達しています（実戦における射程距離は320kmまで改良されています）。破壊兵器としての精度はあまり機能しませんでしたが，攻撃される側の心理的な不安などが大きかったとされています。連合軍は研究施設，生産工場，発射施設への爆撃などを徹底的に行いました。この心理的な不安は，現在の国際間における軍事的な対立でも同様な効果をもっています。V2ロケットで使用された燃料は液体（エチルアルコール）で液体酸素（効率的な燃料のために利用）も搭載されています。現在の大陸間弾道ミサイルや宇宙開発用ロケットには，より効率的にエネルギーを得るために固体酸素を搭載しています。高い推進力を持った当該ロケットは，現在の宇宙探査を実現させ，宇宙空間における地球の軌道上に人工衛星を打ち上げることを可能にしています。携帯電話など電波を利用した無線通信を世界的に拡大させました。また，さらに遠くの宇宙空間へロケットを到達させており，宇宙物理学など科学の発展に大きく貢献しています。科学技術の負の開発を，人類の発展に役立てています。

　また，ドイツでは，飛行船のように航空輸送のさきがけとなった発明もあります。ツェッペリン伯爵（Ferdinand Adolf Heinrich August Graf von Zeppelin）が当初は軍事用に開発（*30）したものですが，1909年には飛行船「ツェッペリン」号は民間の航空会社にも使われるようになりました。第一次世界大戦では爆撃用として使用されましたが，当初は空中での威圧的な存在感などから敵国の心理的不安を高めましたが，容易に撃墜されることからあまり軍事兵器としては効果はありませんでした。浮上用の気体は，最初水素を使用していたため火災の危険性が高く，リスク対策としてヘリウムガスに変更されました。しかし，戦争中はヘリウムの最大の生産国であった米国からの供給がなくなり，水素での飛行を余儀なくされています。20世紀前半，ツェッペリン号は世界中の空を飛行し，1929年には日本（茨城県・阿見町［霞ヶ浦海軍航空施設］）にも訪れています。

　他方，原子爆弾は，純粋な原子核，放射性物質の研究から始まり，現象を知るための研究から国際間の軍事的対立もあって先を争い開発が進められています。ドイツの化学者・物理学者であるオットー・ハーン（Otto Hahn）が，

1939年に核分裂実験に成功します。1942年には，ムッソリーニ政権によるファシズムが台頭してきたイタリアから米国に移住（亡命）した物理学者エンリコ・フェルミ（Enrico Fermi）が，ウランの原子核分裂における連鎖反応の人工的な制御に成功しました。この研究成果によって，ウラン235（原子力発電所の核燃料，広島型原子爆弾の原料）の核反応，ウラン238に中性子照射によるプルトニウム239（高速増殖炉の核原料，長崎型原子爆弾の原料）の生成が可能になりました。なお，オットー・ハーンは，1944年にノーベル化学賞，エンリコ・フェルミは，1938年にノーベル物理学賞を受賞しています。フェルミは，ノーベル賞授賞式が行われたスウェーデン・ストックホルムからそのまま米国へ向かい移住しました。

　その後，ドイツ，日本が原子爆弾開発に着手していたことから1940年から米国を中心として，英国，カナダが共同で「マンハッタン計画」（暗号名称）と名付けられた原子爆弾計画が進められました。この計画は，ニューメキシコ州ロスアラモスで，物理学者オッペンハイマー（J.Robert Oppenheimer）をリーダーとして開発されました。広島に投下された原子爆弾のウラン235の濃縮はテネシー州オークリッジで行われました。長崎に投下された原子爆弾のプルトニウム239（^{239}U）［放射能はウラン235型の約2倍］の生成は，フェルミの研究成果に基づきワシントン州に原子炉を作り人工的な放射性物質として製造されました。オッペンハイマーは，アルベルト・アインシュタイン（Albert Einstein）（*31）の「一般相対性理論」に基づき仮説を立て宇宙におけるブラックホール生成について研究していましたが，当該計画のために研究を中断しています。

　「マンハッタン計画」は，当時の米国大統領フランクリン・ルーズベルト（Franklin Delano Roosevelt）へアインシュタインが署名して送られた手紙がきっかけとされています。手紙には，近い将来にウラン元素が新たに重要なエネルギー源になると予想されることなどが書かれていました。アインシュタインが，1907年にエネルギーと質量の定量的関係につて示した等式，$E = mc^2$（E：エネルギー，m：質量，c：光の速度［光速］）を発表しており，この式はエネルギー全般に成り立つことから上記のことがいわれていると考えられます。しかし，アインシュタインは，戦争に関しては一貫して反対の立場をとり，

兵役を非常に嫌っていましたので原子爆弾製造を勧めていたとは思われません。また，マンハッタン計画で原子爆弾を開発・製造したフェルミやオッペンハイマーも日本に投下させ甚大な被害を発生させたことを大変悔いて，冷戦時に研究開発が進められた水素爆弾には反対の立場をとっています。

② 研究開発の行方

　冷戦で大国の米国と旧ソ連は経済的に疲弊し，軍事的に対立する国家間で威嚇のために核配備する国が次々と出現したことで，破滅を前提とした威嚇が国際的に始まってしまいました。米国が原子爆弾よりも格段に強力な水素爆弾の実験に成功した1952年の翌年には旧ソ連も成功し，その12月に米国大統領のアイゼンハワー（Dwight David Eisenhower）は，国際連合総会で"Atoms for Peace"を提唱しました。その後，日本をはじめ先進国で原子力発電は，平和利用を目的に推進されました。しかし，その後も国際連合安全保障理事会の常任理事国以外の国々も，軍事的な優位を確保するために原子爆弾の開発・配備を進めています。米国は，「核兵器の不拡散に関する条約」に違反して核爆弾を作るインドに対し，自国の国際戦略上，容認してしまいました。

　さらにV2ロケットに始まる大陸間弾道ミサイルおよび宇宙開発を目的としたロケットも複数の国で開発され，原子力発電所の稼働で核廃棄物として生成されるプルトニウム239は原子爆弾の原料を作り出しています。経年劣化した原子爆弾は，保管だけでも高いリスクがあり核保有国の経済的な負担も莫大になっています。エネルギーとして利用できれば有効利用が可能となります。ただし，わが国の福島第一原子力発電所事故で放射性物質による深刻な汚染を引き起こしている原子力発電は，前述のとおり，大国同士の核戦略が行き詰まり，その結果推進されたものです。

　原子爆弾（核分裂），水素爆弾（核融合）は，軍事的な支配，または威嚇のために開発され，大量に配備されていきました。次々と巨大な破壊力のある核爆弾が作られ，地球の生態系をすべて簡単に消滅させることが可能になりました。並行して宇宙開発も同様に軍事的に極めて重要になりました。私たちは，宇宙から監視され，大陸を越えて核爆弾が飛んでくるような新たな恐怖の中で生活しています。1966年に国連で採択され，1967年に発効した「月その他の天

体を含む宇宙空間の探査及び利用における国家活動を律する原則に関する条約（通称：宇宙条約）」では，「天体を含む宇宙空間に対しては，いずれの国家も領有権を主張することはできない。」（第2条）と定められていますが，軍事衛星等が未だ数多く存在していることは事実です。国際宇宙ステーションで行われている人類にとって有益な研究開発が望まれます。世界の平穏無事な状況が，核爆弾等大量破壊兵器（感染性病原体，毒ガスなど有害物質（*32）を含む）の威嚇による傘の下で続けられている間は，人類の持続可能性に期待は持てません。

図1.2.7 米国の宇宙開発で作られたアポロ11号月面着陸船

1961年に米国大統領ジョン・F・ケネディ（John Fitzgerald Kennedy）は，1960年代中に人間を月に到達させると公表し，米国航空宇宙局（National Aeronautics and Space Administration：NASA）が中心となってアポロ計画（Apollo program）が膨大な資金を投じて進められました。多くの科学者が集められ，高度な研究開発が進められました。人が地球以外の天体である月に1961年から1972年に6回着陸しています。宇宙空間の平和と軍事の両方の目的をもって始められましたが，冷戦の終結と同時に予算が大幅に削減されました。

他方，十分なリスクアセスメントをせず技術開発を急ぐと，原子力発電所で想定外とされる事故が起き，放射性物質の広域汚染のような甚大な被害が発生します。福島第一原子力発電所の事故に関しては，技術の専門家（さまざまな専門分野が存在すると思われる）および政策決定者によってリスク（事故発生確率または曝露量）が低く想定されたため，大規模な被害が発生したと考えられます。技術は人々の生活を幸せにするためのものですが，その開発効果の目的に対するマイナス面に関しては評価は緩くなる傾向があります。その原因については，国家戦略，企業戦略，経済戦略など複雑な要因があると考えられますが，本来の目的を見失うことがないようにしなければなりません。さらに，企業のイノベーション（*33）においてもESGを含め広い意味で捉えていくことが望まれます。

⑷ 品質管理

① PDCA

　研究開発によって生産された工業製品には，高い品質が求められます。この実現には，生産現場で統計的な品質管理手法を積極的に取り入れたことで急激に向上しました。この手法は，米国の統計学および物理学者であるウォルター・シューハート（Walter Andrew Shewhart）が考案した「PDCAサイクル」と呼ばれるものです。シューハートは，1925年に設立されたベル研究所で，通信システムの信頼性の向上（検査方法など）の研究（1956年まで）をしており，研究成果は，"Bell System Technical Journal" に論文として発表しています。

　わが国では，シューハートの共同研究者である物理学者のエドワーズ・デミング（W. Edwards Deming,）が，第二次世界大戦後の経済成長期にこの品質管理手法を紹介したことからデミング・ホイール（Deming Wheel）またはデミング・サイクル（Deming Cycle）ともいわれています（デミングは，シューハート・サイクルと呼んでいます）。

　PDCAサイクルとは，計画（Plan），実行（Do），点検・評価（Check），改善（Act）の手順で螺旋を描いて品質管理が向上していく手法をいい，このサイクルは継続的に行われていくことで改善を図ることができます。この進捗をスパイラルアップ（spiral up）と表現しています。なお，前述のデミングは，'Check' を 'Study' として，点検部分での検討の重要性を主張し，PDSAサイクルも提唱しています。

　近年では，人事管理や業務，プロジェクト評価などについてもそれぞれの立場に基づいて評価項目を作成し，PDCAサイクル運用のために多くの資料を整備することなども行われています。工業規格を定めていた国際標準化機構（International Organization for Standardization：ISO）でも，PDCAサイクルを取り入れたマネジメントシステムが採用されました。環境規格（ISO14000シリーズ）の環境管理システム（Environmental Management Systems：EMS）などにも導入されています。このようなソフトな面での管理では，関係者が明確な目的をもって実施していかなければ，大切な活動が形骸化してしまうことが懸念されます。目的を失って無理に書類作成のみを目指してしまう

と，却って無駄な業務が発生し，「ばらつき」や「偏り」が生まれ，モラール
の低下にもなりかねません。慎重な対応が必要です。

②　品質規格への展開

　品質管理（Quality Control）は，日本産業規格では，「買手の要求に合った
品質の品物又はサービスを経済的に作り出すための手段の体系」（JIS Z 8101）
とされています。生産現場では，1950年代からPDCAが品質管理や生産管理の
重要な手法（分散分析や仮説検定といった統計学的手法の応用など）となりま
した。製造，営業，管理部門など全社的に品質管理活動を広げたTQC（Total
Quality Control）も活発となり，その後，マネジメント面も含めた活動になり
TQM（Total Quality Management）とされました。環境マネジメントも，全
社的な活動で質の向上が求められています。2004年11月には，ISO9001で定め
ている品質マネジメントシステム（QMS: Quality Management System）と
ISO14001の規定の「両立性という原則」と「明確化」により規格改定が行わ
れています。

　近年，脚光を浴びているスマートシティでは，最新技術を利用した社会的イ
ンフラを整備し，IT等を活用した最適なマネジメントが図られています。品
質管理と生活空間における持続可能性の双方の両立がキーとなります。この街
では，エネルギー効率および環境効率を最大限に高めた居住空間が設計されて
います。さらに，住民生活の質（Quality of Life：QOL）の良さを確保できる
ことも考慮されています。ナノテクノロジーより微少な世界をコントロールす
る技術も利用されていくと考えられます。したがって，管理すべき対象も極め
て多岐にわたります。

　スマートシティの世界市場は，エネルギー，環境，医療，その他行政サービ
ス等で急激に拡大すると予想されています。効率的に運営される賢い街ですの
で，無駄なく効率的な運営が不可欠です。さまざまな面での質の確保が必要と
なるため，世界で現在行われている実証実験の事前の解析が重要です。さらに，
実際にスマートシティが運営されてから改善すべき点が発生してくると考えら
れ，PDCAサイクルによる品質向上が必要です。環境負荷の低減，省エネル
ギー率など数値で表せるものは，特に点検，改善が期待できます。しかし，生

活環境，景観の質など評価しにくいものは，多くの議論が必要となると思われます。むしろ，新たな手法を持って検討すべき面も多くなるでしょう。

　1965年の国際連合経済社会理事会で，米国の国連大使アドライ・スチーブンソンが「人類は，小さな宇宙船に乗った乗客である」と講演し，「宇宙船地球号」という考え方が国際的に広がりました。これには，地球的規模の環境マネジメントが重要です。PDCAサイクルは，工業品の品質管理には効果的であることは既に証明されています。しかし，組織のマネジメントに関しては，形骸化が懸念されています。スマートシティなど，これから新たな展開が期待されている事業に関して，持続可能であるためには，十分にマネジメントシステムを整備していかなければならないといえます。

【第1章　注釈】

(*1)　ロンドン大学のアンソニー・アラン（Anthony Allan）が提唱した概念で，「財やサービスの生産に必要な水の量」という考え方です。具体的には，「輸入された製品生産のために国外で使用された水の量，または，輸入農作物を消費国で生産した場合必要になる水の量」と海外から持ち込まれた水の総量を意味しています。先進国や新興国へ移出された数多くの果物や野菜類，あるいは砂糖やコーヒー豆は海外で莫大な水を消費していることとなります。

(*2)　農作物栽培に要する農地の面積をエコロジカルフットプリントといいます。畜産業では飼料として多くの穀物が使われているため，肉類を生産するために多くの耕地が使われています。肉類を食すれば多くの穀物が使われ，多くの農地が使われていることとなります。また，スパーマーケットで販売されている多くの食品は，それぞれエコロジカルフットプリントが違います。必ずしも価格と比例しているとは限りません。貿易が盛んになったこと，冷蔵・冷凍等保全技術，輸送技術，及びICT（Information and Communication Technology）の向上によって，世界各地の食料価格を比較し地球の裏側からでも経済力のある国へ多くの農作物や畜産物が運ばれてきます。

　　水消費に注目した指標をエコロジカルウォータープリントと言います。また，食料の移動に要するエネルギー消費の指標としたものは，フードマイル（food miles），日本ではフードマイレージ（Food Mileage／農林水産省農林水産政策研究所命名）といい，「食料重量×距離」（単位例：トン・キロメートル）で表されます。

(*3)　石英，シリカ（または酸化シリコンと呼ばれます）として存在し，多様な結晶構造で存在します。六角柱状のものは水晶として知られ，変化するとメノウ，オニキスとしても存在します。また純度の高いものはガラスの原料となりなすが日本にはほとんど存在せず，日本のガラスはほとんど輸入された二酸化ケイ素で作られています。一般的な砂の主成分ですが，純度が悪く一般的には鉱物材料としては使用できません（日本では新島等で限定的に存在しています）。

(*4)　当時の日本における銀の生産量は，年間200トン程度で，その内石見銀山が38トン（10,000貫）程度を占めていました。

(*5)　室町時代から江戸時代にかけて一般庶民にも「おしろい」がお化粧として使用されていました。

その白色の成分は鉛化合物であることから鉛中毒を患う人がしばしばいました。美人薄命という言葉は，この被害によるものであろうと考えられています。当時の人々には鉛が有害物質という知識はなかったと思われます。

　生野鉱山（兵庫県朝来市）は1952年に採掘が始まったとされていますが，江戸時代に入ってから「灰吹き法」を導入したことにより飛躍的に銀の生産量が増加したとされています。当該銀山は，生産量が多く，室町時代より有力者（織田信長，豊臣秀頼，徳川家康など）の資金源であったことから積極的に採掘が実施されていました。室町時代（山名氏支配時代）における文献に，「精錬についてはその際に発生する悪臭を嫌って町内での作業を禁じて，これを円山村・岩屋谷村（現 朝来町岩津）或いは播州の猪篠村や大山村其他に搬出させて行わせた」との記述があり，町内では何らかの公害［鉱害］があったと思われます。

(*6) 複数の金属元素を配合し，構成成分を調整することで，耐食性，機械的性質，融点，磁性など化学的，物理的性質を変化させ性能を高めた材料で用途に合わせて非常に多くの種類が存在します。

(*7) 表面処理する技術には，化学反応，電気的な性質を利用したものなどがあり，基本的には表面処理することで，その内側の金属の腐食を防止するために行います。ペンキ（表面をプラスチックにより加工）も同様な効果があります。ただし，装飾品の美しさや塗料の色合いやデザインなどイメージ向上を目的として行われる場合もあります。この他，表面の硬化，電気伝導性，磁気的性質，潤滑性，接着性の付加などがあげられ，金属属性の向上の効果があります。

　身の回りの材料には，鉄にスズをメッキしたブリキ，亜鉛をメッキしたトタンなどがあります。これらは電気メッキと言われ，金属が溶けてイオン化している水溶液中で表面処理対象物に金属被覆する方法で，表面の色やデザインも操作することが出来ます。

(*8) 石炭を高温で蒸し焼きにして炭素部分だけを残した燃料のことです。この化学分解の工程は乾留といい，石炭など有機化合物の空気との接触を遮って加熱し高温にして，揮発性成分を蒸発（気体にすることで）分離する操作をいいます。

(*9) 微小操作技術によって品質が制御され直径が3から500nm（ナノメートル：10億分の1メートル）程度の炭素の微粒子として製造されます。炭素原子で構成され，表面にはさまざまな官能基が残存した複雑な組成を持ちます。無定形炭素ともいわれます。

(*10) 1960年に開催された第11回国際度量衡総会で，「メートル条約（仏語：Convention du Mètre，英語：International Meter Convention）」により確立した単位系が再検討され，「国際単位系（SI）」として新たに定められました。「メートル条約」が採択された1875年5月20日は，国際標準化機構（International Organization for Standardization：ISO）で，日付と時刻を定めたISO8601の起点（基準点）と定義されています。日本の日本工業規格（Japanese Industrial Standard：JIS）でも同様にJISX 0301で定められています。日本は「メートル条約」には，1886年に加盟しています。また，「メートル条約」の締約国会議で1921年には，電気，光，温度，時間などに関連した単位が定められ，1960年に電離放射線が加えられました。

(*11) 日本では磁気浮上により移動する方法が研究開発されていますが，浮上しないで列車車輪によって車体を支持し，推進，及び電磁ブレーキにリニアモーターを利用する方法があります。

(*12) 原子，分子の熱運動が全くなくなり，完全に静止すると考えられる温度です。絶対温度Tとセ氏温度（水の凝固点を0℃とした温度）tとの関係はT＝t＋273.15で表されます。Tの単位はK（ケルビン）を使います。Kは，熱力学等で多大な功績があった英国の物理学者ウィリアム・トムソン（William Thomson）が1892年に与えられた貴族名称ケルビン卿（Lord Kelvin）に由来しています。

(*13) 2021年3月現在では，液体窒素で冷却できる−196℃で超伝導状態を示す材料が開発されています（窒素の沸点は，−約196℃，約77Kです）。

（*14）コンピュータのハードウエアを利用してアプリケーションソフトウエアが起動するための基本ソフトウエアで，データの入出力を管理するシステムです。

（*15）特定の疾病の分布（または発生頻度，広がり方）と，年齢，性別，職業，経時的変化，地理的要因，社会的要因などとの関連を統計的に解析し，その疾病の原因などを研究するための調査をいいます。1849年に行われたイギリス・ロンドンでのコレラ発生原因調査で，特定の水道を使用している地域に発生が多いことがわかり，その水道を封鎖することによってコレラの発生を減少させた事例が有名です。わが国では，四日市ぜんそく事件の裁判の際に，疫学調査結果が証拠として採用されました。1993年には，電磁場による脳腫瘍，白血病の発生の危険性をスウェーデン・カロリンスカ研究所が発表し，社会的問題となっています。

2020年に国際的なパンデミックを引き起こした新型コロナウイルス感染でも，感染者とその感染ルートについて，統計学を利用したクラスター分析に利用されています。原因と結果の因果関係を科学的，統計学的に求める方法として機能し，この調査研究結果は，ワクチンや治療薬の開発，摂取方法等へ有効な情報を与えました。

（*16）ニュートン（Isaac Newton）は，質量，加速度，力の関係を示し，運動力学の三法則を導き出しました。そして，ケプラーの法則（惑星の運動に関する経験的法則）との関係から万有引力の法則（物体は引力［重力］の影響をうけ，規則的な運動していることを証明した理論）を完成させています。万有引力とは，物体間には，質量の積に比例し，その距離の2乗に反比例する引力が働いており，これには物体の形状などは性質とは無関係であるというものです。

ケプラーの法則では，「太陽を中心として，惑星は楕円状の軌道をえがく（第一法則）。太陽と惑星の中心を結ぶ直線のえがく面積は常に等しい。したがって太陽に近い惑星の運動は早いものとなる（第二法則）。太陽から惑星までの距離の3乗と惑星の公転周期の2乗の比は一定になる（第三法則）。」と示しています。

また，ドイツの哲学者，数学者，法学者であるライプニッツ（Gottfried Wilhelm Leibniz）が数学における微積分法を1975年に基本原理を示しましたが，ニュートンは物理学の解析のために1666年に計算法を考え出していました。

（*17）原子番号が同じで質量数が異なる元素で，原子核における陽子の数が同じで，中性子の数の異なる原子のことをいいます。英語のアイソトープ（isotope）という言葉は，ギリシャ語のisos（同じ）とtopos（場所）を合成して作られた用語です。核融合には，中性子が2つある水分子である重水素（^2H：deuteriumの頭文字 'D' と表記することもあります）と中性子が3つある三重水素（^3H：tritiumの頭文字 'T' と表記することもあります）を融合させます。

なお，重水（質量数の大きい同位体の水分子：比重も水より大きい）の分子式をD_2Oと標記することもあります。また，原子力開発においては，通常の水を軽水と呼び，この分子の水素は，軽水素（^1H）と示されます。

（*18）科学技術基本法第9条で定める「科学技術基本計画」について下記が規定されています。

政府は，科学技術の振興に関する施策の総合的かつ計画的な推進を図るため，科学技術の振興に関する基本的な計画（以下「科学技術基本計画」という。）を策定しなければならない。

2　科学技術基本計画は，次に掲げる事項について定めるものとする。

一　研究開発（基礎研究，応用研究及び開発研究をいい，技術の開発を含む。）の推進に関する総合的な方針

二　研究施設及び研究設備の整備，研究開発に係る情報化の促進その他の研究開発の推進のための環境の整備に関し，政府が総合的かつ計画的に講ずべき施策

三　その他科学技術の振興に関し必要な事項

3　政府は，科学技術基本計画を策定するに当たっては，あらかじめ，総合科学技術・イノベー

ション会議の議を経なければならない。

4　政府は，科学技術の進展の状況，政府が科学技術の振興に関して講じた施策の効果等を勘案して，適宜，科学技術基本計画に検討を加え，必要があると認めるときには，これを変更しなければならない。この場合においては，前項の規定を準用する。

5　政府は，第一項の規定により科学技術基本計画を策定し，又は前項の規定によりこれを変更したときは，その要旨を公表しなければならない。

6　政府は，科学技術基本計画について，その実施に要する経費に関し必要な資金の確保を図るため，毎年度，国の財政の許す範囲内で，これを予算に計上する等その円滑な実施に必要な措置を講ずるよう努めなければならない。

(*19) 社会的責任投資（Socially Responsible Investment：SRI）面から2006年に国連事務総長（当時：故コフィー・アナン［Kofi Atta Annan]）が提唱した国連責任投資原則（The United Nations-backed Principles for Responsible Investment Initiative：UNPRI）で，Environment（環境），Social（社会），Governance（統治）に配慮したESG責任投資の国際的推進が示されてから，中長期的な経営戦略が注目されています。長期的な視点で利益を上げなければならない機関投資家（法人の形態をもった投資家：投資信託，保険会社，年金運用機関など）の多くが具体的に取り組み始め，その投資を受ける企業へと拡大しました。現在，持続可能な開発には，ESG経営，ESG戦略は不可欠なものとなっています。研究開発においても環境，社会，経済面でのアセスメント，ガバナンスの点検の重要性は高まっています。

(*20) 1866年にダイナマイト（珪藻土にニトログリセリンをしみこませた爆薬）を発明し，土木建築現場などで使用され莫大な富を得ています。しかしながら，戦争の兵器として使用されたことから，死の商人とも批判されてしまっています（ノーベルの父親も兵器製造販売を行っていました）。ノーベルは，遺言で「人類に大きな貢献をした人々に遺産を分配する」と示し，この意志に従い，1901年に世界的に有名な「ノーベル賞」が創設されるに至っています。

(*21) ノーベルの死後70年後にあたる1968年に，スウェーデン国立銀行の設立300周年についての祝賀の一環として設立されたものです。

(*22) 1942年にフェルミは，米国のシカゴ大学で原子爆弾に使われるウランの原子核分裂の連鎖反応に成功しています。その後，米国政府は，ニューメキシコ州ロスアラモスで，物理学者オッペンハイマーをリーダーとして原子爆弾の開発を行いました。この研究は，「マンハッタン計画」と名付けられ，ウラン235の濃縮はテネシー州オークリッジで，プルトニウム239生成はフェルミの成果に基づきワシントン州の原子炉で実施されました。このとき作られた原子爆弾は，1945年にわが国に投下されています。

(*23) この方程式は，数学者のフィッシャー・ブラック（Fischer Sheffey Black）と経済学者のマイロン・ショールズ（Myron S. Scholes）が1970年に研究成果を論文にしましたが，論文掲載ができたのは1973年です。その後，ロバート・コックス・マートン（Robert Cox Merton）が当該理論を数学の面から発展的に証明しました。フィッシャー・ブラックは，1995年に死去してしまったため1997年のノーベル賞を受賞できませんでした。

　　　この方程式（偏微分方程式）は，次の数式で示されます。

$$\gamma V = \partial V / \partial t + 1/2 \times \sigma^2 S^2 \, (\partial^2 V / \partial S^2) + \gamma S \, (\partial V / \partial S)$$

γ ＝非リスク金利，V ＝デリバティブの市場価格，S ＝満期日における原資産の価格，σ ＝予想変動率，t ＝時間

(*24) $F = [(R+1) \, P\text{-}1] / R$　P ＝勝率，R ＝損益率（平均利益/平均損失）で表される公式です。統計的に優位性がある回数を行わないと効果は発揮できません。

(*25) 「新株予約権付社債」といわれ，新株予約権が付与されています。新株予約権とは，発行した

会社に対して株式の交付を受けることができる権利のことをいいます。日本では2002年4月に改正された「商法」で定められました。

(*26) オランダは，1581年にスペイン領から独立を宣言し，1648年にウエストファリア条約で（ネーデルラント連邦共和国として）国際的に承認された国です。スペインが1585年から始まったイングランドとの戦争で無敵艦隊が大打撃を受けるなど相次ぐ戦いで弱体化したことでオランダへの軍事的脅威がなくなり，国の経済の先行きが大きく開けていきました。独立前より商工業が盛んであったことから急激に経済発展が始まり，1631年にアムステルダムに新たな株式取引所が作られ，景気が上昇していきました。そして，いわゆるバブル経済へと向かっていきました。1841年にチャールズ・マッケイによって出版された『狂気とバブル―なぜ人は集団になると愚行に走るのか（Extraordinary Popular Delusions and the Madness of Crowds）』では，チューリップの球根が，「5ヘクタール（1ヘクタール＝10,000㎡）の土地と交換された」と記載されています。また，「家一軒と同じ値段になった，あるいは職人の年収の14倍であった」などといわれるほど高騰しました。明らかに異常に過熱した投機がうかがえます。購入した球根は短期間で売り抜け，大きな利益を得るといった投機が多かったようです。この取引が先物取引が始まるきっかけともなっています。しかし，1637年に価値がふくれあがったチューリップの売買の手形が不渡りとなり，バブルが崩壊します。この投機に関わった投資家や一般公衆の多くが大損をし，破産してしまいました。

(*27) 英国では，1712年に財政危機打開のために国策として「南海会社（South Sea Company）」という会社を設立し，会社に南米及び南太平洋の貿易の独占権を与え，政府の信用を得たこの会社は巨額の利益を得るとの期待が膨らみ株価が高騰し経済バブル（南海バブル）が発生しました。しかし，持続可能性がなかったため多くの自社株を持っていた経営陣が先行きに不安を抱き1720年に株を一斉に売却したことで，株価が暴落し数ヵ月でバブル経済は崩壊してしまいました。英国経済への後遺症は大きく，1721年に制定された「バブル防止法」で企業の新たな株式公開が約100年間も禁止されました。

(*28) LTCMは破綻状態となった後，新たにヘッジファンド（プラチナム・グローブ・コンティンジェント・マスター・ファンド）を設立しましたがリーマンショックが起きた2008年に再度巨大な損失を出して資金運用を失敗（運用資産が38％減少）しています。

(*29) デルファイとは，デルファイ神託で有名なアポロン神殿のあった古代ギリシャの地名です。この地にあったデルファイ遺跡は，「世界の文化遺産および自然遺産の保護に関する条約」に基づく世界文化遺産に登録されています。

(*30) 1895年に「複数の縦列に配置された牽引体をもつ操縦可能な航空列車」として特許を取得しています。

(*31) 1905年に特殊相対性理論，1916年に一般相対性理論を発表しています。1921年には，光量子仮説に基づく光電効果の理論的解明でノーベル物理学賞を受賞しました。

(*32) 第一次世界大戦でフランス軍が毒ガス・ホスゲン（phosgene：$COCl_2$／マスタードガス[mustard gas] とも言われます）を化学兵器として使用し，化学技術による新たな兵器が作られました。ホスゲンは比較的簡単な化学構造ですが，吸引すると呼吸困難などの急性的な症状を発し，数時間後に肺水腫を起こして死亡します。化学業界ではポリウレタン（プラスチック）や各種の染料など有機化合物を合成するときの原料として使用されています。毒性が強いということは，反応性が高い性質であるということで化学合成等に利用しやすいともいえます。その後ナチス・ドイツでは，リン化合物の農薬研究開発の過程から猛毒サリン（sarin）も開発されています。猛毒の神経ガスでシアン化水素（HCN：青酸）の25倍以上毒性があり，皮膚等からも体内に侵入します。また，ベトナム戦争では米国が開発した極めて有害性が高いオレンジ剤（植物を枯らすことから枯れ葉剤ともいわれています）も開発されています。主成分は，ダイオキシン（dioxin）類で塩化ビニルな

ど塩素が化合したプラスチックを800℃以下で燃焼した場合にも発生します。廃棄物の燃焼処理時にも生成されるため燃焼温度の調節が行われています。

(*33) 米国の経済学者シュンペーター（Joseph Alois Schumpeter）が示した「イノベーション」という言葉を，日本では1956年に経済白書で「技術革新」の意味で使用されてからほぼ定着してしまいました。しかし，シュンペーターは，新しい経営組織の実施，新市場の開拓などもっと広い意味で示したものです。

自然現象

2.1

生物の繁栄と衰退

2.1.1 植物の化石

(1) 生きた化石—メタセコイア—

① 藍藻類から多様化

　自然は，これまでさまざまな環境を体験し，最も合理的なシステムを作り上げてきました。ムダ，ムリ，ムラを最小限にしなければ，厳しい自然の中で生き残ることはできません。生物は，自然の中で生き抜く方法を遺伝子に記録し，さまざまな経験を将来に活かしています。

　一方，人類は自然科学においてさまざまな法則を見出し，生活に役立てています。人類が誕生した年代は未だ明確には解明されていませんが，約700～600万年前とする学説が有力です。人も生物ですから，この時期から地球上のさまざまな環境の中で生き抜いてきたといえます。これらの体験はすべて遺伝子に刻まれています。

　地球上に生態系の基盤を作った生物は，藍藻類です。光合成によって地球大気に生命の源である酸素を供給したことで，現在の大気の礎が築かれました。その酸素が成層圏でオゾン層を形成したことによって，地上における生物の生息を不可能にしていた有害な紫外線を遮断しました。この環境ができたことにより，陸上でも約5～4億年前からさまざまな植物など多くの生物が繁栄していきました。

　地上に植物が繁殖し始めた頃は，多くの光を求めて空に向かって大きく成長しました。約3億年前には，シダがもっとも支配的な植物であったと考えられています。熱帯に存在している木生シダには，現在でも20m以上のものがあります。世界中には品種は数千から1万数千種類もあるとされており，日本ではワラビやゼンマイのように茎と葉を食用にされるものもあります。クサソテツの若芽はコゴミと呼ばれ，珍味の山菜となっています。

　1億数千年前には，現在世界で最も高木といわれているスギ科のセコイヤな

図2.1.1 **3億年前から世界中の日陰に生育する**
シダ

シダ植物は古生代シルル紀以来，４億～３億年の歴史があり，地上で最も古い植物とされています。胞子によって繁殖し，世界中に生息しています。石炭紀には地球上に大森林を形成していたとされています。

ど，多くの種類の植物が誕生してきます。セコイヤ（*Sequoia sempervirens*）は常緑（１年中緑色の葉をつけています）で現在でも北半球（北米など）に自生しており，100mを超えるものもあります。中生代ジュラ紀からシダ類，ソテツ類，イチョウ類とともに繁茂しています。当時陸上で最も繁栄していた動物は恐竜でしたが，約6,550万年前に絶滅しています。

　わが国には，化石による分析で同じスギ科セコイヤ属のメタセコイヤ（*Metasequoia glyptostroboides*：日本名はアケボノスギ）が繁殖していたとされています（近年では，植物学上セコイヤとは別に分類されているようです）。メタセコイヤは，セコイヤとは異なり落葉針葉樹で，冬になると葉を落とします。大きいものは，25mから35mに成長します。落葉高木には，ほかにイチョウ（銀杏：中生代［２億4,500万年前］から生息しています。成長すると40mに達します）があり，メタセコイヤとともに「生きた化石」と呼ばれています。どちらも裸子植物です。また，植物の中では落葉針葉樹は珍しく，ほかには唐松（日本，北米に育成し，20mに達します）があります。唐松は，樹脂に富み，耐久・耐湿性があり，電柱・鉄道枕木・屋根板など身近な材料として用いられています

　メタセコイヤの化石（白亜紀［約１億4,000万年前から6,500万年前］から新生代第三紀［約6,500万年前から180万年前］にかけての地層のものが多く発見されています）は，三木茂によって1941年に最初に発見されました。セコイヤに似た新種として命名されました。約100万～300万年前に絶滅（学説によって異なります）したとされていましたが，その後，1943年（1945年とするものもあります）に，中国四川省の奥地で現生するものが発見されました。

58

図2.1.2 メタセコイア化石（第3紀）

　現在よりも温暖で二酸化炭素が多かった石炭紀は，光合成で成長する植物は，大森林を形成していたと考えられます。倒木し地下で熱や圧力が加えられたものは珪化木（*1）や石炭に変成していったと考えられます。化石の分析によって石炭に変成した植物も繁殖した年代によって異なっていることが明らかとなっています。白亜紀（約1億4,000万年前〜6,500万年）まではシダ類が多く，白亜紀後半からはセコイヤ，メタセコイヤが多くなってきます。

② 　新たな繁殖

　メタセコイヤが繁殖していた数千万年前，寒冷地にも繁殖地を広げたとき落葉樹になったとされています。耐寒性が強くマイナス40℃でも露地で生育し，挿し木でも育ちます。現在では，樹形のよさから公園，並木，庭木などとして人によって植えられ，世界中に繁殖しています。日本には1949年に移入されました。身近な近くの公園などで見かけることができます。

　現在地球上で最も繁殖している植物は，人間が食料や衣料の原料として栽培しているトウモロコシ，小麦，米，綿などがあげられます。これらは，人が管理したことによって急激に繁殖できました。この繁栄を維持するには，人が開発した技術を用いた化学肥料，農薬，農業用機械が不可欠です。農作物等の敵になる植物や雑草は人工的に駆除されます。成長に必要な水や栄養も自然の循環を無視して得ることができます。数億年かけて植物間で争って繁栄と衰退を繰り返してきた自然の植物とは異なります。

　メタセコイヤは，見た目がよく葉の色の変化や落葉，新芽などで四季を感じることができることから，人が好む景観を創ってくれます。人類が作り上げた環境のもとで繁殖させたものといえます。現在のトウモロコシや小麦，米などは，人類の滅亡とともに滅びる植物です。メタセコイヤは生き延びることはできるでしょうか。自然はどのように判断するのかはわかりません。

(2)　炭田―首都圏近くで大量に採掘された常磐炭田の例―

① 　植物の化石が主要なエネルギー資源へ

　常磐炭田（福島県相馬周辺［浜通り］から茨城県東海村あたりまで）からは

図2.1.3 **メタセコイア（落葉針葉樹）**

　1943年に中国の湖北省で絶滅したとされていたメタセコイヤ現生種が見つかり，1948年にハーバード大学のアーノルド植物園によって種子が採集されました。その後，世界各地に広まり，日本でも現在では公園等で見ることができます。

　化石も多く採掘されており，古いところでは約3億年前より陸上となっていたと考えられています。しかし，オゾン層生成後すぐに地上に植物が生い茂ったとは考えにくく，化石との研究から約3,500万年前に何らかの自然変化で植物が大量に生い茂ったとされます。例えば，恐竜は6,550万年程度前に絶滅していることから，大量に植物を食する草食動物が減少したことが考えられます。石油の生成があまりないことから微生物等の遺骸の変化による化石化，いわゆる嫌気性状態での化学変化はあまり起こらなかったと推測されています。

　江戸時代に片平平蔵により白水村より石炭が（燃える石として）発見されましたが，日本では，江戸時代以前から石炭を採掘すると米の不作など不吉なことが起きるとされていました。しかし，米国のペリーが蒸気船で来航して以来，その後次々と日本に訪れる米国やその他欧州の国の船等へ石炭供給が必要になったことで，この地域の石炭採掘が始まりました。明治になり，国内で発生した西南戦争（1877年）で九州の筑豊炭田からの供給ができなくなり，常磐炭田の必要性が高まりました。首都圏に近いエネルギー供給源であることから，その後需要が大きく伸び，江戸時代末期から約100年間炭田採掘操業が行われています。明治維新に政府が行った富国強兵策により増産が図られていきました。最盛期の1950年頃（昭和20年代）には，大小，零細炭鉱は130以上となり，活況を呈しました。

　この地域で採掘される石炭は，約3,500万年前のメタセコイヤ等の植物が化石化したものです。この炭田でも，他の炭田と同様に珪化木が多く含まれていたため，層状に含まれるシリカ層が形成されました。シリカ層の二酸化ケイ素

(SiO₂) 等はエネルギー利用はできませんので廃棄物となりました。三井三池炭鉱など九州では，このシリカ等廃棄物が大量に排出され，小さな山ができるほどでした。これらの山を，ぼた山と呼んでいました。常磐地区では，ずり山とよんでいたようです。この珪化木でできた無機質で荒廃したような風景は，映画の撮影などで使われています。炭田等鉱山では地下水が吹き出し，採掘の障害になっていました (*2)。常磐炭田では，温水が噴き出し石炭採掘に悩まされましたが，その後この温水を坑内温泉として利用するようになり，現在では温泉リゾート施設が建設されています。

　ぼた山やずり山のシリカを主成分とする鉱石も，道路整備の拡充とともに大量に必要になった道路路盤材等として有効に使われました。特に常磐炭田は，首都圏に近いことから路盤材（珪化木などシリカ廃棄物）の需要が非常に高かったと考えられます。日本のアスファルトやセメントの道路の下に石炭採掘で一緒に掘り出された化石（珪化木）が埋まっています。

②　炭田の衰退

　石炭は植物の遺骸が長期間かけて炭化したもので，数億年から6,500万年程度を要してできます。しかし，常磐炭田は，地下から膨大な熱エネルギー（火山：マグマ）が吹き上がっていたと考えられます。このため，地下は高温で高圧であったため，石炭生成のための反応は早く進み，石炭生成までに約3,500万年と非常に短い期間で石炭が形成されました。ただし，十分に炭化していない部分もあり，イオウ分が比較的高く，燃焼の際に酸化イオウが多く発生しました。酸化イオウは，一般にSOx（ソックス）と呼ばれ，空気中の水分と反応すると硫酸を生成するため酸性雨となり，大気汚染の原因となります。固体のまま（粉じんなど）で人体に付着したり摂取されると，アレルギーなど健康障害を発生させます。このため当該石炭を燃料として使用する場合は，高性能なばい煙除去装置が必要でした。さらに，筑豊や北海道で採掘される石炭に比べ熱量（熱エネルギー）が低く，質の悪い石炭とされましたが，イオウ分を分離し，化学工業用にイオウを販売し利益を上げました。

　しかし，日本が経済成長したことで円高が進み，海外では効率的に大規模に生産される石炭採掘が複数出現してきたことから，安価に輸入される石炭が主

流となりました。副産物として生産していたイオウも石油から容易に分離できることから，石炭からの分離されるイオウの需要が減少しました（*3）。さらに，石炭化学による化学品の製造は1970代には石油化学に代替されました。これらの理由により常磐炭田は閉山が相次ぎ，1985年に茨城県東海地区の採炭が中止されたことで完全閉山となりました。その後，日本国内にあるすべての炭鉱の石炭採掘は採算が合わなくなり閉鎖されました。ただし，常磐炭鉱にはまだ約11億トンの石炭が埋蔵されています。また，阿武隈高地東縁には，今も石炭が露出しているところがあります。

　常磐地区は，その後も，エネルギーパークの装いが強く，広野火力発電所，東海火力発電所の建設をはじめ，輸入された石油，天然ガス（近年）を原料に，首都圏への電力供給が盛んに行われました。そして，東海原子力発電所（茨城県北部），福島第一原子力発電所（*4），福島第二原子力発電所が建設され，日本で原子力発電による電力が最も多い地域となりました。しかし，2011年3月に起きた東日本大震災による津波で，福島第一原子力発電所が事故を起こし，広域にわたって放射性物質による汚染被害を発生させてしまっています。現在稼働可能な原子力発電所は，東海原子力発電所のみです。

図2.1.4　常磐炭田で使用されていた石炭採掘設備

　英国ではウェールズ南部などで13世紀頃から石炭が採掘され，産業革命時に石炭産業が盛んになり，重要な役割をはたしました。日本でも石炭採掘が活発に行われました。しかし，圧倒的に安価なコストで採掘できるのは露天採掘ですが，日本には坑道での生産しかできなかったため石炭の値段が高くなり，国際競争力を失う大きな原因となりました。石炭などの鉱石を掘削する際の坑道には，地中深くに埋まった石炭層まで垂直に掘り下げる立坑，地中で傾いたり重なったりしながら石炭層に到達させる斜坑，水平に掘り進む沿層坑がありますが，災害も多く，高いコストを要します。

　2016年の電力自由化（電気事業法の改正）により，安価な石炭を原料とする発電が急激に増加しており，二酸化炭素排出の増大（エネルギー効率が悪い），SOx，ばい煙（水銀，ヒ素など有害物質）など環境汚染が問題となりました。

その対処方法として，常磐地区の勿来石炭火力発電所でIGCC（Integrated coal Gasification Combined Cycle：高効率石炭発電）による効率的で汚染の少ない石炭発電が開発されています。石油発電程度のエネルギー効率を得られていますが，メタンの漏れ等問題点もあります。ESG投資，グリーンファイナンスでの石炭のエネルギー利用は環境リスクが高いことを理由として，新たな建設や運営に関する資金面での支援が次々と取りやめられています。今後の石炭利用に関する高率化，環境保全技術開発が注目されます。また水素の供給源の可能性もあります。

2.1.2　不自然が作り出す付加価値

(1)　自然と不自然

　人類はより多くの物とサービスを得るために，膨大な資源を消費し，短時間で廃棄物へと変化させてきました。もっとも，資源と見るか，廃棄物と見るかは，人間の価値観で決められており，経済的価値判断が中心となっています。

　安価で採取しやすい資源は比較的早く枯渇し，その後採取コストが大きいものへ矛先が変わっていきます。これに伴い資源の供給コストが高騰していきます。この解決のために新たな資源，新たな採取技術の開発が推進されていきます。しかし，地下にあった資源，あるいは人工的に新たに生み出された資源（化学変化した生成物等）がいずれは廃棄され，地上に放出されます。これら廃棄された物質は，大気，水質，または土壌を今までと違った状況に変化させます。研究開発の際に，この廃棄後の環境への影響についても検討する必要がありますが，コストとなるためこれまであまり考えられていませんでした。

　人類が生活してきた自然からみれば，急激な物質バランスの変化は不自然な状態です。資源の大量消費は，不自然を作り出しています。ここで快適な生活を得るために引き起こされる自然破壊と自然に即し我慢する生活とでジレンマが生じ始めます。

(2)　不自然を維持するための戦い

　人の欲求には，不自然によって作られるものがたくさんあります。ただし，科学技術が発展しなければこの欲求も満たすことはできません。縄文時代は，

狩猟や漁猟，または自然の木の実などを採取し食糧を得，森林などバイオマスや自然にある岩石などをさまざまな材料として用い，約 1 万年（紀元前 1 万年前後〜紀元前 4 世紀頃まで）も持続的な生活を営んでいました。この時代は，科学技術は極めてゆっくりとしたペースで発展し，自然のシステムに準じた生活が合理的だったと考えられます。したがって，自然に逆らって生活をすることは困難だったと考えられます。人に最も身近にあるエネルギーは，太陽や森林等燃焼可能なバイオマスであり，否が応でも自然に従った生活をしなければなりませんでした。

　その後弥生時代に入り，稲作（水稲耕作）が始まり，銅器，鉄器の製造も始まり，自然のシステムに逆らった生活が始まりました。水田のように原野（原生林）に単一の植物が生い茂ることは自然ではありえません。それまでの自然から見れば，全く不自然な環境です。水田や畑では，人間が必要な単一な種類の植物のみが栽培されます。これらを餌とする微生物や野生生物いわゆる人から見れば害虫や害獣は，このような単一な植物が生い茂る場所は魅力的なレストランです。

　このときから人と自然（または生態系）との闘いが始まっています。この闘いは現在も続けられており，殺虫剤や除草剤および化学肥料など人工的に開発された（自然には存在しない）化学物質が，自然界の敵を殺すため，また人に選ばれた生物をよりよく成長させるために，次々と生まれています。そして，それらは世界のあちこちに撒かれています。ガーデニング，街路樹，庭園などにはこれら薬剤は欠かせません。これによって得られた景観や環境は，経済的に高い付加価値をもったものを生み出します。人の自然に持つイメージを作り出し，精神的な安定も得られます。

(3)　人工的に作られた不自然な状況の分析と対処

　1962年に出版されたレーチェル・カーソンの著書『沈黙の春』では，この「人工的な化学物質によって生態系が破壊されていること」が警告されています。1979年には，ジェームス・ラブロックが「ガイア」の概念を提唱し，「生命とはそれ自身で保持する環境」と述べ，その繊細なシステムの破壊を懸念しています。「ガイア」とは，ギリシャ神話の女神で，大地の象徴として地母神

（大地の母で，肥沃，豊穣をもたらす神で，豊かな大地の抽象的な存在を具体的なものとして表したもの）とされているものです。

　その後，1996年にはシーア・コルボーンらによって出版された『奪われし未来』では，人工的に作られ環境中に放出された化学物質の環境ホルモン（内分泌攪乱物質）が，食物濃縮（生物濃縮）によって高濃度になり，魚類等食物に含まれるリスクを訴えています。研究開発によって人工的に新たに生まれた化学物質は，１億6,000万種類を超えています。工業等に利用される物理化学的性質以外を新たに調べるだけでも莫大な実験を要します。

　1960年代頃悲惨な被害を発生させた公害は，自然システムを全く考慮せず，経済的に大きな利益を生み出す工業製品を生産したため発生しました。未だに，水俣病（有機水銀汚染）は国際的に発生しており，日本で社会問題となってから約50年も経過した2013年10月に水俣条約（水銀条約）が採択されています。汚染は，小規模な金の採掘，塩化ビニルモノマー製造工程，塩素アルカリ工業等で発生しています。特に金の採掘における水銀の利用はずさんで，水俣病が世界各地で発生しています。工業新興国等で工業用に重要な金属である「金（電気をもっともよく通す金属，鍍金（メッキ）としてもっとも安定な性質）」が大量に必要になり，高騰していることがその背景にあります。

　有害物質は，人の目で確認することができないため，知らぬ間に生態系が変化し，知らぬ間に食品に入り込み人体に入り込んできます。人は気づかないまま健康が害され，正常な生活ができなくなってしまいます。これは不自然な状況が原因です。放射性物質の汚染も同様です。安易に大丈夫（安全）ということはできません。また，安易にリスクが高い（キケン）ともいえません。自然の中で，目に見えない不自然（目に見えないキケン）は，理解することは極めて困難です。

⑷　人工エネルギーによって生まれた市場と開発

　私たちは，暑くなると涼しく，寒くなると暖かく，遠くへは楽に早く到着し，欲しいときに欲しい物，サービスを得たいと思っています。この欲求が満たされない場合の不満は，以前には考えられないほどの苦情となり，それが当たり前になってしまいました。日本のように四季があると，それが快適な生活の障

害になります。

　その結果，昔から利用していた森林などのバイオマスでは十分なエネルギーが得られなくなり，高密度のエネルギーである化石燃料を使用し始めました。そして，この巨大なエネルギーを使って自分たちに都合がよい不自然な環境を作り上げることに成功しました。さらに，原子力による莫大なエネルギー生産も始めました。豊かなエネルギーは，季節による寒さ暑さに耐えることを和らげ，農作物も季節に関係なく作り出すことを可能にしました（*5）。スーパーマーケットには季節に関係なく，きゅうり，いちご，きのこなどの野菜，果物が揃っています。多くのエネルギーを使い遠く海外から船に積まれてやってくるものもあります。新鮮な食材を提供するために，飛行機で運ばれてくるものもあります。これら食品は，人が食して体内で得られるエネルギーよりも，温室などの栽培，輸送のために費やされるエネルギーのほうが圧倒的に大きいといえます。

　目の前の事象は，そのすべてが複雑に絡み合って単一には存在していません。1つひとつの事実を解明していくことで真実に近づいていきます。不自然を無理矢理に作り出し得られる物とサービスは，何らかの環境負荷が必ずあります。現状のままで発展が持続的に続くことはほとんどないでしょう。人は経済面における維持が不可能になるまでなかなか気づくことはないと思われますが，研究開発の段階で不自然によって自然の不安定が拡大していることに目を向けることが望まれるところです。

2.1.3　人が管理する自然

(1)　変化している生態系

　人と生態系は，対等に共生しているわけではなく，生態系の一部として人が存在しています。しかし，人の活動が拡大し，生態系中の種と種のバランスが今までになく急激に変化しています。この原因はさまざまであり，容易に特定できませんが，人の活動が大きく関わっていることは間違いありません。

　ここ数十年の間に，気候変動による降雪の減少，耕作放棄地の増加が起こり，さらに開発地域の拡大などで，国内のシカ，イノシシ，サルなどが生息域を移動させ，狩猟の減少などで個体数・生息域を拡大してきています。地球温暖化

（または，少なくとも国内の気温上昇）の影響では，温暖な地域に生息していた昆虫類を北上させています。北海道には今までいなかったカブトムシが増殖しており，九州に生息していた蝶の一種であるナガサキアゲハは現在東北にまで生息するようになり，クマゼミは北陸や南関東で頻繁に確認されるようになりました。農作物も，害虫の生息域が拡大したことで新たな害虫対策が進められ，生産地の北上で米など主要な作物に新たな品種改良が必要となり，既にさまざまな対処が行われています。また，2011年3月に事故を起こした福島第一原子力発電所周辺の避難区域では，取り残された家畜が人の手から離れ野生化しています。例えば，豚がイノシシと交配し生まれたイノブタが増殖してしまい，人家などに多大な被害を発生させています。

　人の生活へのサービスおよび物質的な豊かさをもたらした科学技術は自然を変化させ，これからは変化した自然に対応するための研究が行われるようになりました。気温上昇に対応した農作物の開発，気候変動による災害対処のためのインフラ開発，化石燃料を代替するエネルギー開発など必要とされているものは増えています。

(2)　外来種の影響

　独自の生態系が形成されている島は海で隔たれているため，他の地域から新たな動植物が持ち込まれたり，気候変化や開発等による特定種の増殖・絶滅などで固有の生物に変化が生じ始めており，大きな脅威となっています。例えば，屋久島には外来種のタヌキが住み着き，奄美大島では野生化したヤギが繁殖しています。

　日本に入ってきた外来の動植物が在来種を駆逐したり，人への新たな被害を引き起こしています。1960年代からお祭りなどで売られていたミドリガメ（ミシシッピーアカミミガメ）および国内の亀との交配種は，国内で最も多い亀の種類となってしまいました。ウシガエル（北アメリカ原産）やアメリカザリガニ，ホテイアオイ（南アメリカ原産）なども国内に繁殖しています。近年では，ペットとして輸入されたアライグマや，ルアーフィッシング用として大量に放流されたブラックバスなどが国内の生態系を変えてしまいました。同様に，遺伝子を人工的に組換えられた動植物も新たな強い性質を持ち，自然環境中に放

出されると他の生物を駆逐します。植物の場合，除草剤に強く，少ない肥料や水でも効率的に成長する能力を持てば排除することも難しくなります。例えば，わが国には，海外で遺伝子組換えされて強力な生命力を持つ菜の花（遺伝子組換えセイヨウナタネ）が，既に西日本の一部で繁殖しています（*6）。米国で遺伝子組換えされ品種改良したトウモロコシがメキシコで繁殖し農作物として生産され，そのトウモロコシの遺伝子配列の知的財産権が争われたこともあります。

(3)　鳥獣の人による管理

　狩猟は，そもそもは人の生活のための食糧や生活必需品を得るために行われてきました。中には，初期の捕鯨のように，ほんのわずかしか取れない鯨油やコルセットのひもにするためのひげを得るために行われたものもあります。漁猟では，超音波を発射しその反射波を分析し魚群の位置や数量を探知する魚群探知機や衛星による探知などを利用し，人が欲しい魚類は最後の1匹まで獲ろうとします。超音波レーダーは，潜水艦の探知技術などから発展した技術で，高い精度をもっています。野生動物の狩猟は，娯楽あるいはスポーツの要素も加わり，鳥獣の狩りや魚釣りの市場は拡大し，経済的な背景のもと機材の材質や技術的性能は高まっていきました。

　「絶滅のおそれのある野生動植物の種の保存に関する法律」（種の保存法）では，絶滅のおそれのある種の保存等を行っていくため，種間，生態系全体への影響を考慮した鳥獣管埋を考えなければなりません（*7）。さらに，海外から入り込む生物を規制する「特定外来生物による生態系等に係る被害の防止に関する法律」（外来生物法）での駆除を，鳥獣管理（捕獲）と総合的に実施していくことも必要となります。既存のこれらの対策が同時にそれぞれ行われていることから，俯瞰的で合理的な方法推進が望まれます。

　地球温暖化の影響を考えると，デング熱，マラリアの伝染を媒介する蚊や，アルゼンチンアリやヒアリ（火蟻）など，外来生物等が直接人へ健康被害を与えるリスクに対しても対処していかなければなりません。ヒアリは，レイチェル・カーソンの著書「沈黙の春」（新潮社，1974年）でも取り上げられた殺虫剤（DDT：Dichlorodiphenyltrichloroethane）で駆除されている虫ですが，薬

剤の過度の使用にも注意していかなければ別途環境汚染も発生させてしまいます。生態系の管理は極めて複雑で困難です。生物および生態系は未だ不明な部分が多く，また，人との関わりも非常に複雑です。人の立場によっても利害関係が絡み合っている部分が多々あるため，思わぬところから新たなリスクが生まれます。

2.1.4 環境適応能力

(1) 劣悪な環境下で生息できる能力

　生物が生息していくには，自身で環境に適応していかなければなりません。人も同じです。しかし，自然には人が解明していない科学的現象が膨大にあり，人が管理していくことは極めて難しいといえます。例えば，「気候変動に関する国際連合枠組み条約」の具体的規制を定めている「パリ協定」(*8) では，国際連合や先進国で目標としている「地球温暖化を抑制し，世界の平均気温の上昇を産業革命以前と比べて2℃以内に抑える（1.5℃以内に努力）」目標を立てています。しかし，自然科学的知見の不足および経済へのダメージなど社会科学的（人間活動の側面的）な影響が複雑に絡み合い先が見えません。

　地球温暖化で変化しているのは地上だけではありません。まだ科学的に不明な部分が多い海中にも見えない変化が発生しています。今から2億数千年前のペルム紀に生物の約95％が絶滅しています。この時代に火山活動が活発となり，二酸化炭素が大量に発生して地上が温暖化し，さらに永久凍土や海中のメタンハイドレートが溶け出し，メタン（二酸化炭素の温室効果の約26倍と算出されています）が環境中に大量発生して地球全体の急激な温暖化を引き起こしたとされています。三葉虫はこのときに絶滅しています。この時代に地球全体に異常気象も発生し，海中へも二酸化炭素が炭酸となり溶け込み，酸性化が進んだとされています。ペルム紀にはオゾン層が十分に生成していないため，陸上には強い宇宙から紫外線がそのまま照射されており，海中にのみ生物が生息したと考えられます。

　現在の海は，表面海水中でpHは約8.1です。そして深くなるにつれてpHは下がり，水深1,000m付近で約7.4と最も低くなります。したがってアルカリ性です。ペルム紀の地球温暖化によって海が酸性化したことで，海生生物にとっては死

減の危機に瀕してしまいました。

　しかし，自然の中で持続的に生息していくために，自ら厳しい環境の中で生息している生物もいます。草津温泉に生息する藻類（温泉藻：hot spring algae）であるイデユコゴメ（*Cyanidium caldarium*：出湯小米）（紅藻）は他の生物が生きられないような約50〜80℃で強い酸（pH 2 程度：硫酸酸性）の環境条件下で生息しています。草津温泉の近くにあるラムサール条約の指定地（2015年 5 月）となっている芳ヶ平湿地群にも硫化水素が噴出しており，pH2.0〜4.0の酸性水域にチャツボミゴケ（*Jungermannia vulcanicola*：ユンゲルマンニア・ブルカニコーラ，またはソレノストーマ・ブルカニコーラ：茶蕾苔）が群生しています。このチャツボミゴケが生息する地域には「バイオミネラリゼーション（biomineralization）」（生物が鉱物を作り出す作用：貝，サンゴ，脊椎動物の骨や歯）を行うバクテリアも存在し，チャツボミゴケと共生し（酸化した鉄鉱石である）褐鉄鉱を生成しています。数億年かけて鉄鉱石（褐鉄鉱：赤鉄鉱）に変え，群馬鉄山（1944〜1966年）では製鉄用に露天掘りで採掘されるくらい大量に産出されています。さまざまな生物が持続可能性を求めて生息し，これら藍藻植物は外敵が存在しない安全かつ過酷な環境下での生き方を選択しています。カンブリア紀に多くの生物が藍藻類を食し，急激に減少していることから自然条件が厳しい，酸性度が高い地域に生息していったと考えられます。

図2.1.5　チャツボミゴケの群生地（芳ヶ平湿地群）

　芳ヶ平湿地群（中之条町，草津町）の近くには，草津白根山湯釜（酸性湖：エメラルドグリーンの湖水），芳ヶ平湿地，太平湿地，大池，水池があります。湯釜や殺生河原などは古くからのイオウの生産地（採取地）として知られていました。チャツボミゴケは，世界中に存在するとされている約18,000種のコケの中でも最も耐酸性の強い特異なコケとされています（日本には約1,700種類のコケが生育）。2017年 2 月には，六合チャツボミゴケ生物群生の鉄鉱生成地が文化財保護法に基づく（国指定）天然記念物に指定されました。

生物の遺伝子には，地球上で生きるための貴重な情報が膨大に備わっています。そもそも藻類（藍藻）は，地球上で初めて光合成を始めた生物であり，人類の究極の祖先ともいえます。度重なる地球の深刻な環境変化を乗り越えてきたことで，劣悪な条件で生息できる能力を身につけたと考えられます。これら植物の環境適応能力は極めて高い生存能力で，遺伝子に組み込まれています。劣悪な環境下で持続的に存在する性質に関する遺伝子配列は詳細に解析され，農業等に応用されていくと考えられます。

さまざまな自然の中で，その環境に応じて多様な生物が生息しています。例えば水中には，淡水，汽水（淡水に海水が流れ込み比重が高い塩水が沈んだ希薄な水），海水と塩分濃度，圧力，温度等が大きく異なる環境が存在しており，まだ人が発見していない生物が多く存在しています。陸上においても昆虫，微生物などまだ確認されていないものも多く存在します。それらすべての生物が生息している自然に適応し，持続的に生き続けています。

図2.1.6　木生シダ

3億年前から存在するシダは，現在ではワラビやゼンマイのように数センチのものが多く見られ，数千から約1万5,000種類があると推定されています。石炭紀には数十メートルのものもあったとされています。現在でも10〜20メートル以上に達する木生シダも熱帯，亜熱帯地域で持続的に生息しています。

(2)　多様性の喪失

汽水域に広がるマングローブ（Mangrove）は，熱帯，亜熱帯の海岸や河口など潮の干満の影響を受ける泥浜に生える水陸両生の常緑樹の林で，アジア東南部，ポリネシアなど世界各地に生息しています。カニなどの甲殻類，さまざまな魚類，昆虫，鳥類など豊かなかけがえのない生態系を形成しています。し

かし，人類は，マングローブを燃料用バイオマスとして無計画に伐採し，エビの養殖場などに変え，生態系を崩壊しています。自然が人の手によって改変されてしまっています。

　他方，人は快適な生活を求めて多くの科学・技術を開発し，自然からかけ離れた環境を作り上げています。多くの人が，この快適さを増大することが「経済的な豊かさ」の向上と見なしています。これは，人工的に不自然な状態を作り，自然と闘っているようにも思われます。人工物の中で生活している人や生物は，自然の中では脆弱（弱いこと）です。街路樹は台風で倒れ，豪雨などで交通機関が麻痺したりします。自然災害は，自然の莫大なエネルギーによって発生し，人が作った環境を容易に破壊してしまいます。自然破壊が進めば，自然の変化はさらに大きくなっていきます。環境中における化学物質比率の変化，分布の変化が進み続けています。この変化の積み重ねが大きな災害へとつながっていきます。

図2.1.7　マングローブ（干潮時）
　日本では九州南部から種子島，屋久島，奄美大島，沖縄の各島々にみられ，オヒルギ，メヒルギなどヒルギ科の植物が多く見られます。生物多様性（Biodiversity）を維持する上で重要な植物の繁殖地といえます。生物多様性条約（*9）では，多様性の定義を種内，種間，生態系の多様性を含むとしています。

　1973年に採択された「絶滅に瀕した動植物の国際取引を規制するワシントン条約（Convention on International Trade in Endangered Species of Wild Fauna and Flora：通称，ワシントン条約，CITES）」で，絶滅が危惧される動植物の国際間での売買が禁止されています。「世界保護基金（World Wildlife Fund：WWF）」と「世界自然保護連合(International Union for Conservation of Nature and Natural Resources：IUCN）」が協働でドラフトを作成したものです。ただし，国際間で取引ができなくなったため，希少価値が高まり，高額で取引されるようになりました。これによって密猟を増加させ，狩猟コストも大きく掛けることができるようになり，却って絶滅を早めたともいえます。

　現在では，クローン技術が発達してきたため，人工的に同じ生物を作り出せるようになりました。クローン生物を作ることによって希少価値が減少するのか注目されますが，倫理面での問題が残ります。医薬品製造のために増殖し，成分抽出のために潰される微生物（インシュリンなど），安定した食料調達，あるいは良い品質の材料を得るために作られた遺伝子組換え生物など，ゲノム（genome）操作技術を利用して発生した生物に関しては，既に多くの国で実用化され，普及しています。科学技術の発展は，人の生活を安定，あるいは欲望を満たすことを実現させていきます。新技術の利用に秩序がなくなると，経済的メリットが強くなり，リスク配慮への意識が低下するおそれがあります。内部事象（生産設備内の事柄）は配慮しても外部事象（自然など生産設備以外の現象）に関しての配慮を怠り，取り返しのつかない事故の発生が懸念されます。

図2.1.8　**1989年にワシントン条約によって象牙の売買が国際的に禁止**

　生物のある種が死滅すると，地球上から特定の遺伝子が喪失することになります。科学的には，既に多くの国で遺伝子を保存するための遺伝子バンクが作られ，低温で保存されています。

　1960年代に問題になった農薬に使用された有害物質DDT（ジクロロジフェニルトリクロロメタン：殺虫剤，農薬）の高いリスクを警告するために，科学者ファウンダーズ・アート・クーリー（Founders Art Cooley），チャーリー・ウルスター（Charlie Wurster），デニス・プレストン（Dennis Puleston）らが設立したEDF（Environmental Defense Fund）は，1967年から裁判などで争い，DDTの禁止の法律成立に寄与しました。科学技術を進展させるには，デメリットの部分にもきちんと向き合わないと持続的な開発は望めません。

　30数億年の経験に基づき多様性を持った自然の生態系は，人が少しずつ破壊しています。これは，人が生き続けるための基盤を足下から少しずつ崩しているようなものです。自然の一部である生物は単独で存在しているわけではなく，種の中，種と種の関係，食物連鎖など膨大な種が関連した状況が維持され，それぞれの生存が可能になっています。ただし，食物連鎖や生態系のメカニズムなど科学的に解明されている部分は未だ限られます。人が生態系を管理することは極めて難しいと考えられます。

2.2

地球の物質バランスの変化

2.2.1　存在と予期

⑴　有限な時間と空間

　空間は，時間が存在することで確認できます。空間は時間の存在で変化して
いきます。宇宙も地球上の世界も時間の経過とともに変化しています。時間が
止まった状態では，光も原子・分子も止まっていますので空間を確認すること
はできません。したがって，現在，時間が何度止まっても私たちは止まったこ
とに気づくことはできません。

　この3次元だけの空間だけが存在するのか，別の次元の世界が存在するのか，
別の時間に移動できるのか，不思議なことは数多くあります。約138億年前に
起きたビッグバーン以降の状態（エネルギーと物質）が解析されており，少し
ずつ解明されつつあります。強力な重力を持つブラックホールの存在がわかっ
ていますが，飲み込まれるとどのようになってしまうのでしょうか。このバ
キュームシステムが次々と宇宙の物質，光までも飲み込んでしまい，ビッグ
バーン以前の状態になってしまうと仮定しますと，時間と空間が消えてしまう
とも考えられます。

　地球の上の3次元空間の中で，時間の経過とともに生態系を創り上げてきた
私たちの世界は，この時空に存在していることはおそらく事実です。人が時間
に関してもっているコンセンサスとして，自分が持ってる時間は限られている
ということです。すなわち，生きている時間は限られており，それ以前も，そ
れ以後も不明です。科学は，時空における法則を探し求めています。再現性が
あり，普遍性が見出されると科学技術は進展していきます。法則に基づき筋道
を立て新たな考えを生み出したり，論理的に推論を巡らせたりします。科学者
が研究の手法として主に用いるのが，明確な目的に基づいて仮説を立てて，調
査，実験をして検定，または証明する方法です。物理や数学等は，地球や宇宙
における時空の状態を検討しますが，その手法を社会科学に当てはめますと，

社会での調査，実験が必要になります。第 1 章で述べた金融工学におけるブラック−ショールズ方程式のように，市場での動向を実験し，予期できぬ事業が発生してしまうこともあります。社会における非常時は何が起きるかわかりません。

　地球上で起きる災害や，地球環境破壊は，宇宙と比べると微小のように思われますが，その大きさの比較はあまり意味がありません。問題は，私たちが持っている時間の中で変化が起きていることです。人は固定観念を持ちやすく，現状がそのまま続くと思い込みがちです。これは持続可能性とは違います。むしろリスクを高めています。リスク対処には，自然科学に基づいて社会科学の検討が不可欠です。社会科学の研究を，科学的研究と思わない，または理解しない（あるいは理解できない）人も多く存在しますが，偏見です。そのような人たちは科学者にはなれないでしょう。

　人文科学では人の価値観に関わるような評価も行われますが，一定の法則を示すことは極めて難しいといえます。例えば，景観に対する価値観は人によって評価に差があり，すべての人が納得する結果はほとんど出せません。心理学による検討も必要と思われます。法学でも，裁判による判決は，刑事訴訟に関わる争いは「疑わしきは被告の利益に（疑わしきは罰せず）」との原則で判断されます。損害賠償など民事訴訟においては，被害と原因の因果関係に基づき過失の蓋然性が斟酌されます。これらの検討においては，自然科学的分析は不可欠であり，結論に導く重要な根拠となります。しかし，自然科学のデータのみで人の価値観は計れませんし，法律の規制に基づいた判決も出せません。

　したがって，人，社会について科学的解析をすることと，化学，物理，数学，生物などの研究を実施することには境界はなく，時空で発生する事象を個別ではなくいろいろな事実をつなげて考えていかなければなりません。法律の規制も社会変化とともに適宜検討しなければならず，状況に合わせ変化させなければ公平な判断が望めません。しかし，その背景には社会秩序を維持する明確な目的があります。そして，その規制は自然科学が進歩することでより厳格な内容にすることができるようになります。

(2) 未知のリスク

　日本では，平安時代から金を解かすために水銀が使われ，多くの人が水銀病（水俣病）を発症しています。これらは，「奇病」，または「たたり」とされていました。前章でも示しましたが，江戸時代に流行した「おしろい」には，白色の成分として「鉛」が配合されていました。このため，多くの人が鉛中毒となり，死に至るケースもたくさんありました。いわゆる「美人薄命」という言葉に表れています。有害性が不明な化学物質に曝されたため起こった悲劇です。当時の科学的レベルでは，予期できなかったリスクのため起きたことです。

　なお，2020年初頭から世界中で猛威を振るった新型コロナウイルス感染は，多くの国で海外からの入国者を介して突然発生しました。大きな被害が発生した国々は，当該感染に対して情報が不足していたため，十分な対処ができませんでした。社会に蔓延した後，社会状況を観測，分析して試行錯誤で対策が行われました。このことから世界大戦後，複数の国で開発されている感染性病原体による軍事兵器は，核爆弾とは全く異なる性質の恐怖があることが予想されます。鳥インフルエンザなど病原性ウイルスは生物ではないため，消毒（特定の生物を死滅させます）では殺すことはできません。したがって，付着し拡散の原因となる物質を遮断するか，周辺に存在する生物をすべて死滅させるしか方法はありません。

　その他，地球上には莫大な種類の病原体が存在し，人の健康，生命に大きなリスクとなっています。マラリアは100ヵ国以上で流行しており，WHO（World Health Organization：世界保健機関）の推計（'The World Malaria Report 2011'（*10））によると，年間約2億人以上の罹患者を発生させ，約200万人の死亡者があると報告されています。2020年度の新型コロナウイルス感染による被害をはるかに上回っています。近年の悪化している地球温暖化によって，マラリアの感染域が広がることが懸念されます。新型コロナウイルス感染対処において世界各地で医療システムが脆弱であることが問題となっていることから，地球温暖化で発生する熱帯，亜熱帯の伝染病蔓延など，非常時に対する事前対策が必要と考えられます。感染に関わるライフサイエンス分野の現象解析，医療に関わる研究，社会システムに関わる改善策，政策研究と検討するべき事柄は数多くあります。

　労働基準法75条（施行規則で詳細を規定［労働基準法施行規則35条］）(*11)
において使用者が業務上の疾病について補償することが定められており，新型
コロナウイルスに感染した医療従事者等の労災認定は当然の権利です。しかし，
労災認定は，新型コロナウイルス感染以外でも，認定が難しいのが現状です。
対象となる人が，他の病気があったり，免疫が低かったりしていると，合併症
などとの関係等，原因との因果関係の証明が困難な場合が多くあります。新型
コロナウイルス感染症（RNAによる感染）のように新たに突然発生した伝染
病は，その性質が不明なことから他の病気との関係等が非常に複雑です。感染
被害の原因に関して，科学的に証明することがまだかなり困難であると考えら
れます。「公害健康被害の補償等に関する法律」に基づく水俣病の有機水銀に
よる公害被害者の認定も，数十年たっても未だに司法の場で争われています。
医療に関する法令の適用には，高い蓋然性（可能性）を持つ科学的知見に基づ
く証明が必要です。医療過誤（診断・治療の不適正，施設の不備等によって医
療上の事故を起こすこと）事件では，この医療における科学的な知見が問題と
なります。自然科学における知見を収集し，情報にアクセスできるような社会
システムの研究，整備が必要です。

　他方，これまで汚染物質が不明なことで，十分な対処がとれず大事件になっ
たものが複数あります。1984年にインド・ボパール市で起きた農薬工場事故で
は，製造工程で異常反応を発生させ，極めて有害性が高い化学物質であるメチ
ルイソシアネート（CH_3NCO［Methyl-Iso-Cyanate：以下，MICとします］）(*12)
が漏洩し，周辺の住民が約3,400人死亡し，20万人以上が身体障害の被害を受
けています。フランスの研究者の報告では，1.6〜3万人が死亡し，50万人以
上が被災したとされています。

　MICは，常温では気体で，水と反応すると次のような化学反応（発熱）があ
りますが，作業員への教育訓練は十分に行われていませんでした。化学的な知
識が不足していたことから製造設備を水で洗浄し，反応炉内で発熱し大量に揮
発したMICがボパールの街に放出されました。その結果，大規模な化学物質汚
染事件となりました。

$$CH_3NCO+H_2O（過剰）\rightarrow CH_3NHCONHCH_3+CO_2+325Kcal/kg（発熱）$$

$$CH_3NCO（過剰）+H_2O\rightarrow CH_3NHCONCH_3CONHCH_3+CO_2+325Kcal/kg（発熱）$$

　この事件では，事故を起こした工場から放出された化学物質名等の情報が，工場サイドの担当者から事故対処に当たった医療関係者等に伝えられなかったことで被害を拡大させています。工場担当者に科学的理解がない場合や企業秘密の範囲を十分に理解していないと，ほとんどの情報をクローズにしてしまう可能性が高くなります。現在の科学技術は極めて高度となっているため，情報公開によるリスクコミュニケーションは非常に重要です。

(3)　リスクの概念

　「リスク」は，有害性または危険性を伴う望ましくない事柄が起きることを意味し，その発生の確率が0を超え1以下の数値で表せるものをいいます。また，リスク（risk）は，ハザード（hazard）とそのハザードに曝された曝露量（exposure）との積で表されます。

リスク（risk）　=　ハザード（hazard）　×　曝露量（exposure）

　ハザードは，被害を発生させる原因のことをいい，さまざまな性質があります。例えば，有害性の強さには，死に至るような高いハザードから比較的短時間で健康な状態に回復するような低いハザードまで，極めて大きな違いがあります。したがって，リスクの大きさは，ハザードの大きさの違いによって全く異なります。放射線の強さも目には見えませんが指数関数的な違いがあり，感覚的にはわかりにくいものがあります。ハザードは，時間的な変化で現れるので，短時間で被害が生じる場合と，中期，あるいは長期間かかって発生する場合があります。私たちは短時間な被害に注目しがちですが，時間の経過とともに少しずつ変化すること，あるいは時間の経過とともに変化が加速することがあることも理解しておく必要があります。

　曝露量は，曝される量（総量），確率，濃度などを意味します。曝露が0でないかぎり，ハザードがあれば必ずリスクは存在します。曝露は，空間における状況で大きく変わります。上記のボパールにおける農薬事故のように，極め

て大きいハザードが時間とともに，空間に広がると大事故になります。化学物質が変化せず拡散する場合は，特定地点での曝露量が少なくなりますので，その地点でのリスクは低くなります。工場から排出される汚染物質を高い煙突で排出させ，拡散させる大気汚染対策などに使われています（*13）。

　なお，福島第一原子力発電所事故による放射性物質による被害も，放射線の人体に対する明確な影響が十分に判明していないことが被害者救済の大きな障害となっています。環境中に放出された放射性物質は，広域に降下しフォールアウト（fallout：放射性降下物または，放射性物質が降下する過程）として放射線を出し続けています。特に吹きだまりや自然循環の中で濃縮された場合など，曝露量が増加するため，上記「リスクの概念式」に当てはめますと，リスクが増加することとなります。

　また，増殖する病原体は，拡散すると総量が大きくなっていきますので，全体のリスクも大きくなり，特定地点においてもリスクが低下することはありません。時間とともに曝露量が増加し，ハザードを持つ空間が広がり，リスク総量が大きくなります。

2.2.2　無限と錯覚したことによる悲劇

(1)　オゾン層の破壊

①　オゾン層形成以前の地球

　約46億年前に宇宙に漂う物質が重力で集まり，地球を形成した頃は溶融状態で現在の生物が存在できるような状態ではなかったと考えられています。現在地球にある物質から過去の状態が推定されていますが，最初の5億年間は溶解状態だったため推定できません。また，地球の自転するエネルギーも現在よりも大きく早く回転しており，約8.5億年前は，1年は約435日あったとされています。したがって，1日も現在より短く，生物の体内時計（*14）も現在とは異なっていました。生物は環境に適応して生息し続けてきました。環境に適応したものは持続性を持ち，適応できなかったものは絶滅してきました。この変化の時間の長さは，指数関数的に異なります。人は自分の寿命より長い変化を理解することは困難です。ただし，ここ数年間の紫外線の増加，地球温暖化は地球上の生態環境にとっては極めて大きな変化ですが，気づいていても高い問

題意識を抱いている者は限られます。

　地球における最初の生命は，約38億年前に誕生したとされています。その頃の地層に有機物が発見されたことで推定されました。当時は地球上に酸素がなかったため，嫌気性（酸素がない状態）でも生存することができたバクテリアが存在していたと考えられています。現在でも，バクテリアの中には酸素がなくなると嫌気性に変わるものが存在します。池や湖沼などで水質が悪化すると悪臭がしますが，その原因は空気中の酸素濃度が減少する現象です。

　嫌気性のバクテリアはメタンガスを発生させます。地球上にある天然ガスを大量に生成しました。対して，光合成を行う植物（藍色植物：藍藻またはシアノバクテリア［Blue-Green Algae］：以下，藍藻植物とします）は，約35億年前（学説によって数億年異なっています）に存在していたことが化石の分析によって報告されています。この頃から地球上に酸素が生成されていったと考えられます。地球の重力によって，酸素は地球の大気圏から宇宙へ拡散されていくことはありませんでした。藍藻植物の堆積物が層状に化石化（縞状炭酸塩岩）したものはストロマトライト（Stromatolite）といわれ，現在でも世界各地で発見されています。生成された酸素は，地球上のものを次々と酸化し，大量の酸化物を作りました（*15）。約26億年前に陸地から海に流れ出た栄養素が藍藻植物の繁殖を拡大させ，大気中の大量の二酸化炭素が固定化（光合成で有機物の生成）され，現在の二酸化炭素濃度まで低下しています。

　先カンブリア時代（約38億年前〜約5億7,000万年前）に藍藻植物が繁殖し，その後5億年前までのカンブリア時代に多くの種類の生物が発生してきます。三葉虫類が最も栄えたとされています。

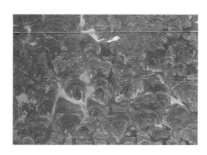

図2.2.1　ストロマトライト（化石）
　藍藻植物は夜間に二酸化炭素を排出し，海中のカルシウム（Ca）またはケイ素（Si）と反応し炭酸カルシウム，酸化ケイ素を生成し，細胞から出す分泌粘液で固定化させその上部に成長していきます。この繰り返しで層状の構造を持ったストロマトライトの化石ができます。その層を分析することによって，8億年前には地球は1年400日以上あったことが解明されました。

②　オゾン層生成

　藍藻植物が，酸素を生成し，地上に供給したことによって，上空の成層圏（高度約10〜50km：約90％存在）にオゾン層を形成しました。一般にオゾン層といわれる部分は，オゾン（Ozone）の密度が高い高度約20〜50kmとされる場合があります（特に密度が高いのは高度約15〜30kmの範囲です）。オゾンは，酸素原子が3つ結合した化学物質で，強い酸化性があり地上では有害物質となります。オゾン層のオゾンは極めて希薄で，容積率で10ppm（100万分の1）程度です。常に僅かながら生成されていますが，大気中の窒素酸化物で分解されるため現在の濃度より増加することはないとされています。上空に存在するオゾンを地上（1気圧）に集めて0℃に換算すると3mm程度の厚さにしかなりません。オゾン層といっても微量のオゾンしかありません。

　オゾン層は，宇宙から地球に到達する紫外線を遮断します。また，海水も紫外線を遮断します。水深10m以上になれば，空（宇宙）から照射される紫外線の害を回避できるため，約5〜4億年前にオゾン層が形成されるまで生物は海中に生息していました。地上では，海中の藍藻植物が光合成で生成した酸素が拡散していきます。地球表面に酸化するものがなくなった約20〜18億年前から大気中の酸素が増加していきます。ただし，カンブリア時代末期に多様化した生物が藍藻植物を捕食したため光合成の量は減少し，地上の酸素濃度の増加は鈍化しました。しかし，その後ゆっくり地球上の酸素濃度は高まりました。成層圏まで上昇した酸素（O_2）は，紫外線を浴び分解し2つの酸素原子となり，酸素（O_2）と結合して不安定なオゾン（O_3）に変化していきます。こうして30億年程度かけてオゾン層が作られました。そして，陸上に生物が生息し始めます。

　地上では植物や動物などが繁殖していき，生態系が形成され生物多様性が維持できるようになりました。宇宙でばらばらに存在していた物質が集まり，適度の重力をもった大きさの惑星を作り，約41億年かけて地球上で自然の物質循環，エネルギー循環のシステムに適応したナイーブな生態系が作られました。動物の活動によって発生する二酸化炭素は，緑色植物の光合成による固定化（有機物の生成）(*16) で大気中における濃度のバランスが保たれています。いわゆるカーボンニュートラルです。光合成で生成される有機物は，バイオマ

図2.2.2 地球の歴史と技術開発による変化

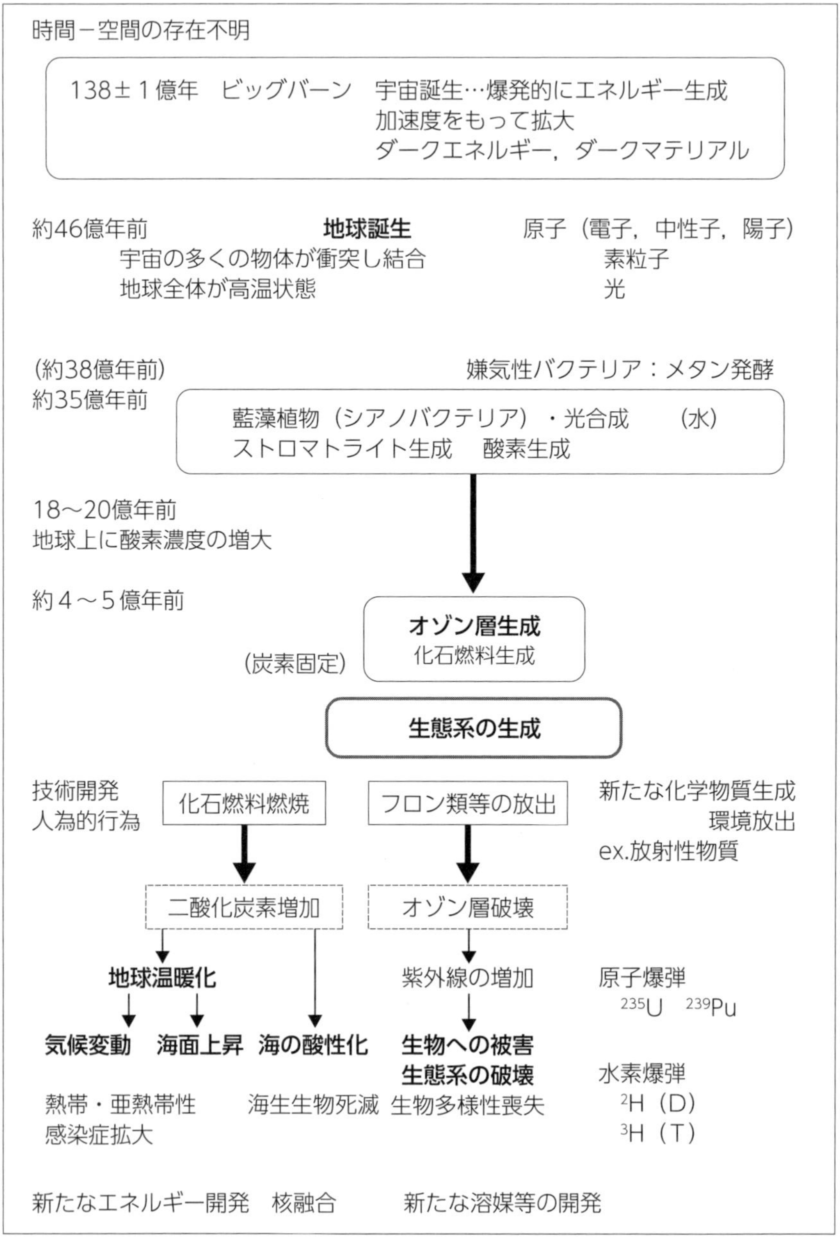

時間−空間の存在不明

> 138±1億年　ビッグバーン　宇宙誕生…爆発的にエネルギー生成
> 　　　　　　　　　　　　　　加速度をもって拡大
> 　　　　　　　　　　　　　　ダークエネルギー，ダークマテリアル

約46億年前　　　　　　　　**地球誕生**　　　　　　原子（電子，中性子，陽子）
　　　　宇宙の多くの物体が衝突し結合　　　　　　素粒子
　　　　地球全体が高温状態　　　　　　　　　　　光

（約38億年前）　　　　　　　　　　　嫌気性バクテリア：メタン発酵
約35億年前

> 　　　　藍藻植物（シアノバクテリア）・光合成　　　（水）
> 　　　　ストロマトライト生成　　酸素生成

18〜20億年前
地球上に酸素濃度の増大

約4〜5億年前

（炭素固定）　　　　　　**オゾン層生成**
　　　　　　　　　　　　化石燃料生成

生態系の生成

技術開発　　化石燃料燃焼　　　フロン類等の放出　　新たな化学物質生成
人為的行為　　　　　　　　　　　　　　　　　　　　　　　　環境放出
　　　　　　　　　　　　　　　　　　　　　　　　　ex.放射性物質

　　　　　　二酸化炭素増加　　　オゾン層破壊

　　　　地球温暖化　　　　　　紫外線の増加　　　原子爆弾
　　　　　　　　　　　　　　　　　　　　　　　　^{235}U　　^{239}Pu

気候変動　　**海面上昇**　**海の酸性化**　　**生物への被害**
　　　　　　　　　　　　　　　　　　　　　生態系の破壊

熱帯・亜熱帯性　　　海生物死滅　生物多様性喪失　　水素爆弾
感染症拡大　　　　　　　　　　　　　　　　　　　^{2}H（D）
　　　　　　　　　　　　　　　　　　　　　　　　^{3}H（T）

新たなエネルギー開発　核融合　　　新たな溶媒等の開発

ス（Biomass）と呼ばれ，広義には生物体全体（動物，植物，微生物）を示します。

　ただし，地球上に生物が繁殖した際に，化石化した有機物（石炭，石油，天然ガス等）は燃焼すると大気中の二酸化炭素を増加させてしまうため，カーボンニュートラルの状態は保てません。化石燃料は，オゾン層によって地上に大量に出現した植物や微生物の死骸が，数千万年から数億年を費やして化学変化して生成したものですので，急激に消費すると大気中の二酸化炭素濃度が地球始まって以来の急激な増加を引き起こします。オゾン層によって人の食料となる穀物をはじめ多くの植物が繁殖し，カーボンニュートラルの状態を作っていますが，地球温暖化の原因である化石燃料も作り出しました。

　また，オゾンは，強い酸化作用がありますので人間にとっては極めて有害な化学物質です（*17）。この高い有害性を用いて水の浄化，空気滅菌，漂白，脱臭等に利用されています。一般環境中では，石油系燃料の揮発や不完全燃焼等で排出される炭化水素類（HC）と，自動車，工場の高温燃焼等で発生する窒素酸化物（NOx）が，太陽光線に含まれる短波長域の紫外線が照射されることで光化学反応を起こし，オゾン，過酸化物，ペルオキシアセチルニトラート［peroxyacetyl nitrate；PAN］等オキシダント［oxidant］を生成します。この現象が光化学オキシダント（光化学スモッグ）発生の原因で，人の眼や気管等粘膜を刺激し，呼吸系疾患を起こし，農作物など植物にも害を及ぼします。気体状の塊はオキシダント雲（oxidant cloud）といわれます。いわゆる大気汚染の原因物質の１つです。

③　フロン類の開発と普及

　30億年以上もかかり地球上空に作られた地上の生命維持システムであるオゾン層は，人類が作り出したフロン類（Chlorofluorocarbons：CFCs／塩素，フッ素を含んだハロゲン化物）およびハロン類（Halons／臭素，フッ素を含んだハロゲン化物）（*18），有機塩素化合物等によって急激に破壊されました。ハロン類もハロゲン化物質であるため，フロン類に含まれることもあります。

　フロン類は，冷媒，断熱材，噴射剤，洗浄剤など，ハロン類は消火剤，塩素系有機溶剤は工業用溶剤として高い性能があったこと，さらにそれ以前に使用

されていた溶剤に比べ有害性，引火性など危険性が極めて低く，生活，労働安全衛生におけるリスクを減少できることから急速に普及しました。日本政府は，安全性が高いことを評価し，以前に使用していた化学物質を代替する政策が進められ，補助金制度も作られていました。例えば，クリーニング事業は，以前引火性の高い溶剤を使用し，火災等防止の観点から街中では操業できませんでした。しかし，フロン類を使用することで事業が可能となりました。冷蔵や冷凍等の冷媒に使われたアンモニアをフロン類に代えることで有害性が極めて低くなりました。アンモニアは，急性毒性として高い刺激性，腐食性（皮膚，眼・上気道，気管支，肺胞・肺水腫）があり，呼吸器官への刺激に注意が必要です（*19）。フロン類をスプレーの噴射剤に用いることで，人体へのアレルギーをはじめ有害性のリスクが減少しました。

　ハロン類は，火災の燃焼反応を，熱で遊離したラジカル臭素（化学的に不安定で反応性が高い不対電子を持つ状態）を用いて化学的に燃焼を抑制する作用（燃焼により発生した水素原子と水酸基を補足します）がある消火剤として極めて高い能力がありました。遊離する際に熱を吸収するため冷却作用もあります。しかし，特定フロンとともに国際条約に基づき使用生産が既に中止されています。ただし，不活性で腐食性がないため長時間保存ができ，現在でも市場に存在するハロン類をリユースし，エッセンシャルユースとして航空機，手術室などの医療現場では，緊急性を要する火災に備えて設置してあります。現在の消火剤は空気中で高い濃度のもとで酸素を遮断（燃焼を抑制）し効果を発揮するため人への窒息の危険があるのに対し，ハロン類は数％の濃度で火災を消火することができます。

　フロン類等が開発され，普及したことによって身近なさまざまなリスクが大幅に下げることができ，用途は拡大していきました。フロン類等化合物は，一般環境中で化学的に安定で，無色，無臭，毒性が非常に低く，不燃性があるものでしたが，上空に拡散しオゾン層で紫外線と化学反応することまで考えられていませんでした。事前の環境アセスメントが不足していたといえます。

　フロン類は，1928年に米国の化学者 トマス・ミジリー（Thomas Midgley）（*20）によってCFC12（Chlorofluorocarbon 12 ）などが開発され，1930年に実用化されました。1931年にデュポン社とゼネラル・モーターズ社の合弁会社によっ

て製造，販売され普及しました。商標（商品名も同じ）は，フレオンといいます。「フロン」は，日本での商品名です。そして高性能な溶剤として生産量が増加していきます。しかし，この化学的に安定な化学物質が環境中でどのように変化していくのか疑問のままでした。開発者は，フレオンがオゾン層破壊物質であることが世界的に問題になる前に亡くなっています。

④ 紫外線の増加

　1970年から米国の化学者フランク・シャーウッド・ローランド（Frank Sherwood Rowland）とメキシコ人化学者マリオ・ホセ・モリーナ・エンリケス（Mario José Molina Henríquez）が，フロン類によるオゾン層破壊を観測し，そのメカニズムを研究しています。解析の結果，フロン類が成層圏まで達すると紫外線を受けて大量のオゾン分子を分解する理論を提唱しました。フロン類が成層圏で強い紫外線を浴びて，ラジカル［遊離基］状態になり，連鎖反応でオゾンを破壊していきます。

　1974年にこの論文が科学誌『ネイチャー』に発表されると，米国政府が調査を開始し，1976年にはアメリカ科学アカデミーも2人の研究結果を支持しました。その後の研究で，フロン類に含まれる塩素1原子でオゾン分子1万個以上を破壊することが判明しました。1995年には，前記のフランク・シャーウッド・ローランド，マリオ・ホセ・モリーナ・エンリケス，および同じオゾン層の破壊について研究成果があったオランダ人化学者パウル・ヨーゼフ・クルッツェン（Paul Jozef Crutzen）が，ノーベル化学賞を受賞しています。

＜オゾン層破壊の反応式＞

　オゾン分解は以下の過程［(1)→(2)→(3)］を経て進行します。
　（成層圏 高度約40kmで最も反応性が高くなります）

・フロン類：CFC11の場合の塩素ラジカルの生成　［冷媒番号（*21）：R11］

$$CCl_3F + h\nu \rightarrow CCl_2F + Cl\cdot$$

CFC11　　　　　光エネルギー　　　　　　　　　塩素ラジカルを生成
　　　　　（紫外線のエネルギー）　　　　　　　　　　　　…(1)

- フロン類：CFC12の場合の塩素ラジカルの生成　［冷媒番号：R12］

$$CCl_2F_2 \quad + \quad h\nu \quad \rightarrow \quad CClF_2 \quad + \quad Cl\cdot$$

CFC12　　　　　　　光エネルギー　　　　　　　　　塩素ラジカルを生成

（紫外線のエネルギー）　　　　　　　　　　　　　　　…(1)

（連鎖反応）

$$O_3 \quad + \quad Cl\cdot \quad \rightarrow \quad ClO\cdot \quad + \quad O_2$$

オゾン　　　　　　塩素ラジカル　　　一酸化塩素ラジカル　　　酸素

…(2)

$$ClO\cdot \quad + \quad O \quad \rightarrow \quad Cl\cdot \quad + \quad O_2$$

一酸化塩素ラジカル　　　酸素原子　　　　塩素ラジカル　　　　酸素

…(3)

$E = h\nu$　　　　　　　　　　　　$E = h\,(C/\lambda)$　$C = \nu\lambda$　（真空）

E：エネルギー（J［ジュール］）　　　　C：光速　約$3.0\times10^8 \mathrm{ms}^{-1}$

h：プランク定数　6.626×10^{-34}　J・S　　　λ：波長（m）

s：second　秒

ν：振動数（Hz＝1/s）

※プランク定数の最初の測定は，米国の物理学者ロバート・アンドリューズ・ミリカン（Robert Andrews Millikan）によって1916年に実施されました。現在，プランク定数の値は，MKS単位系で $h = 6.626\times10^{-34}$ ジュール・秒とされています。

　他方，1984年に英国南極観測隊の施設ハレー基地の研究者だったジョセフ・ファーマン（Joseph. Charles. Farman），ブライアン・ガードナー（B. G. Gardiner），ジョナサン・シャンクリン（J. D. Shanklin）によって南極上空にオゾンホールが生成されたことが発見されています。ファーマンらの科学雑誌『ネイチャー』(*22)への報告（1985年12月）では，南極上空のオゾン量が70年代の数値にくらべ40％以上も減少しているとしています。

　1985年10月には米国航空宇宙局（National Aeronautics and Space Administration；NASA）が人工衛星ニンバス７号を打ち上げ，オゾン量を測定しました。その結果，南極大陸の上空で春になると周辺にくらべオゾン濃度が低下した円形状のオゾンホールが出現し，それが南極大陸全体を覆うように拡大していることが確認されました。したがって，地球に降り注ぐ紫外線量が急激に増

加していることが明らかとなり，人類の持続可能性が極めて低くなっていることがわかりました。生物が紫外線の有害性によって地上に住めなかった4〜5億年前に戻っていることとなります。

　太陽光線に含まれる紫外線に長時間曝されてしまいますと，皮膚，目，免疫系に疾病を引き起こすおそれがあります。感受性の強い若い細胞を持つ子供のアレルギーが発生することも問題となっています。オゾン層の破壊により紫外線が強くなったことによって，帽子の着用や紫外線を遮断する薬剤を皮膚に塗らないと外出できない子供も増えています。また，皮膚へのダメージとして加齢を進めます。また，紫外線のように波長の短い光は，高いエネルギーがあるため，生物の遺伝などに障害を発生させるハザードがあります（*23）。なお，さらに短い波長の放射線は，ハザードが高くなります。

⑤　代替フロン類の開発

　1978年にはフロン類を使用したスプレー噴霧剤が米国，ノルウェー，スウェーデン，カナダで禁止されています。また，オゾンホールの発見が発表される直前の1985年に，28ヵ国が協議し，「オゾン層の保護のためのウィーン条約」を採択しています。この条約が，世界で初めての環境保全条約となります。そして，フロン類等の全廃等を定めた「オゾン層破壊物質に関するモントリオール議定書」（以下，モントリオール議定書とします）は1987年に採択され，世界的な生産，使用規制が始まりました。モントリオール議定書では，締約国は非締約国との間で，規制対象となっている物質，規制物質を含有する製品，規制物質を用いて生産された製品の貿易の禁止または制限が定められています。当初は，経済的損失を懸念していた米国が議定書に反対したため，国際的なコンセンサスは得られませんでした。しかし，米国企業がフロン類代替品（HFC類：hydrofluorocarbons）の開発に成功し，米国の国益が確保できたため当該議定書を批准したことで国際的な規制が速やかに進み出します。なお，代替物質が普及するまでは，オゾン層破壊係数が低いHCFC（Hydrochlorofluorocarbon）等が過渡的物質として使用されています。

　オゾンホールは，1979年にはありませんでしたが，1997年には両極（北極，南極）に大きなオゾンホールが確認され，フロン類規制推進への世論が高まり

ます。その後モントリオール議定書の効果が現れ，オゾンホールの拡大は鈍化しました。代替フロン類の開発も次々と行われ，新たな物質開発の際には事前アセスメントとして，フロン類のメーカーが国際的組織を形成し自主的に影響評価試験も行われました。安全性評価としてPAFT（Program for Alternative Fluorocarbon Toxicity），環境影響評価としてAFEAS（Alternative Fluoro-carbon Environmental Acceptability Study）とよばれる試験を実施しています。この評価試験には，米国からデュポン，アライド，欧州からアトケム，アクゾ，ローヌプーラン，ICIなど，日本からダイキン，旭硝子，昭和電工，セントラル硝子等が参加しました。しかし，冷蔵庫や家庭用エアコン，カーエアコンの代替冷媒として期待されていたHFC-134aをはじめとするHFC類は，地球温暖化効果が二酸化炭素の140〜11,700倍であることが判明し，「国連気候変動に関する枠組み条約」に基づく「京都議定書」の規制対象物質となりました。このため，再度代替冷媒等の開発が必要となります。なお，HFC類はオゾン層を破壊しませんが「改正 モントリオール議定書」で規制対象となっています。

　日本では，1988年に「特定物質の規制等によるオゾン層の保護に関する法律（通称：オゾン層保護法）」が制定され，フロン類等の生産・使用の規制が始まりました。冷媒用フロン類（CFC，HCFC，HFC）を対象に，業務用の冷凍空調機器とカーエアコンについては2001年に制定された「特定製品に係るフロン類の回収及び破壊の実施の確保等に関する法律（通称：フロン回収破壊法）」で回収，破壊が義務づけられました。家庭用冷蔵庫とルームエアコンは1998年に制定された「特定家庭用機器再商品化法（通称：家電リサイクル法）」で回収が義務づけられました。

　HFC類の代替品に関しては可燃性ガスなどが，1990年代前半からドイツ等欧州で積極的に研究開発が進められてきました。しかし，発火性があるため危険性対策の開発が続けられていました。現在，HFC類の代替物質として使用されているものには，アンモニア，二酸化炭素，HFO類（オゾン層破壊係数は0）があります。HFC-134aの冷媒番号はR134aで構造式は，（CF_3-CH_2F）です。イソブタン（isobutane）はR600a（CH_2FCF_3），プロピレン（propylene）はR1270（C_3H_6），二酸化炭素（carbon dioxide）はR744（CO_2），HFO類には複数の種類があり，R1123（$CF_2=CHF$），R1224yd（$CF_3-CF=CHCl$），R1234yf

（CF$_3$CF＝CH$_2$）等があります。

(2)　地球温暖化

①　科学的解明と社会的受容

　地球温暖化に世論が注目したきっかけは，米国で1980年と1988年の夏に発生した甚大な熱波です。テレビをはじめ報道機関が大々的に取り上げ社会問題となりました。既に地球温暖化の観測を行っていたNASA，地球温暖化の研究を進めていたMIT（Massachusetts Institute of Technology：マサチューセッツ工科大学）（*24）の研究者が地球温暖化の現状，懸念事項について世論に訴えました。これにより気候変動を引き起こす問題意識に国際的なコンセンサスが得られ，1988年に，カナダ・トロントにおいて「変化しつつある大気圏に関する国際会議」が開催されました。この会議を受けて，世界気候機関（World Meteorological Organization：以下，WMOとします）と国連環境計画（United Nations Environment Programme：以下，UNEPとします）の指導のもとに，気候変動に関する政府間パネル（Intergovernmental Panel on Climate Change；以下，IPCCとする）が設置されました。しかし，この頃は気候変動の原因は地球の寒冷化が原因であるとの仮説もまだ根強くありました。その理由は，地球は現在氷河時代であり氷期に向かっているからです。

　しかし，1990年にスイス・ジュネーブで開催された世界気象会議で，IPCCは地球が温暖化したことによって気候変動が発生していることが科学的にほぼ証明できることを第1次報告として公表しました（*25）。IPCCでは，地球温暖化による気候変動等の研究を直接しているわけではなく，世界で行われた研究成果を集めまとめる作業をしています。したがって，この公表によって複数の研究機関における気温等の観測データから地球は温暖化していることが示されたといえます。この研究チームが，その後，第1作業部会（Working Group I）となり，「気候システム及び気候変動に関する科学的知見」を解析していくこととなります。1995年の第2次報告以降は，第2作業部会（Working Group II）「気候変動に対する社会経済システムや生態系の脆弱性と気候変動の影響及び適応策」，第3作業部会（Working Group III）「温室効果ガスの排出抑制及び気候変動の緩和策」の3つの作業部会が作られました。自然科学面と社会

科学面の検討がそれぞれ行われるようになりました。

　別途社会科学的研究も行われています。1990年に国際社会科学会議（International Social Science Council；ISSC）の下部組織として「人間社会的側面の地球環境研究計画（Human Dimension Programme；以下，HDPとします）」が設立されました。HDPでは，日本の京都で開かれた「国連気候変動に関する枠組み条約」第3回締約国会議（The 3rd Session of the Conference of the Parties：COP3）以降，森林シンク（二酸化炭素の光合成による固定化）と土地利用，食糧問題と土地利用など土地利用／土地被覆研究（Land Use and Cover Change；LUCC／1990年代より国際的に各地で研究実施）や人口移動，制度，人口と食糧産業転換等の研究が行われています。HDPは，1996年2月に名称をIHDP（International Human Dimension Programme）に変更し，ドイツ政府の支援により事務局をジュネーブからボンに移転しています。ドイツ教育省とノルトライン・ウェストファーレン州科学研究省が事務局運営のための財政的支援を行っています。政府間で地球観測を行うリモートセンシング技術の利用等の検討を行っているアジア太平洋地球変動研究ネットワーク（Asia-Pacific Network for Global Change Research：APN），南・北アメリカ地球変動研究機関（Inter-American Institute for Global Change Research：IAI），欧州・アフリカ地球変動研究のための欧州ネットワーク（European Network for Research in Global Change：ENRICH）とも共同研究を実施し，国連大学も支援しています。

②　地球温暖化研究の経緯

　フランスの数学者・物理学者であるジャン・バティスト・ジョゼフ・フーリエ（Jean Baptiste Joseph Fourier）は，1827年に惑星の大気が表面温度を高める機能（赤外線の吸収）があることを発表しています。フーリエは，固体または静止している流体の内部において高温側から低温側へ熱が伝わる伝熱現象を解析しました。この成果として熱伝導方程式（フーリエの方程式）を導き，これを解くためにフーリエ解析と呼ばれる理論も示しています。地球温暖化の化学的メカニズムの研究ではなく，赤外線の吸収による熱の状態に関する現象の解析を行っています。

　その後，英国の物理学者ジョン・チンダル（John Tyndall）は，1891年に水蒸気，二酸化炭素，メタン等が赤外線を吸収し地球を温暖化させている原因物質であることを発表しています。チンダルは，この吸収された熱による温室効果と地球の気候とが関係していることも述べています。現在では，地球の温室効果の90％以上が水蒸気であることも解明されつつあります。また，チンダルの光に関する成果としては，微粒子による散乱光（ミー散乱）[*26]を解析し，「チンダル現象」とよばれる物理化学的現象を示しました。音についても，音波の透過における大気密度の影響などの研究も行っています。

　1896年には，スウェーデンの物理化学者スバンテ・アウグスト・アレニウス（Svante August Arrhenius）が，大気中の二酸化炭素の濃度が増加すると気温が上昇することを学術的に初めて研究成果として示しています。当時は，産業革命で石炭が多量に消費（燃焼）されていたことから，化石燃料の燃焼で大気中の二酸化炭素が上昇し温室効果が高まることも具体的に予測しています。アレニウスがこの研究を行ったきっかけは，氷期がなぜ存在したのか疑問を持ち，その原因として大気中に存在する二酸化炭素が温室効果に影響を与えており，存在量が増えると温室効果が高まるとの考えを発表しました。しかし，氷河時代における氷期の主な原因については，その後セルビアの地球物理学者ミルティン・ミランコビッチ（Milutin Milanković）が唱えた「氷期と間氷期の周期的繰り返しは地球の軌道変化による」とするミランコビッチ・サイクル（Milankovitch cycle）[*27]が有力視されています。しかし，温室効果は，社会的にはあまり注目されませんでした。

　アレニウスは，1884年に塩基は酸と相補の関係にあり，水に溶けて水酸化物イオン（水酸基：水酸イオン：OH^-）を放出する物質を塩基，水素イオン（酸基：H^+）を放出する物質を酸と定義（アレニウスの定義）[*28]し，1889年には，温度が上がると活性分子の濃度に比例して化学反応速度が著しく上昇する現象を示したアレニウスの式を示しました。1903年に電解質の解離の理論に関する研究が評価され，ノーベル化学賞を受賞しています。二酸化炭素の大気中の濃度が上昇すると海中に大量に溶け込み炭酸（H_2CO_3）を生成し，海の酸性化（水素イオン濃度の上昇）を生じます。海は，pH8.1でアルカリ性（深海はpH値が低くなります）で，約2億5,000万年前のペルム紀に火山の爆発で大

気中の濃度が急激に高まったとき海の水素イオン濃度が高まり，海洋生物の約96％が死滅したと考えられています。酸，塩基の研究成果も地球温暖化の影響分析に貢献しています。

　近年の注目される研究としては，1980年代に米国の地球化学者ウォーレス・ブロッカー（Wallace Smith Broecker）が，水温（熱）と塩分濃度で定められる海水の密度による地球規模の海洋循環（熱塩循環）について1980年代に発表しています。なお，海洋における深層は，塩分濃度が高く，太陽光がほとんど届かず水温も低くなります。水深1,000m以上になると水温は1〜2℃で，海水の密度も高い状態です。この研究を発展させ，1996年に密度が大きい海水の沈み込みによって地球規模で海洋を循環する深層水の動きを「海のベルトコンベア」と述べています。この研究成果では，大西洋，インド洋，太平洋と海水の大循環を単純にモデル化した図によって説明されており，極めて長い期間をかけて1周すると考えられました（深層海洋循環）。1周にかかる期間は，研究者によって異なり数百年から数千年と複数の研究報告があります。ブロッカーは，海水および深海底の化学物質に含まれる放射性炭素同位体を測定する技術を開発し，海水がグリーンランド沖で沈み込んでから北太平洋に移動するまでに約2,000年を要すると報告しています。

　IPCCの報告でも大西洋表面の海水は，通常北上した際に冷やされ比重が高くなり沈み込み，その後南下し，インド洋，太平洋の深海を移動していることが確認されています。深層の栄養分がこの移動で温暖な海の表層部へ運ばれることから，海洋生物の生息，海洋生態系の維持に重要な役割を果たしています。しかし，地球温暖化によって北極やその近くの氷河が大量に溶解し流れ込むことによって，海のベルトコンベアで運ばれ北上した海水の塩分濃度が上昇しなくなります。また，流れ込む水の温度もあまり低くないため海水の密度が高くならなくなり，深層への沈み込みが起きなくなっています。このため海のベルトコンベアの駆動動力が弱くなってきています。この地球規模の海流が動かなくなると，海水面の温度も変化し，大気へも影響を及ぼし気候変動の原因にもなります。海中の生態系への影響も発生していると考えられます。また，深海自体も水温が変化し，プランクトンや海水生物の生息への影響が懸念されています。

この他，世界的に発生している干ばつや豪雨・洪水の原因となっている「エルニーニョ（El Niño）現象」(*29)，「エンソ（ENSO）現象」(*30) の変則的な発生，ヒートアイランド (*31) によるゲリラ豪雨，洪水，海面水位の上昇 (*32) などのシミュレーション等を行う数多くの研究が進められています。

③　自然科学研究結果に基づく社会科学的研究

地球温暖化による経済的損失等に関する研究も行われています。地球環境保全に関する社会科学における研究を実施するには，自然科学の研究成果に基づいての対応策等が検討されます。自然科学研究における正確な情報が必要となり，その結果によって研究内容が大きく変化します。しかし，社会科学では自然科学のように実験室での試験ができないものが多く，研究成果を確かめるには社会で実際にその結果を試すしかない場合があります。

第1章で取り上げた金融派生商品（デリバティブ）の値段を定めるためのブラック－ショールズ方程式のように実社会で試した結果，想定外の事態によって大きな損失が生じる場合があります。しかし，その失敗を分析することによってその対処は次々と柔軟に実施できるようになります。近年は，コンピュータを用いたAI（人工知能）技術にその機能を持たせ，膨大なプログラムとなって社会の変化（経済的変化）に対処しています。研究者がそのプログラム全体を把握することは困難になっています。

地球温暖化に関する社会科学の研究は，影響が大きくさまざまな研究が繰り広げられています。英国政府が経済学者スターン（Nicholas Stern）に委託研究した「気候変動に関する経済学（The Economics of Climate Change）：通称，スターン報告（Stern Review）」（2006年発表）では，地球温暖化による気候変動によって経済が著しく悪化することを分析しています。その結果，早期に大規模な対策を講じることで非常に低いコストに抑えられることが示されました。その結果の対処として，2008年に「気候変動法」が制定されました。この法律では，今後50年にわたる気候変動対策を定めています。経済分析に基づいた法令による具体的内容は以下のとおりです。

- 法的拘束力のある長期削減目標として，温室効果ガスの排出量を2050年に1990年比で少なくとも80％削減します。

- 温室効果排出量削減達成に向けて，政府が二酸化炭素価格（Carbon Budget）を決定します。二酸化炭素価格は長期目標達成に向け，2027年までの価格を設定します。
- 政府から独立した専門的顧問機関として気候変動委員会を設立します。

　また，オーストラリアでは，京都議定書を脱退した後，異常なエルニーニョ現象によって莫大な損害を受けたことから，政府が「ガーナー報告（Garnaut Report［2008年］）」を作成・公表し，早期の地球温暖化対策の重要性を示しています。その後，環境政策を180℃変更し，積極的に地球温暖化対策を進めています。この報告は，オーストラリア国立大学のロス・ガーナー教授が政府からの委託研究で書いたことから，この名称となっています。

　この報告では，「オーストラリアが地球規模の気候変動対策の中で果たすべき役割を果たしても，そのコストは対処可能な範囲に収まる」としています。また，オーストラリアの地球温暖化防止策の中核となる排出量取引制度を，2010年のできるだけ早い時期に確立するよう勧告しています。オーストラリア政府は，この報告に従い，2011年に，二酸化炭素を排出する大規模事業者に対して賦課金を課し，二酸化炭素価格制度を決定しました。この制度によって当該国の事業者は初めて自らが地球温暖化物質排出に関して責任を負うことになりました。また，賦課金によって得られた収益は，地球温暖化対策による物価上昇に対する家計への援助，雇用支援，気候変動対策に費やされることになります。

　フランスは2009年に制定された「環境グルネル法」で，2020年を目途に地球温暖化対策として，炭酸ガス排出量削減1990年度比20％，省エネルギー20％，再生可能エネルギーの比率20％を定めています。

　一方，日本では，気候変動はこれからさらに進行することを前提に，「気候変動適応法」を2018年に制定，施行しています。日本では，農作物の被害，豪雨・熱中症の増加，デング熱の発生，台風の増加（巨大化），珊瑚の白化など不可逆的変化が発生しています。そして，2018年に政府から公表された，環境省，文部科学省，農林水産省，国土交通省，気象庁『気候変動の観測・予測及び影響評価統合レポート2018 〜日本の気候変動とその影響〜』（2018年）では，日本における気候変動による変化に関して，自然科学的な調査研究成果を詳細

にまとめた記載があり，今後の社会科学的な対処への必要性が示されています。縦割り行政が著しい日本では珍しい報告となっています。

④　縄文時代の地球温暖化と現在―気候変動適応の可能性―

i　氷河時代と地球温暖化

　地球はほどよい大きさ，質量で大気を重力で引きつけ，太陽からの距離も生物にとってちょうど良く，水を液体の状態で保っています。地球表面では，周期的に気象，海流などの変化が起こっています。人為的に物質バランスを変え，地表面の気温が数度上昇する地球温暖化などが発生しても，宇宙からみれば極めて僅かな変化にすぎません。

　地球が生まれてから約0.036〜0.056％の時間に相当する約260万〜160万年前（学説によって異なります）に現在の氷河時代がはじまりました。約100万〜50万年前に約4万年周期で氷河期がおとずれるようになり，約50万年〜1万年前には10万年周期となりました。何らかの原因で起こっていると考えられますが，不規則な周期です。人類に近いホモサピエンス（Homo sapiens：現世人類）は，約15万〜20万年前の氷河時代に出現しました。最後の氷河期（または氷期）は，約1万年から1万5,000年前（新生代，更新世の終わり頃：学説によって数千年の違いがあります）に終わり，この頃縄文文化が始まりました。現在は，次の氷河期が起こるまでの間氷河期（または，間氷期）といわれる状態にあります。

　氷河期は現在の平均気温より約4℃低く，地球上に存在する水の多くが凍っていたため，海面は現在より120m程度低かったとされています。陸地は現在よりも広く，日本は大陸と陸続きだったと考えられています。ノルウェー，カナダ，米国，アルゼンチンなど世界各地にあるフィヨルドも氷河で覆われていました。しかし，その後地球が温暖化したことで氷河が溶解し，海面が現在よりも上昇します。氷河が溶けてできた氷河湖もあります。人類はこの氷河時代の気候変動に適応して生活を維持してきました。最後の氷河期から数千年かけて気温が7〜8℃程度上昇しており，今後200〜300年程度で約5℃前後上昇すると予想されている現在の人為的な地球温暖化の速度に比べ約10分の1と，ゆっくりとした変化です。

ii 縄文時代の気候と文化

　南北海道と北東北の津軽海峡文化圏の縄文文化でも，縄文時代の気候変動における人類の生活に変化が起きています。この地域では約1万5,000年前（最後の氷河期頃）より縄文文化（新石器時代とほぼ同時期）が始まり，青森県東部の太平山元遺跡（放射性炭素年代測定法の算定で1万6,500年前：縄文時代草創期）で無文土器が発掘されています。その後，紀元前9,000年頃から地球温暖化が進み気候が変動しています。この影響で，紀元前約5,000年前に平均気温が現在より約3℃上昇し，青森県の気候は，現在の福島県，宮城県とほぼ同じだったと考えられています。この気温は，IPCC第5次報告書で示された「今世紀末に20世紀末より4.8℃上昇の可能性がある」より低い数値です。

図2.2.3　**三内丸山遺跡（青森県）**

　縄文時代で最も暖かかったとされる紀元前5,000年頃から円筒土器が作られ，集落が増え，三内丸山遺跡（青森）ではかやぶき屋根でできた数百の家がある大きな集落もできました。漆を利用した漆器（赤色）も出土しており，文化も養われていったことがわかります。紀元前3,000年から2,000年にかけてさらに交易も盛んになり，土器も粘土紐で装飾された円筒上層式土器が盛んに作られていきました。このような時代は1,000～1,500年続いたと考えられています。

　また，海面も現在より5m程度高かったとされています。これにより，茅葺き屋根の住宅による集落（現在の遺跡）の近くまで海が来ていました。この気候変動により海流の流れも変化し，縄文文化が栄えた青森県周辺では（魚介類が豊富に生育する環境，地形から）漁猟が盛んになり，多くの道具も造られています。植物もブナ科の植物（ドングリ類）や，くり，クルミが実る豊かな落葉広葉樹が広がり，食料調達も容易だったと推定されます。したがって，狩猟，里山の木の実などの採取，漁猟が盛んに行われていました。しかし，農耕や牧畜は（弥生時代：紀元前300年までは）行われていません。現在の青森県で多く採取されるリンゴなどは，温暖なため生育できない状況であったと推定されます。

　また，つがる市（津軽半島）にある十三湖は，現在より内陸に存在しており，陸地はかなり狭かったとされています。また，海上交易が盛んで，古事記にも登場する奴奈川姫がおさめていた新潟県糸魚川市のヒスイ，秋田県（または，新潟市周辺）の石油・アスファルト（土器の接着剤として使用），北海道の黒曜石が運ばれています。当時東北，北陸は温暖だったと思われます。この地域の人々は，世界の他の地域における新石器文化とは異なり，温和な協調的な社会であったと考えられています。村の周りに柵や防御用の設備がなく，食料などが豊富で平和な社会で文化が発展していったと考えられます。食料が豊富な地域では同様な傾向が見られます。

　その後，地球が氷河期に向かい寒冷化が進み，大きな集落は分散していきます。氷河が増加したことで海面が低下し，住居から海が遠くなり漁猟などのために移住したと推測されます。また，植物の種類（植生）が変わったことなどが影響していると思われます。しかし，同じ青森にある亀ヶ岡文化は，縄文時代末期の気温低下が始まっていた紀元前1,000年頃に栄えています。イヌイットなど北方民族の服装（雪めがね≒遮光器をかけている）に類似の遮光器土偶（文化財保護法に基づく国重要文化財に指定［東京国立博物館に所蔵］）も発掘されています。寒冷化に適応した人類も存在していました。

ⅲ　人為的な地球温暖化

　地球温暖化が国際的に問題となったのは，1988年に世界各地で発生した気候変動の要因として取り上げられてからです。地球は現在氷河時代で，氷河期に向かっていますので，気候変動はそれまで地球寒冷化が主因とされてきました。しかし，科学的データが次々と示され，現在では地球温暖化が気候変動の原因とする学説が主流です。

　二酸化炭素濃度がこのように増加したのは，氷床コアの分析により過去65万年間にはなく，これまでの地球の歴史から考えて気候に大きな変化があってもおかしくはないと考えられています。気候変動は異常気象を生じさせ，既に人類の生活環境にさまざまな被害を与えています。この異常気象の発生時期が少しずつ早まっており，規則的に変動していた気候もランダムな変動になりつつあります。

iv　気候変動適応の可能性

　現在発生している地球温暖化程度の気温上昇は，人類は既に経験していると考えられます。今後の地球温暖化があと3〜4℃程度に抑えられるならば，人類の生存は可能と思われます。しかし，この気温変化（200〜300年程度で進行）がこれまでの変化より数十倍の速さで進んでいること，また急激な加速度を持っての変化（指数関数的変化）であることから，異常気象による大きな変化は避けられません。場合によっては，人類が現在維持している生活に致命的なダメージを与えます。気候変化の中で生きてきた人類史を参考にして気候変動への適応を考えていくことも，人類の持続可能性を向上させる1つの方法と考えられます。

(3)　地球に存在する放射性物質

①　放射性物質の生成

　人類はこれまで地球上に存在しなかった化学物質を1億6,000万種類以上（2021年現在）誕生させ，地下深くにある多くの化学物質を地上に掘り出し，気体，液体，固体のいずれかの状態で膨大な量を散乱させています。中でも放射性物質は原子爆弾の原料となり，複数の国で大量に保有され，未だに他国を威嚇するために製造されています。爆弾の実験，投下（日本に投下されたものも，投下した国では実験とされています）で，地球上に励起した化学物質（*33）の存在率を高めてしまっています。また，原子力発電所からも自然放射線量と同等程度放射されています。原子力施設での事故では，多くの放射性物質が環境中に放出され，フォールアウト（fallout：放射性降下物）します。地球上には，人工的に作られた，または地下深くから掘り出された放射性物質は大気中，地表面で増加しています。

②　放射線

　1895年にドイツの物理学者ヴィルヘルム・コンラート・レントゲン（Wilhelm Conrad Röntgen）が放電実験の際に発見したX線（ものを通過するよくわからない光［波］であるためエックスと名付けられたもの）が初めての放射線の学術的な確認です。なお，X線は空気中の化学物質を電離する電磁波

で放射線（*34）の定義にあてはまりますが，他の放射線に比べ波長が長く，エネルギーが小さいこと等から放射線に含めないこともあります。1896年にはアントワーヌ・アンリ・ベクレル（Antoine Henri Becquerel）はウラン鉱から放射線を検出し，元素に放射線を出す能力があることを発見します。この性質を放射能といいます（*35）。

　その後，フランスの物理学者マリー・キュリー（Marie Curie）とその夫のピエール・キュリー（Pierre Curie）によって1898年に放射性物質のポロニウム（Po）（*36）とラジウム（Ra）が発見されて以後，トリウム（Th），アクチニウム（Ac），ラドン（Rn）と次々と見つけ出され，放射能に関する研究が次々と進められていきました。キュリー夫婦は放射性元素を発見した業績によって，ベクレルとともに1903年にノーベル賞を受賞しています。マリー・キュリーは，女性としてはじめの受賞です。そしてキュリー夫婦の娘の物理学者イレーヌ・ジョリオ・キュリー（Irène Joliot-Curie）とその夫のフレデリック・ジョリオ・キュリー（Frédéric Joliot-Curie）は，1934年に元素を人工的に放射性元素に変換できることを発見しています。ホウ素，窒素等を放射性物質に変換しました。また，フレデリック・ジョリオ・キュリーは，1939年に核分裂で中性子が放射されることも発見しています。

　放射能を持つポロニウム（^{218}Po等）［放射性同位体（Radioisotope：RI）26種類］は，放射線を発し人体の遺伝子を破壊し，深刻な健康被害を発生させますが，意図的に化粧品に配合され欧米で大量に販売されたこともあります。この化粧品をつけると，肌が白くなり美白化粧品（美白薬）として人気となりました。しかし，肌が白くなるのは，放射線の影響で人体が防御機能を発したためで，時間の経過とともに遺伝子異常で皮膚に異常が発症（体の一部が肥大化，健康障害等）してしまっています。放射線のハザードがわからないまま，人体に現れる特定の症状のみを注目してしまった悲惨な事件です。また，一時的な低線量の放射線照射は体のさまざまな活動を活性化するとの研究も報告されており，放射線ホルミシス効果（Radiation Hormesis）といわれます。ラジウム（Ra）泉（鉱泉）やラドン（Rn）泉（鉱泉）の温泉における効能になっています（*37）。

　他方，人工的に発生させるX線はものを透過する性質があり，エックス線透

過写真（密度が高い物質はX線が通りにくく影になります）は，医療用の画像診断，CT（Computed Tomography：コンピューター断層撮影）検査，工業用検査に広く利用されています。化学・物理等測定では，結晶状態の状況等を調べ同定，定量，構造を調べるX回折分析，物質の表面の状況，定量（濃度・存在率）等を精密に調べる蛍光X線解析に利用されています。X線では透過しにくい船底や大きな構造物，あるいは特殊な医療用検査では，さらにエネルギーが大きいγ線（ガンマ線）が用いられます。ガンマ線は，放射性同位体を用いて発生させます。このほか，人にとって深刻な健康障害である「がん」は，正常細胞より放射線感受性（放射線による損傷の度合い）が高いことを利用して，放射線治療も研究開発が進められ，実用化，普及が図られています。特に重粒子線を用いた治療では，病巣にピンポイントでダメージを与えることが可能となります。骨軟部腫瘍等，頭頸部腫瘍，前立腺癌等の診療に用いられています（*38）。なお，電子より重い放射線を粒子線，ヘリウムイオン線より重い放射線を重粒子線といいます。重粒子線治療では，重粒子（炭素イオン）線をシンクロトロン（synchrotron：環状の粒子加速器）等を利用して磁場によって超高速にして照射させます。

　また，自然環境中にも天然の放射性同位体が存在しています。その元素には，カリウム（K），カドミウム（Cd），セレン（Se），水素（H），炭素（C），サマリウム（Sm），ビスマス（Bi），タリウム（Tl），バナジウム（V），インジウム（In），ネオジム（Nd）等があります。天然の放射性元素の原子核は，温度や圧力に関係なく一定の速度で崩壊していく性質があります。放射性同位体の核種が変化し半分になるまでの期間を半減期といいます。炭素14（^{14}C：半減期 約5,730年）やカリウム40（^{40}K：半減期 約12.8億年）は，遺跡で発見された木製品などの同位体の組成を分析することで年代測定を行っています。花崗岩類が放射線を他の岩石より多く放出しているとされる理由は，花崗岩が存在する地域にラドンやラジウムなど放射性物質が比較的多く存在していること，K_2Oが微量ですが含有していることであると思われます。

③　原子力発電

　原子力発電に利用しているウラン235（^{235}U）は，存在確率約0.72％と少なく，

ウラン238（^{238}U）が99.275％，ウラン234（^{234}U）が0.005％となっています。放射性同位体は同じ元素でも半減期が大きく異なっています。ウラン235の半減期は約7.13億年で，ウラン238は44.983億年です。ウラン235の存在率は，地球ができてから$1/2^{(46÷7.13)} = 1/87.52$に減少したこととなります。ウラン238はまだ$1/2$程度しか減少していません。原子力発電所の原子炉内で核反応を行っているものは，連鎖反応が発生するウラン235です。自然に存在するウラン鉱の濃度では，軽水炉（*39）において中性子を照射しても連鎖反応が起きないため，3〜5％程度に濃縮（遠心分離，または化学分離）してから核反応物質（燃料）として利用します。原子爆弾は90％以上に濃縮する必要があります。

　前述のとおり，原子炉に投入される核反応物質には多くのウラン238が含まれますが，中性子を吸収しても連鎖反応は起こしません。しかし，ウラン235よりも放射能が強いプルトニウム239（^{239}Pu）を生成します。プルトニウム239は核反応を起こし，既存原子炉内でも核分裂を発生しています。

　核廃棄物にはこのプルトニウム239が含まれるため，原子炉に再度投入しサーマルリサイクル利用が行われています。原子力発電所から発生した核廃棄物を燃料にするには，濃縮等再処理する必要があり，この研究開発も進められています。プルトニウムを濃縮すると原子爆弾の原料にもなりますので，IAEA（International Atomic Energy Agency：国際原子力機関）の専門家が原子力施設内に常駐しており，常に監視しています（*40）。このリサイクルシステムはプルサーマル（plutonium use in thermal reactor⇒plu-thermal）といいます。プルサーマルは和製英語ですが，日本で多くの事故を発生させ世界から注目されたため，世界で定着した言葉となりました。なお，この核廃棄物リサイクルは1回のみ有効で，何回も繰り返すとサマリウム等副生成物が多く発生し，原子炉の安定な維持が十分にできなくなります。

　また，プルトニウム239に高速制御された中性子を照射し，連鎖反応を起こす極めて効率的な核反応も研究されています。この方法で核分裂を起こす原子炉を高速増殖炉（*41）といい，発電は実用化しましたが十分なリスク管理が難しく普及には至っていません。また，プルトニウム239はウラン235より高い放射線が発生するため取扱いが問題となります。原子爆弾および原子力施設か

ら人工的にプルトニウムが生成されたため，環境中における存在率が急激に増加しました。この他，クリプトン85（^{85}Kr：半減期10.76年），セシウム137（^{137}Ce：半減期30.1年），ストロンチウム90（^{90}Sr：半減期28.0年）も増加しています。クリプトン85は，原子力開発が行われる前の約1,000倍になっています。また，原子力発電所の事故では，セシウム137の放出でフォールアウトが問題となります。ヨウ素131（^{131}I）も大量に放出され深刻な健康影響を起こします。半減期が8.02日と短いため，事故直後の対処が重要となります。

　海外では，原子力発電所の核廃棄物で発生するプルトニウム239で原子爆弾を製造する国もあります。人工的に製造できる放射性同位体であることから要注意といえます。国際連合常任理事国（「核兵器の不拡散に関する条約：Treaty on the Non-Proliferation of Nuclear Weapons：NPT」で核保有が許されている国）である米国，ロシア，中国，フランス，英国，および国際連合で保有が許されていない国でもプルトニウム239が製造，濃縮されています。科学技術開発の影の部分が国際的な対立のもと，当然のごとく利用されていることは極めて残念なことです。

　一方，海水にもウラン，ストロンチウム90，セシウム137，カリウム40，トリチウム（三重水素）が含まれています。原子力発電所（BWR）からは，定常時でも排水中に微量のトリチウム等が含まれており海水中に放出されています。少量の放射性同位元素が大気または海水に放出されても希釈され，自然に存在する放射性物質と区別がつかなくなります。大気の場合は3次元に拡散されます。しかし，原子力発電所の事故時には，非常に多くの種類の核分裂生成物質（Fission Products：FP）が排気されますので，気候条件，吹き溜まり等予想しない場所への集中的降下も発生します。汚染の事前評価として，科学的に正確なシミュレーションを行い，汚染被害がでない科学的根拠のもと，排出口，環境中での定点連続測定，排出基準，環境基準を法令により定める必要があります。特に事故時に関しては，他の化学物質についても事前評価・対処が不十分ですので，放射性物質とともに適切な規制が望まれます。

【第2章　注釈】

(*1) 樹木の地中で化石化する際に，水にとけた二酸化ケイ素（SiO_2）が内部に入り込み，細胞内容物と置換反応が起こり化石となったものをいいます（珪化）。他の化学物質が入り込みメノウなど飾り石になることもあります。

(*2) 鉱山労働者では明治より，友子同盟が作られ，各鉱山の間で働く労働者の師弟の繋がりが強く，その後，各鉱山で労働組合が作られ，活発な労働組合活動が行われています。鉱山の事故で多くの被害が発生したときなどリスク回避を求めて労働争議が頻繁に発生しました。また，常磐炭田では，石炭1トン採掘する際に約4トンの地下水（温泉）が噴出されるため，排水対策（ポンプで排出）が不可欠となっています。この影響で，炭鉱近くにあるいわき温泉の温泉水のくみ上げが悪化し，深い井戸を掘削することを余儀なくされました。

(*3) 約5,000年前の縄文時代（紀元前約1万2,000年から約300年前）頃に常磐炭田が存在した地域でも，縄文土器をアスファルト（天然固形瀝青の一種）で修繕（接着剤として使用）していた土器も発見されており，イオウ分の多い重油も生成していたと考えられています。石炭採掘期終盤には，石油も採取していた例もあります。ただし，数リットル／日と非常に少量です。

(*4) 日本ではこの時期，福井の敦賀，新潟の柏崎刈羽，青森北東部（下北半島）等でほぼ同時に原子力発電所が整備されました。東京電力，東北電力，北海道電力，中国電力，北陸電力によって建設された原子力発電所はすべて沸騰水型の原子炉であり，放射性物質が施設全体を巡回することから，事故が発生した際に複数の箇所から放射性物質の漏洩が懸念されます。実際，福島第一原子力発電所事故では，多くの場所からの漏洩があり，対策を非常に困難にしています。

(*5) 世界のブランド品になった寒い国オランダのトマトは，温室栽培で作られています。エルンスト・U・フォン・ワイツゼッカー，エイモリー・B・ロビンス，L・ハンター・ロビンスの共著『ファクター4』（省エネルギーセンター，1998年）112頁には，「オランダのトマト栽培に要するエネルギーの79％は温室の暖房，18％は保存食品加工に費やされ，トマトが持つエネルギー（カロリー）の100倍のエネルギーが生産に使われている」ことが述べられています。近年では，日本でも販売されています。今は，日本で1月にトマトを食べていても当たり前の生活になってしまいました。

(*6) 菜の花自体も弥生時代に日本に移入した外来植物です。

(*7) 一般環境中に，シカ，イノシシ，サルが急増し，自然環境中における生態系が破壊され，農林業や自然植生へ深刻な被害が発生し，その他人の生活等へも損害が多発しています。環境省ではこの現状に対処するために，2014年4月に「鳥獣の保護及び狩猟の適正化に関する法律」（鳥獣保護法）を見直しシカ，イノシシなどの適正な個体数を管理するために「狩猟により捕獲できること」と定め，法律名称も「鳥獣の保護及び管理並びに狩猟の適正化に関する法律」（鳥獣管理法）と改正しました。

(*8) パリ協定では，全加盟国・地域が自主的な削減目標を国連に提出し，達成に向けた自国の対策を義務づけました。既に会議前に，米国，中国，ロシア，カナダ，日本，EU等147ヵ国・地域（世界の地球温暖化原因物質排出量の約86％を占める）から地球温暖化原因物質排出削減目標が公表されています。2023年から5年ごとに世界全体で対策の進捗状況を点検する制度も定められました。また，気候変動等による被害を抑えるために地球の平均気温の上昇を産業革命前から2℃未満に抑える目標と，ツバルなど島嶼諸国が強く求めていた1.5℃を目指して努力することに同意が得られました。さらに排出量を早期に減少へと転じ，今世紀後半には地球温暖化原因物質排出を「実質ゼロ」にすることを目指すことも定められました。

(*9) 1992年5月に「生物の多様性に関する条約（Convention on Biological Diversity）：以下，CBDとします」が採択され，1993年12月に発効しています。条約の目的は，「ⅰ．生物多様性の保全，ⅱ．

生物多様性の構成要素の持続可能な利用，iii．遺伝資源の利用から生ずる利益の公正かつ衡平な配分」となっています。また，当該条約第8条及び第19条（バイオテクノロジーの取扱い及び利益の配分）第3項に基づき「バイオセーフティに関するカルタヘナ議定書（cartagena protocol on biosafety）」が2003年9月に発効し，バイオハザード対策，バイオテクノロジーの利益配分について定められています。日本政府は，本条約に基づき1995年10月に「生物多様性国家戦略」を策定しています。

(*10)　この報告書‘The World Malaria Report 2011. Genova, Switzerland.’は，WHOがマラリアが流行している106ヵ国から収集した情報とその他の情報源を総合的にまとめたものです。包括的な指標に基づいて予防および管理措置を分析し，世界のマラリア対処目標に向けた継続的な進展を強調しています。このレポートは，主に2010年の国から受け取ったデータに基づいています。報告書には，マラリア感染が続いている99ヵ国の個別のプロファイルが初めて含まれています。罹患者数，死亡者数については，複数の機関で発表されており，数値に若干の開きがあります。死亡者数に関しては，減少している傾向があります。

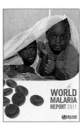

(*11)　業務上の疾病は，労働基準法施行規則第35条に下記の表のように詳細に決められています。

第2章注釈　表1．労働基準法施行規則第35条別表第一の二（第三十五条関係）

一　業務上の負傷に起因する疾病
二　物理的因子による次に掲げる疾病
　　1　紫外線にさらされる業務による前眼部疾患又は皮膚疾患
　　2　赤外線にさらされる業務による網膜火傷，白内障等の眼疾患又は皮膚疾患
　　3　レーザー光線にさらされる業務による網膜火傷等の眼疾患又は皮膚疾患
　　4　マイクロ波にさらされる業務による白内障等の眼疾患
　　5　電離放射線にさらされる業務による急性放射線症，皮膚潰瘍等の放射線皮膚障害，白内障等の放射線眼疾患，放射線肺炎，再生不良性貧血等の造血器障害，骨壊死その他の放射線障害
　　6　高圧室内作業又は潜水作業に係る業務による潜函病又は潜水病
　　7　気圧の低い場所における業務による高山病又は航空減圧症
　　8　暑熱な場所における業務による熱中症
　　9　高熱物体を取り扱う業務による熱傷
　　10　寒冷な場所における業務又は低温物体を取り扱う業務による凍傷
　　11　著しい騒音を発する場所における業務による難聴等の耳の疾患
　　12　超音波にさらされる業務による手指等の組織壊死
　　13　1から12までに掲げるもののほか，これらの疾病に付随する疾病その他物理的因子にさらされる業務に起因することの明らかな疾病
三　身体に過度の負担のかかる作業態様に起因する次に掲げる疾病
　　1　重激な業務による筋肉，腱，骨若しくは関節の疾患又は内臓脱
　　2　重量物を取り扱う業務，腰部に過度の負担を与える不自然な作業姿勢により行う業務その他腰部に過度の負担のかかる業務による腰痛
　　3　さく岩機，鋲打ち機，チェーンソー等の機械器具の使用により身体に振動を与える業務による手指，前腕等の末梢循環障害，末梢神経障害又は運動器障害
　　4　せん孔，印書，電話交換又は速記の業務，金銭登録機を使用する業務，引金付き工具を使用する業務その他上肢に過度の負担のかかる業務による手指の痙攣，手指，前腕等の腱，腱

鞘若しくは腱周囲の炎症又は頸肩腕症候群

5　1から4までに掲げるもののほか，これらの疾病に付随する疾病その他身体に過度の負担のかかる作業態様の業務に起因することの明らかな疾病

四　化学物質等による次に掲げる疾病

1　厚生労働大臣の指定する単体たる化学物質及び化合物（合金を含む。）にさらされる業務による疾患であつて，厚生労働大臣が定めるもの

2　弗素樹脂，塩化ビニル樹脂，アクリル樹脂等の合成樹脂の熱分解生成物にさらされる業務による眼粘膜の炎症又は気道粘膜の炎症等の呼吸器疾患

3　すす，鉱物油，うるし，タール，セメント，アミン系の樹脂硬化剤等にさらされる業務による皮膚疾患

4　蛋白分解酵素にさらされる業務による皮膚炎，結膜炎又は鼻炎，気管支喘息等の呼吸器疾患

5　木材の粉じん，獣毛のじんあい等を飛散する場所における業務又は抗生物質等にさらされる業務によるアレルギー性の鼻炎，気管支喘息等の呼吸器疾患

6　落綿等の粉じんを飛散する場所における業務による呼吸器疾患

7　空気中の酸素濃度の低い場所における業務による酸素欠乏症

8　1から7までに掲げるもののほか，これらの疾病に付随する疾病その他化学物質等にさらされる業務に起因することの明らかな疾病

五　粉じんを飛散する場所における業務によるじん肺症又はじん肺法（昭和三十五年法律第三十号）に規定するじん肺と合併したじん肺法施行規則（昭和三十五年労働省令第六号）第一条各号に掲げる疾病

六　細菌，ウイルス等の病原体による次に掲げる疾病

1　患者の診療若しくは看護の業務又は研究その他の目的で病原体を取り扱う業務による伝染性疾患

2　動物若しくはその死体，獣毛，革その他動物性の物又はぼろ等の古物を取り扱う業務によるブルセラ症，炭疽病等の伝染性疾患

3　湿潤地における業務によるワイル病等のレプトスピラ症

4　屋外における業務による恙虫病

5　1から4までに掲げるもののほか，これらの疾病に付随する疾病その他細菌，ウイルス等の病原体にさらされる業務に起因することの明らかな疾病

七　がん原性物質若しくはがん原性因子又はがん原性工程における業務による次に掲げる疾病

1　ベンジジンにさらされる業務による尿路系腫瘍

2　ベーターナフチルアミンにさらされる業務による尿路系腫瘍

3　四－アミノジフェニルにさらされる業務による尿路系腫瘍

4　四－ニトロジフェニルにさらされる業務による尿路系腫瘍

5　ビス（クロロメチル）エーテルにさらされる業務による肺がん

6　ベンゾトリクロライドにさらされる業務による肺がん

7　石綿にさらされる業務による肺がん又は中皮腫

8　ベンゼンにさらされる業務による白血病

9　塩化ビニルにさらされる業務による肝血管肉腫

10　電離放射線にさらされる業務による白血病，肺がん，皮膚がん，骨肉腫又は甲状腺がん

11　オーラミンを製造する工程における業務による尿路系腫瘍

12　マゼンタを製造する工程における業務による尿路系腫瘍

13　コークス又は発生炉ガスを製造する工程における業務による肺がん

14　クロム酸塩又は重クロム酸塩を製造する工程における業務による肺がん又は上気道のがん

15　ニッケルの製錬又は精錬を行う工程における業務による肺がん又は上気道のがん

16　砒素を含有する鉱石を原料として金属の製錬若しくは精錬を行う工程又は無機砒素化合物を製造する工程における業務による肺がん又は皮膚がん

17　すす，鉱物油，タール，ピッチ，アスファルト又はパラフィンにさらされる業務による皮膚がん

18　1から17までに掲げるもののほか，これらの疾病に付随する疾病その他がん原性物質若しくはがん原性因子にさらされる業務又はがん原性工程における業務に起因することの明らかな疾病

八　前各号に掲げるもののほか，厚生労働大臣の指定する疾病

九　その他業務に起因することの明らかな疾病

(*12)　メチルイソシアネートの生体影響は，微量の被曝で，眼，皮膚，呼吸器官を刺激し，嘔吐，激しい咳き込み，窒息，一時失明を招きます。被曝量が大きいと，眼の角膜の細胞が破壊されて失明に至ります。また，気管支表面が膨れあがり，肺細胞からの浸出で窒息死します。この漏出した農薬の商品名は，セヴィンといいます。

(*13)　大気汚染防止法でイオウ酸化物の排出基準で煙突の高さを規制しています。下記の式で表され，排煙希釈のための煙突の高さを定めています（同法施行規則3条）。K値規制といわれます。

　　　q（排出基準）＝ $K \times 10^{-3} He^2$ …日本独自の規制方式

　　　q（m^3／時），K：地域の状況に基づいて個別に定められる係数

　　　He：煙突の高さに煙の上昇分を加えた「有効煙突高」（m）

　　　煙突が高いほど高い濃度の排出物が可能となります。排出された排出物は遠くの地域に降下することとなります。

(*14)　生物は，自然の時間的変化に生理的に調和して生きています。この時間的変化は，昼夜の変化，季節的な変化など周期的に規則正しく行われています。生物には生体内に持っている時間的な変化を読み取る能力があります。しかし，人類は化石燃料等エネルギーを利用し，科学技術を利用して夜も昼と同じように明るくし，昼夜逆転した不自然な生活を実現しました。

(*15)　オーストラリアの酸化鉄の赤い山であるエアーズロックなどはこのときできたものです。製鉄で利用される鉄鉱石はすべて酸化鉄でまず炭素（コークス）によって還元され鉄が作られています。この他の鉱物も酸化物が多く存在します。

(*16)　炭素，または二酸化炭素の固定化とよばれています。二酸化炭素を石炭，石油，石油ガス，天然ガスなどに変化させて地中に埋め込まれていきました。

(*17)　環境基準を超え気象状況から考えて汚染状況が継続されると認められる際に光化学スモッグ注意報（大気汚染防止法23条1項に基づく），または警報（多くの自治体の要綱で規定）が発令されます。オキシダント濃度は光化学スモッグの指標として用いられています。なお，オゾンのSDS（Safety Data Sheet）情報として以下があります。

　　　オゾン（Ozone）　分子式：O3　CAS NO：10028-15-6

　　　　気体のオゾンはうすい青色で臭気があり，猛毒です。

　　物質の物理的性質

　　　・分子式：O3　　　　　　　　　　　　・分子量：48.00

　　　・外観：常温で気体，微青色（液化すると青色）　・臭気：特異な刺激臭

- ガス比重：2.144
- 沸点（℃）（1atm）：-111.9
- 水に対する溶解度：水に 49.4ml/100ml（40℃）溶ける。
- 融点（℃）（1atm）：-193
- 注：強力な酸化剤

物質の化学的性質

〔燃焼性〕

- わずかな有機物の存在で直ちに爆発を起こす。
- 空気中に25％以上含まれると分解爆発を起こす恐れがある。
- 酸素ガス中に電気火花を通じてつくることができる。

〔微粒子状で浮遊するか〕

- （しない）

〔その他物質との反応性〕

- 液体窒素，四塩化炭素，クロロホルムに可溶。
- 常温では徐々に分解して酸素となるが，細粉白金，酸化鉛（IV），酸化マンガン（IV），酸化銅（II）などは，分解を促進させる。極めて強い酸化力をもち，銀，水銀は常温で酸化され前者は過酸化銀Ag_2O_2となる。

　　出典：勝田悟『―汚染防止のための―化学物質セーフティデータシート』（未来工学研究所，1992年）653～654頁。

(*18) 1950年に米国でハロンが消火剤として商品化されました。液体引火性が高い物質（燃料など）の火災に効果的です。日本では1974年に消火設備として認可されました。ハロン1301（ブロモトリフルオロメタン，CF_3Br）をはじめ，ハロン1211（ブロモクロロジフルオロメタン，CF_2ClBr），ハロン2402（ジブロモテトラフルオロエタン，$C_2F_4Br_2$［$CBrF_2-CBrF_2$]）があります。

(*19) 勝田悟『―汚染防止のための―化学物質セーフティデータシート』（未来工学研究所，1992年）49～53頁。

(*20) トマス・ミジリーは，1921年12月に，テトラエチル鉛（tetraethyllead：通称TEL）［Pb$(CH_3CH_2)_4$]をガソリンに添加するとエンジンがノッキングを起こさなくなることを発見しました。その後，有鉛ガソリンとして世界中に普及し，航空機など複数の燃料に使用されます。この発明で1922年12月に米国化学会からウィリアム・H・ニコルズ賞を受けています。しかし，有害性が高く生産工場作業員に死亡者が発生します。また，世界の鉛による大気汚染の原因となりました。鉛中毒で多くの人が苦しむこととなります。世界中で有鉛ガソリン使用が規制され，米国では自動車に対して1996年にCAA（Clean Air Act）で販売が禁止されました。

(*21) 冷媒番号は，米国暖房冷凍空調学会（American Society of Heating, Refrigerating and Air-Conditioning Engineers：ASHRAE／アシュレイ）のStandard 34で定められています。冷媒の種類を表す番号でISO（International Organization for Standardization：国際標準化機構）817も同様の基準を採用しています。

(*22) Farman et al. 1985 "Large losses of total ozone in Antarctica reveals seasonal ClOx/NOx interaction." "Nature, 315, PP.207-210.

(*23) 紫外線は，波長の長さにより次の３つに分類されており，それぞれ物理的，化学的性質と有害性が異なっています。

- UV－A（ultraviolet-A）：長波長紫外線　波長 320-400 nm
　　可視光に近い波長で有害性は比較的低いですが，人に照射される紫外線の約９割以上を占めています。皮膚内部に入り込む性質が強いため，皮膚の加齢やDNAへの損害が懸念されています。自身に吸収された紫外線量を自覚することができないため，防御しないまま長期間を経過してし

まい，健康被害を発症してしまう可能性があります。

- UV－B（ultraviolet-B）：中波長紫外線　中波長 290-320 nm

  日焼けの原因で，悪化すると皮膚やけどを生じます。皮膚のメラニン色素を増やしてシミ，そばかすの原因にもなります。UV-Bは角膜をとおって，水晶体まで届いてしまうため，白内障などを起こします。人のDNA（遺伝物質，タンパク質の合成・複製の情報伝達物質）の光の吸収スペクトルが250nm前後に存在していることから，過度に人体に照射されるとエネルギーを大量に吸収してしまいDNAを損傷し皮膚ガンの発生のおそれがあります。

- UV－C（ultraviolet-C）短波長紫外線　波長100-290nm

  最も波長が短く，エネルギーも高いため，最もハザードが大きい紫外線です。しかし，オゾン層にほとんど吸収されます。

(*24) 1967年に既にMIT（マサチューセッツ工科大学）が二酸化炭素増加による気候変動の可能性を懸念する研究結果を発表しています。

(*25) 1990年10月に発表された第1次報告（作業部会）では，1990レベルに比較して2025年から2050年の間で等価二酸化炭素の濃度が倍増し，気候変動について以下の点が確認されています。

① この結果，地球の平均温度の上昇が1.5℃から4～5℃の幅で生じます。

② この温度上昇は，地域によって異なった分布となり，主として，熱帯地方では地球平均の半分，極地方では地球平均の2倍の上昇です。

③ 温暖化による氷河の溶解等による海面の上昇は，2050年までに0.3～0.5m，2100年までに1mであり，0.2～2.5℃の海面表面温度の上昇を伴います。

　1990年12月の第45回国際連合総会において，「気候変動枠組み条約政府間交渉会議」が設置され，2004年4月に「気象変動に関する国際連合枠組み条約（United Nations Framework Convention on Climate Change：UNFCCC）」が発効しています。

(*26) 比較的大きな粒子の煙やほこり，雲粒，水蒸気等への太陽光の散乱は白く見えます。太陽光には幅広い波長域があり，すべての波長が反射されると白く見え，日光が差し込む場所や空が霞む現象，晴れた日に太陽の周りに青白いリングが見える等があります。この光の散乱はミー散乱といわれ，チンダル現象です。煙草の煙が最初は青く見えますが，空気中を漂ううちに白く見えるようになります。これは，煙草の煙の粒子は非常に微小であるため青い光だけを反射し青く見え，その後空気中の水分を吸着し大きくなることですべての波長の光を反射し白く見えます。この現象でもミー散乱は確認できます。なお，青く見える煙草の煙（副流煙，間接的喫煙も含む）が肺に入りますと，超微粒子であるため細胞の中まで入り込み有害性が高くなります。

(*27) 地上の気温変化の重要な要因である日射量は，地球の公転軌道におけるの離心率の周期的変化，自転軸の傾きの周期的変化，自転軸の歳差運動という3つの要因によって変動し，この現象で氷河時代における氷期と間氷期の周期が定まるというものです。歳差運動とは，自転している物体の回転軸が円をえがくように振れる現象で，こまの首振り運動に例えられます。

(*28) 現在では，米国の化学者ギルバート・ルイス（Gilbert Newton Lewis）が示した水溶液に限定しない一般の化学反応における電子対の授受（酸は電子対受容体，塩基は電子対供与体）により酸と塩基が定義されています。この考え方は「ルイスの定義」と呼ばれています。

(*29) 太平洋上では，赤道に沿って常に東風（貿易風）が吹いていますので，赤道太平洋西部に暖水が集められ，深さ150m程度の暖水プールが形成されています。ただし，数年に一度（ほぼ5年に一度），暖水プールの水が東側に流出する現象をいいます。南米ペルーの沖合いは，通常は海面が西に流されるため湧昇が起き，海面水温が低く保たれています。しかし，エルニーニョが発生すると軽い暖水が海面を覆い湧昇が止まり，深海から運ばれてくる栄養塩がなくなるため海面付近のプランクトンが減少し，食物連鎖が崩れます。アンチョビー（Anchovy）の原料である，ペルー沖でとれ

るカタクチイワシが不漁となります。日本では、エルニーニョの発生した年は暖冬、冷夏になる傾向があります。しかしエルニーニョ現象は定期的に現れる気象の変化で異常気象ではありません。逆にペルー沖海面が0.5℃以上降下した場合、これをラニーニャ現象といいます。なお、異常気象は、世界気候機関（World Meteorological Organization；WMO）で、25年に一度発生する平均状態からはずれた状況と定義しています。

(*30) 1920年代に南方振動（Southern Oscillation）という気象現象が発見されています。これは、低緯度地方における年平均の地上気圧分布に見られる数年周期の振動です。エルニーニョと南方振動は合わせてエンソとよばれます。エンソの発生原因については、大気・海洋間の力学的結合によって生じる自励振動と考えるモデルや、暖水プールの構造の不安定によって生じるモデルなどがありますが、未解明の部分も多くあります（出典：理化学辞典第5版［1999年、岩波書店］より）。

(*31) ヒートアイランドによる都市部の気温の上昇は、夜間及び日中にみられ、大都市ほど著しい傾向が見られます。この原因としては、冷房等空調等の排熱（大都市では100W／m²以上になる）、人工構造物（コンクリートやアスファルトによる地表面の被覆）による蒸発熱の減少や地面の熱容量の増大などが考えられています。ヒートアイランドの結果、気候が局地的に変化し、短時間に多量な雨を降らす豪雨を発生させたり、光化学スモッグ等局所的な大気汚染も発生しやすくなります。人の健康に対して熱中症などが多発することも懸念されています。

(*32) 地球温暖化による地上の氷河の溶解、海洋の熱膨張で世界の平均海面水位が上昇しています。

(*33) 核反応で発生した放射線、熱でエネルギーが、原子、分子等に与えられ、エネルギーの低い状態から高い状態に移る（遷移する）ことをいい、自らが不安定になり放射性物質になります。励起すると元の状態に戻ろうとエネルギーを放出し、その際に放射線を発します。

(*34) 原子力基本法では、放射線を、「電磁波又は粒子線のうち、直接又は間接に空気を電離する能力をもつもの」と定めています。

(*35) 放射線を出す能力を放射能と名付けたのは、マリー・キュリーです。

(*36) ポロニウムは、マリー・キュリーの祖国でるポーランドにちなんで名付けられています。

(*37) 健康増進の効果は、ミズーリ大学のトーマス・D・ラッキー（Thomas. D. Luckey、生化学者）が、米国保健物理学会誌1982年12月号総説で紹介したことで注目され、国内では電力中央研究所、岡山大学などで研究されています。人の免疫細胞（及び自然治癒力）が活性化するとの学説もあります。

(*38) 日本では2016年から骨軟部腫瘍、2018年から頭頸部腫瘍と前立腺癌が保険診療の対象となっています。出典：国立研究開発法人量子科学技術研究開発機構ホームページ、アドレスhttps://www.qst.go.jp/site/qms/1885.html（2021年5月）。

(*39) 日本の原子力発電所で利用されている軽水炉には、沸騰水型原子炉（Boiling Water Reactor：以下、BWRとします）と加圧水型原子炉（Pressurized Water Reactor：PWR）があります。BWRは、原子炉の中でタービンを回す蒸気を直接発生させる方式で、原子炉、タービン、復水器を同一の冷却系統で使用しているため、装置全体がコンパクトにでき、比較的シンプルな構造であるため、部品点数が少なくメンテナンスが簡素化できます。しかし、原子炉で使用される冷却材を設備内全体に循環させるため、放射線管理区域（法によって、放射線［及び放射性物質］に対する防護が厳しく行われる区域）が大きくなります。PWRは、原子炉内を加圧し、冷却水（原子炉を循環する蒸気：軽水）が高温でも沸騰しないようにし、蒸気発生器（熱交換）によって別の水の循環系統でタービンを回す蒸気を発生させる方式です。BWRより放射線管理区域を減少することができ、タービン建屋内で放射線に対する防護の必要がありません。しかし、蒸気発生器を設置しなければならないため、発電施設が大きくなり、熱効率も悪くなります。また、部品点数も多くなりメンテナンスすべき部分が増えてしまいます。国際的にはPWRが主流です。

(*40) わが国の青森県上北郡六ヶ所村にある使用済核廃棄物（核燃料サイクル）再処理工場（日本原燃株式会社核廃棄物リサイクル施設）でもIAEAの監視団が常駐しています。

　なお，この施設には，高レベル放射性廃棄物（発電所からの核廃棄物）の中間貯蔵（30〜50年：冷却），および低レベル放射性廃棄物埋め立て（さまざまな核関連作業で使用した手袋や服など）として全国の原子力発電所で貯蔵容量を超えた廃棄物も受け入れています。

(*41) 高速増殖炉では，プルトニウム（実際にはMOX燃料を用いなければならない）に高速の中性子を衝突させ，中性子の速度を減速させないことで安定した核分裂が行われる現象を利用した核反応を行っています。この核反応で得られた膨大な熱で，継続的な大量の発電が可能になります。わが国では，これまでに原子力発電所から発生し貯蔵されている使用済燃料を利用して2,000年程度の電力供給が可能になるとされています（理論的には7,000年）。わが国（文部科学省）では，1977年茨城県大洗町に建設された実験炉「常陽」が1977年に臨界状態に達しましたが現在は休止中です。その後，1985年に福井県敦賀市に原型炉「もんじゅ」（ナトリウム冷却高速中性子型増殖炉）が純国産の技術として研究開発され，1994年に臨界状態に達し，1995年に発電を行いました。

　MOX（Mixed OXide混合酸化物）燃料は，プルトニウムを酸化物として核反応を起こさないように加工した燃料です。テロの防止などの観点から，プルトニウムの貯蔵，移動の際には，このように化合物に加工します。

第**3**章

宇宙の存在

3.1

宇宙空間

3.1.1 宇宙と地球環境

(1) 光と物質

　宇宙は，点から始まったとされており，私たちのまわりにある「もの」，「エネルギー」は，ゼロから発生したものです。生物学でも，発生工学という学術分野がありますが，われわれも誕生日に初めて世の中に現れます。人が存在しているのも，ゼロから生じたものです。自然は未だわからないことばかりです。私たちの住んでいる，または重力によって引きつけられている地球から宇宙へと空間的解析が行われ，宇宙の始まりから将来へと時間的広がりが創造され研究が進められています。

　宇宙に関する研究は，天体観測による地球の地動説，規則的な自転，公転と解明されていき，宇宙の始まり，銀河の存在，星雲の広がりなどが次第に解明されつつあります。人は，数百年前まで地球を中心に宇宙が回っていると考えていました。しかし，地動説がコペルニクス（Nicolaus Copernicus），ガリレオ（Galileo Galilei）によって科学的に証明され，星（恒星，惑星，彗星など）はニュートン（Isaac Newton）が唱えた万有引力に基づき，物質同士が引き合う天体力学の法則に従って運動していることがわかりました。無限に広がる宇宙に存在する星など物質は，質量，距離が指数関数的に異なっており，地上ではスピードを感じることができない光の速度（秒速約 3×10^8m）でも決して早いとはいえません。夜空の星光もわれわれが生まれる前に発せられたものがほとんどです。天文学で星までの距離を表すときに利用される 1 光年は，1 年間に進む光の距離で約 9 兆4,600億kmにもなります。

図3.1.1 プリズム

　プリズムによる光の屈折率は，光の波長によって異なります。波長の短い紫はよく曲がり，波長の長い赤はあまり曲がりません。この現象を分散といい，波長の順に並んだ複数の光を見ることができます。この現象をスペクトル（spectrum）といいます。

　化学物質，元素（*1）の構成に関しても研究が進み，分子，原子，素粒子，光子，波などが少しずつ解明されています。電磁波の利用においては，電子レンジなどで既にマイクロ波から分子（極性を持つ分子：分子構造に傾きがあるもの）に伝わるエネルギーの法則が家庭で利用されています。テレビ，冷蔵庫，エアコン，自動車，通信機器，コンピューター等でも微小な世界の自然法則が利用されています。光の速度は，宇宙（真空）と比べ空気中では約３％減速し，水中では約25％も遅くなります。光の波長によっても僅かに異なり，大気中の水滴に太陽光が特定の角度で入射すると，屈折角度が違ってくることから虹が見られます。プリズムも同様の原理で，ガラスを通過する光の速度が約33％も遅くなることから，人工的に異なる光の波長を分離する（色を分ける：分光）ことができます。化学物質は高温になって原子やイオンに分解すると，特定の波長を吸収，または放射します。この現象を使って同定および質量が測定できます。この科学的操作を定性分析，定量分析といいます。研究開発においては，条件を明確に設定し，再現性がある測定結果について，自然科学，社会科学および人文科学を問わず同様に分析が行われます。

　他方，太陽からの光は，生態系で最も基本的な存在で，重要なバイオマスを光合成によって生成しています。さらに，さまざまな気象現象を発生させるエネルギー源にもなっています。夜空で肉眼によって確認できる太陽のような恒星は，6,000〜8,000もあり，宇宙には莫大なエネルギーが存在しています。宇宙では光を吸収し，黒く見える暗黒星雲（*2）には，メチルアルコール，一酸化炭素，アンモニアなどのさまざまな分子で構成されるガスや塵が集まっており，新しい星が作り出されています。

(2) 天体とエネルギー

　化学物質を構成するミクロな世界の解明から，宇宙レベルの科学が解き明かされようとしています。約138億年前に宇宙ができたとされる現象も，このミクロの研究から仮説が立てられています。宇宙ができる前の世界，宇宙が消滅するまでの時間を考えると，私たちの存在，視界に見える自然自体，200億年後の現実は存在するのか正確に予想することはできません。

　夜空を見上げると，多くの星を見ることができます。太陽系の惑星（恒星の回りを公転する星）は，数分前に太陽の光を反射し地球に届いた姿を見ています。その他の恒星（自ら発光している星）から届く光は，数百年，数千年以上前に発せられたものがたくさんあります。したがって，既に爆発などして存在していない星も地球では見ることができます。地球で見ている夜空は，現在存在している宇宙の姿ではなく，変化し続けている宇宙の一側面に過ぎません。

　古代の人は，恒星をつなぎ合わせて星座（88種類存在）を想像し，多くの物語も作られました。個人の誕生日に対応する12の星座もあります。しかし，誕生日の星座は，昼間の空を基準に作られましたので，太陽の光が強く見ることはできません。夜には，逆の季節の星座を見ることができます。ただし，月の光が強いときは，多くの星が見えなくなり，昼と夜の時間も季節が変わると変化します。これらの動きは，地球の自転，公転，月（地球の衛星）の公転で決められます。宇宙の偉大な物理現象です。

図3.1.2 太陽

　太陽外側の大気であるコロナ（corona）は，密度は低いですが，数百万℃に達することもあります。電離した電子，エネルギー，イオン化した原子が放出されています。太陽表面には，彗星がぶつかるとガスを吹き出すこともあり，常に変化しています。

　近年は夜でも地上が明るくなり，都市では夜空の星を見ることが難しくなりました。間違った考えである天動説でさえ感じ取ることができなくなりました。天井に写し出された星が移動するプラネタリウムで見る夜空が仮想で見られる最も身近な宇宙です。人は，目の前，身の回りの人工的な世界がほとんどとな

り，自然の変化に注目することは少なくなりました。オゾン層が破壊され，宇宙からの紫外線が増加してしまっていても，赤外線が地球の大気に吸収され地球から宇宙に放出される熱が減少しても，あまり注目していません。これらの環境破壊は，太陽から地球が受けている光（電磁波）によるものです。太陽は，生物の生と死をコントロールしています。

　身近な恒星である太陽は，地球の体積の約130.4万倍もあり，太陽の内部では水素同士の核融合が行われており，その温度は約1,400万〜1,600万K（ケルビン）といわれています（表面は約5,800K）。膨大なエネルギーを放出し，ヘリウムを生成しています。いわゆる巨大な原子炉で，寿命はあと約50億年（最後の5億年はヘリウム同士による核融合）と考えられており，最終的には密度が非常に高い白色矮星となります。他の恒星でも核融合が行われており，夜空の星は核反応で発生した光によって輝いているといえます。

　人工的に核融合を行い，太陽と同じ方法でエネルギーを作り出す計画が国際的に進められています。生命の源を作ることになります。なお，現在の原子力発電で利用されているウラン235の核分裂による核反応と違い，反応生成物に核廃棄物はありません。しかし，核融合の際に放射線を発生し，多くの放射性物質を生成（物質を励起［不安定な高いエネルギー状態へ変化］させる）させるため放射線のリスクは存在します。宇宙でも，恒星で行われている核融合によって放射線（α線，β線，ガンマ線など）が飛び回っています。地球にも降り注いでいます。ただし，強い放射線である粒子線（α線，β線）は，地球の磁場で北極，南極へ曲げられているため，生物へのリスクは急激に小さくなります。このエネルギーは，大気中の窒素，酸素と衝突し，青色，黄色の発光を生じさせています。いわゆるオーロラ（Aurora）です。近くには放射線が降り注いでいる可能性があります。一見きれいに見えても，実はリスクを秘めています。

　また，太陽では，突発的にフレア（Flare）と呼ばれるエネルギーの放出が起こり，その際に陽子と電子を中心とした放射線である太陽風（Solar Wind）が高い密度で宇宙に飛び出し，地球にやってきます。地球では，フレアが起きてから1〜2日後に磁気嵐も発生し，無線通信などに障害を与えています。

⑶ 地球から見た宇宙

　人類は，古代より夜空を観測し，私たちが住んでいる天の川銀河に無数の星があり，さらに他にもたくさんの銀河があることを知りました。また，ギリシャ神話などでは，多くの神々が星と関連づけられました。ギリシャ神話における最高神であるゼウス（空を支配し，政治，法律など社会科学面も支配する神）は，ローマ神話の天空神でジュピターと呼ばれ，英語では木星を意味しています。環境学者のジェームス・ラブロックが示した「ガイアの概念」のガイアもギリシャの神で大地の女神です。太陽神はヘリオス（アポロンも同様の意味をなす神），月の女神はセレネと，他にも多くの神が存在しています。ちなみに，自然・狩猟・動物など野生の神としてはアルテミスという女神がいます（ローマ神話ではディアナ，英語ではダイアナ）。

　天動説が主流だった時代には，夜空に輝く太陽系の惑星（太陽系の軌道上の回転と地球の公転）と他の恒星（地球の公転）とが全く異なる動きをし，地球の衛星である月の動きがさらに異なる変化をすることから，宇宙からの光は混沌とした状態に見えたと思われます。それぞれに何らかの規則性を持った動きがあっても，それぞれが異なった意志を持っているように見えていたのではないかと思えます。また，月の引力は，潮の満ち引きなど地球に規則的な変化をもたらし，その形も上弦，下弦と規則的に変化します。太陽光を遮る日食も発生させ，神秘的な自然現象を引き起こします。この原理が解明されるまでは，実に不思議な現象だったと思われます。現在でも，超科学的に考えている人もいます。月の裏側は，自転と公転の周期が一致していることから地球から見えませんので，月観測衛星が映し出すまで全く不明な状態でした。そのため，"Dark side of the moon" と正体が知れない部分として神秘的な存在でした。

　ギリシャ神話では，混沌または原初，有限から無限を創造する神としてカオスが登場します。その後，秩序を持った宇宙としてコスモスという考え方が生み出され，マクロコスモス（Macrocosm）とミクロコスモス（Microcosm）に分けられました。空を見上げて見えるマクロコスモス（大宇宙）とミクロコスモス（小宇宙）があるとされました。小宇宙は，さまざまな見方がありますが，原子より小さい世界にも当てはまるのではないかと考えます。すなわち，ナノテクノロジーに代表される化学，物理化学といった微量世界が相当してい

ると思われます。

　近代化学の基礎となったラヴォアジエ（Antoine Laurent Lavoisier）が発見した「質量保存の法則」以降，さまざまな化学反応，化学的法則が見出され，膨大な数の化学物質が人工的に作られました。このまま人工的に生成が可能な化学物質が増え続けますと，カオス状態となり，人類の将来をシミュレーションしたローマクラブの「成長の限界」を迎えてしまうおそれがあります。17世紀頃盛んに行われた錬金術と呼ばれる物質を混ぜ合わせるなどして，金，銀の精製，不老不死の薬剤を生成などといったプリミティブな科学の時代より，人は科学への探究心と欲が極めて高かったと考えられます。

　最近の研究では，質量を形成する素粒子，宇宙から知らぬ間に身の回りに降り注がれているニュートリノの存在や性質が解明されつつあります。宇宙レベルの自然循環に基づいた効率的な化学物質利用も期待されます。いわゆる，カオス（混沌）からコスモス（秩序，調和）への移行です。

3.1.2　かけがえのない宇宙船地球号

(1)　地球の存在

　無限に広がる宇宙は，3次元の有限な世界に生きる人類にとっては，理解しにくい存在です。対して，地球表面も宇宙の一部ですが，有限な世界で考えることができます。私たちが暮らしている陸上の面積は地球表面の約29.2％で，海洋が約70.8％を占めています。地球表面に水が存在することで生命が誕生し，宇宙で極めて稀な現在の生態系を作り上げます。約46億年前に宇宙の物体が重力によって集まって地球が形成された時に，この運動エネルギーが熱エネルギーに変換され，灼熱の世界であったと考えられています。水は存在しておらず，岩石も熱で熔解した状態で生物が存在できるような環境ではなかったと推定されます。地球に水をもたらしたのは，水を多量に持った小惑星または彗星が衝突したことによるとする学説もあります。

　他にも地球には宇宙から多くの惑星や隕石が衝突しています。大きな衝突が起こった際に，地球は自転軸が公転軌道軸の垂直方向に対して約23.44度傾き，太陽からの光すなわち日照時間と太陽高度（光の密度）が変わり季節が作られました。この傾きは，約4万1,000年の周期で，21.5〜24.5度の範囲で変化して

おり，季節が変わることによる気象現象，景観も非常に長い時間で観ると変化
しているということになります。

　地球の自転周期は23時間56分4.1秒で，赤道上では時速約1,600km，北緯45度
の線上で時速約1,073kmと音速の10分の1程度で回転しています。突然止まる
と，人間は自分が持っている運動エネルギーで宇宙の彼方へ飛んで行ってしま
います。公転周期は，約365.256日で，その速度は秒速29.79kmもあり，宇宙船
地球号は猛烈なスピードで移動しています。ただし，自転，公転速度はスピー
ドが落ちてきており，1日，1年の時間はゆっくりと長くなってきています。

　地球を傾けた衝突で飛び散った破片が月になったと考えられています（ジャ
イアント・インパクト説）。月の地殻成分が地球とほぼ同じであることから推
定されました。月の半径は地球の約1/4，体積は1/50，質量1/81と小さく，平
均密度も地球の3/5しかないため，月面の重力は地球の1/6しかありません。こ
のため，大気を重力で引き寄せておくことができません。大気がないことから
隕石は大気圏で燃え尽きることがなくそのまま落下し，クレーターがたくさん
あります。表面温度も昼は約127℃，夜間には−173℃になってしまいますが，
極には氷が存在しています。なお，前述のとおり，月は自転と公転の周期が一
致しているため，地球からは同じ側面，すなわち半分の表面しか見ることがで
きません。

図3.1.3　月
　月には大気がないため，昼と夜の表面温度差が約
300℃もあります。中心から約700〜800kmの部
分は液体の性質を持っており，地殻は約60kmと推
定されています。大気は，NASAの観測では，カリ
ウム，ナトリウム等で構成されており，地球の
$1/10^{17}$です。

　人類は，自転軸の傾きによりできた四季に合わせ生活し，月の重力作用であ
る潮の満ち引き（潮汐）などに対応してきました。太陽と月と地球が一直線上
に並ぶとき（満月と新月）は大潮，太陽と月が地球と垂直になるとき（上弦の
月と下弦の月）は小潮になります。また，太陽，地球，月は互いに重力で引き
合いバランスをとっています。

(2)　何度も起きた地球生態系の危機

①　地球温暖化と寒冷化─絶滅と繁栄─

　地球に存在する生態系は今まで幾度となく絶滅の危機に瀕してきました。太陽は約50億年を超えた頃から膨張し始め，いずれ地球は飲み込まれて消えてしまいますが，それまで生態系が維持できるかは非常に難しいといえます。地球の大きさ・重力，存在する気体・固体，液体，日照・傾き等微妙なバランスが稀に揃って生態系が作られています。これまで，地球上に生息している生物の7割以上が滅んだことが学術的に確認された事件は5回あります。いずれも火山の爆発による莫大なエアロゾル（aerosol：微細な固体または液体粒子が気体中に浮遊しているものです）の噴出などで日射量が低下する日傘効果によって，地球規模の急激な寒冷化が発生しています。また，火山の噴火で十分な酸素の供給のもと炭素が燃焼されれば，効率的な酸化が行われエアロゾルや粉じん量は減少し，二酸化炭素が大量に発生すると予想されます。この場合は，太陽から照射される赤外線（熱）を大気中に放出された二酸化炭素が大量に吸収し，地球温暖化が進みます。同時に赤外線を吸収する水蒸気の発生，メタンハイドレート溶解によるメタン（二酸化炭素の温室効果が約26倍）の発生が相乗効果となり，さらに地球温暖化が進みます。

　他方，太陽は地球が誕生した約46億年前には現在の70％程度しか日射量がありませんでしたが，その後漸次明るさが増加しています。近年は約1億年で1％増えていることが判明しています。したがって，約35〜38億年前に藍藻植物が繁殖し始めたことは，太陽から受ける光（エネルギー）は現在より少なかったといえます。また，寒冷化の原因である地球で日傘効果が発生したときも光が遮られ，光合成は減少しバイオマスの生産も減少していたと推定されます。地球は，複数回極度の寒冷期，いわゆる氷河時代における氷河期も経験しています。

　また，カンブリア紀（Cambrian Period：約5億7,000万年〜約5億1,000万年前）のうち約5億4,200万年〜5億3,000万年前に生物が分化，分岐して現在の種類の多くが出現するカンブリア爆発（Cambrian explosion）と呼ばれる現象も起きています。この時代に生物は多様化し，生態系の基盤（生物多様性）を作っています。しかし，カンブリア紀末期約5億1,700万年前以降，生物の大

量絶滅が次々と起こっていると推定されています。その後現在まで地球規模の大きな絶滅が五度起きているとされています。

② 地球に起きた大量絶滅

i オルドビス紀末期

約4億4,400万年前の数十万年の間に生物の大量絶滅が起きています。火山の大噴火で発生したエアロゾルによって引き起こされた日傘効果による寒冷化が原因だったと考えられています。生物の約85％が絶滅したと推定されており，三葉虫やサンゴ類等の海洋生物が大量に絶滅しています。その後，オウムガイ等軟体動物，節足動物，半索動物等が繁栄したとされています。顎を持つ魚類も発生したと考えられています。

また，超新星の爆発により放射されたガンマ線が地球に到達して環境に大きく影響したとの学説もあります。

ii デボン紀後期

約3億7,400万年前に生物種の82％が絶滅したと推定されています。しかし，環境変化の明確な理由が明らかになっていません。大規模火山の噴火噴出物による日傘効果による寒冷化，あるいは，この時期（オゾン層が形成され紫外線が遮断された時期）は陸に動植物が進出した時期であり，植物の光合成が盛んになり大気中の二酸化炭素が急激に減少（二酸化炭素による赤外線の吸収が減少）したことによる気温の低下の影響等が考えられています。

iii ペルム紀末期

約2億5,000万年前に海生生物のうち最大96％が絶滅しています。カンブリア紀から海洋で繁栄していた三葉虫はこのとき絶滅しています。大量絶滅の原因は，シベリアで起こった大規模な火山活動で二酸化炭素が大量発生し，大気中の二酸化炭素濃度が急激に上がり，海水に二酸化炭素が溶け込み炭酸（水素イオンが酸性の原因です）となり，酸性化が発生したことで海生生物の絶滅に大きく影響しました。海中では下記のような化学反応が発生し，水素イオン濃度が高まったと考えられます。

$$H_2O \ + \ CO_2 \ \rightleftarrows \ H_2CO_3 \ \rightleftarrows \ H^+ \ + \ HCO^{3-} \ \rightleftarrows \ 2H^+ \ + \ CO_3^{2-}$$

　大気中に二酸化炭素が増加し，メタンハイドレート溶解によるメタン発生などで地球温暖化が急速に進んだことで気候変動が発生し，海水の膨張等で海面上昇が起き，海岸線が水面下となり食物連鎖が崩壊したこと等で陸上の生物を含めて90％から95％が絶滅したと推定されています。ペルム紀（約2億9,000万年前〜約2億5,000万年前）には，さまざまな植物，両生類，昆虫類が繁殖し，恐竜や鳥類，現世爬虫類の祖先となる双弓類も生息していたことから，生態系最大の大量絶滅といわれています。その後，生物多様性が回復するまで約1,000万年がかかったと考えられています。

iv　三畳紀末

　約2億年前に発生した大量絶滅では，海中ではアンモナイト（軟体動物頭足類：約4億年前〜約6,550万年前）の多くの種が絶滅しています。陸上では大型の爬虫類等が姿を消し，すべての生物種の約76％が絶滅しています。このとき生き残った恐竜が大型化し，ジュラ紀に繁栄することとなりました。環境変化の原因は，隕石の衝突（マニクアガン・クレーター：カナダ），火山活動など複数の学説があります。

v　白亜紀末

　約6,550万年前の大量絶滅では，約70％の生物種が絶滅しています。恐竜をはじめ翼竜，魚竜，首長竜およびアンモナイトが絶滅しました。環境変化の有力な学説は，メキシコのユカタン半島に直径約10〜11kmの小惑星が激突したというものです(*3)。現在でも直径約160kmにおよぶ巨大なクレーター(*4)が残っています。この地層には，小惑星や彗星に多く含まれているイリジウムおよび衝突で発生した石英が多量に含まれていることから，この仮説は高い信頼性を得ています。

　この衝突は，巨大なエネルギーをもった爆発を起こし，多くの生物と自然を破壊しました。そして，爆発で発生したエアロゾルで地球が覆われ，日傘効果を生じ気温の低下が起こり，また大気や海洋の酸素量が極端に減少しました。

その後気候が不安定になり著しい気候変動が発生したと考えられています。

　絶滅に関する別の仮説もあります。この衝突により地球内部の火山ガスが大量に放出されたため，大気中の二酸化炭素の濃度が急激に上昇し地球温暖化が発生したというものです。これにより，極地方の氷が溶解し海面が上昇したことで現在の陸地面積の３分の１以上が海に水没し，陸上の生態系がダメージを受けたこと，火山の爆発によって二酸化イオウ (*5) が大量に発生し強い酸の雨が降ったことで，生物への被害を拡大させたとしています。

③　その他の地球で起きた環境異変

　約24億5,000万年前から22億年前と，約7億3,000万年前〜6億3,500万年前に全球凍結（またはスノーボールアースといわれています）という地球全体が氷河に覆われた時代もあったとされています。地球は，現在も氷河時代ですが，当該氷河時代は，著しく寒冷化したとする仮説です (*6)。この際にも生物の大量絶滅があったとされていますが，まだ詳細は研究途中です。ただし，この厳しい環境下で多細胞生物の出現など生物進化が行われたとの学説が現在検証されています。

　また，地球の磁場が逆転することもあります (*7)。磁場が逆転する際に一時的に磁場が消滅すると，宇宙から地球に到達している電荷を持つ放射線（粒子線：α 線，γ 線）が磁場によって極の方へ曲げられることなく上空から直接地球表面に放射されることとなります。生物にとっては，高いエネルギーを持った放射線を直接浴びることとなり，遺伝子が破壊される極めて危機的状態となってしまいます。1906年に，アントワーヌ・ジョセフ・ベルナール・ブリュンヌ（Antoine Joseph Bernard）が現在の地磁気の向きとは逆向きに磁化された岩石を発見し，地球磁場が逆転したに違いないと結論づける論文を同年に発表します。そして，最後に磁場逆転が起きた77万年前から現在までの期間をブリュンヌ期（ブリュンヌ正磁極期）としています。また，77.4万年前から12.9万年前までの期間を国際地質科学連合により「チバニアン」（Chibanian：千葉時代）と命名されています。

　他方，現在人類が人工的に発生させた二酸化炭素で地球温暖化を引き起こしています。産業革命前は，大気中の二酸化炭素濃度は280ppm程度でしたが，

現在は約420ppmまで上昇しており，気温が確実に上昇しています。地球上に二酸化炭素が全くないとマイナス18℃まで降下するとされていますが，地球誕生時から二酸化炭素が存在しており，水蒸気などにより平均温度約15℃に微妙なバランスで保たれています。しかし，地球には他の温室効果ガスであるメタンなどが大量に存在しています。これらは化石燃料，および石灰岩（炭酸カルシウム：$CaCO_3$），方解石（炭酸カルシウム：$CaCO_3$），マグネサイト（炭酸マグネシウム：$MgCO_3$），菱鉄鉱（炭酸鉄Ⅱ：$FeCO_3$）等炭酸塩岩およびメタンハイドレートなどで固定化（固体，あるいは液体）されています。しかし，これらが石炭，石油，天然ガスなど化石燃料の大量燃焼で二酸化炭素が生成され大気に放出されると，地球の気温は生物が生存できない温度へと上昇します。これが第6番目の生物の大量絶滅になる可能性を秘めています。

　例えば，金星の大気は二酸化炭素が主成分で，僅かに窒素が存在しています。気圧は非常に高く，地表での気温は約460℃に達しています。化学反応は生物の具合に合わせて変化はしません。ドラスチックに変化していきます。

(3)　宇宙開発

　宇宙開発は，第1章に述べたとおり，当初はミサイルとして第二次世界大戦中のドイツ軍が開発した高い推進力をもったV2ロケットが基礎的な技術となっています。地球を周回する人工衛星，1961年から始まった米国のアポロ計画に代表されるような月探査（1969年には宇宙船アポロ11号が人類初の月着陸：1972年のアポロ17号で計画終了），その後の太陽系天体衛星への着陸・調査等と宇宙開発は次々と研究開発が進められています。地球を周回している人工衛星は，旧ソビエトの人工衛星スプートニクが，1957年に打ち上げられて以来，急激に増加しています。2020年現在で公表されている数だけで，ロシアで約1,500，米国が約1,100，日本，中国で約140もあります。

　このような状況の中，1984年に国際宇宙ステーション協力計画が当時の米国大統領ロナルド・ウィルソン・レーガン（Ronald Wilson Reagan）によって各国に提唱され，米国，カナダ，日本，欧州が参加した科学技術プロジェクトとして始まりました。そして，「旧・国際宇宙基地協力協定」が1988年に署名され，1992年に発効しています。1993年にはロシアが参加し，1998年1月に

「新・国際宇宙基地協力協定」が，米国，カナダ，日本，ロシア，欧州（*8）で署名され，2001年3月に発効しました。この協定に基づき，国際宇宙ステーション（International Space Station：以下，ISSとします）協力計画が進められています。1998年11月より地球軌道上での組立てが開始され，2000年11月から宇宙飛行士が常駐するようになりました。日本の実験棟（Japanese Experiment Module：JEM）「きぼう」は，2008年3月から2009年7月にかけて連結され，無重力等宇宙空間を利用した実験を行っています。2009年5月からそれまで3名だった常駐宇宙飛行士が6名に増員されました。2011年7月にISSは完成しました。ISSは，地上から約400km上空を飛行しています（*9）。この空間は，粒子線が含まれる宇宙線や波長が短い有害な紫外線が降り注ぎ，スペースデブリと呼ばれる過去の宇宙船の残骸等（ゴミ）が弾丸より速いスピードで地球の軌道上を周回しており，極めて危険です。

図3.1.4 米国のアポロ計画で使われた宇宙服

猛スピードで軌道上を周回しているスペースデブリは，2017年現在で直径1cm以上のものが約75万個もあると試算されており，人工衛星の表面を破壊するほどの衝撃力があります。人が宇宙遊泳する際に飛んでくると命にも関わります。また，宇宙には非常に強い紫外線，強い放射線である粒子線も宇宙線として照射されており，人体を守る宇宙服は極めて重要です。

宇宙の利用に関する国際的なコンセンサスとして，「宇宙条約（月その他の天体を含む宇宙空間の探査及び利用における国家活動を律する原則に関する条約：Treaty on Principles Governing the Activities of States in the Exploration and Use of Outer Space, Including the Moon and Other Celestial Bodies）」が1966年12月に国連総会で採択され，1967年10月に発効されています。この条約では，「すべての国がいかなる種類の差別もなく，平等の基礎に

たち，かつ，国際法に従って，自由に探査し及び利用することができるもの」と定められています。この条約の第6条，7条に基づいて「打ち上げ国が宇宙物体によって何らかの損害を引き起こした場合，打ち上げ国は無限の無過失責任を負う。」ことを定めた「宇宙物体損害責任条約（The Convention on International Liability for Damage Caused by Space Objects）」も1971年11月に採択され，1972年9月に発効しています。しかし，ロケット打ち上げ国が切り離したロケットの一部などが地上に落ちる事件が発生しています。しかし，独自に宇宙ステーションを作っている当該条約批准国の落下物であることは確認されていますが，謝罪さえしていません。

　なお，1959年に国連総会によって，国連宇宙空間平和利用委員会（United Nations Committee on the Peaceful Uses of Outer Space）が創設され，国際的に宇宙の平和利用の検討が始まっています。また，ウィーンには国連の組織として「国連宇宙部（United Nations Office for Outer Space Affairs）」が設立され，宇宙空間平和利用委員会とその小委員会の事務局を務め，開発途上国が開発のために宇宙技術を利用できるように支援しています。

　ISSの開発が進む中，米国では1985年に宇宙軍が設立されています。そして2019年には米国大統領ドナルド・ジョン・トランプ（Donald John Trump）政権のもと，「国防権限法」に基づき，米国に「宇宙軍」が再編成され，陸軍や海軍と同様の軍組織となっています。「宇宙条約」の目的が揺らいでいるともいえます。そもそもリモートセンシング技術は極めて高度になっており，軍事利用に用いられていることから，既に宇宙での争いは始まっているとも考えられます。複数の国で新たな軍事的威嚇として宇宙開発に関する科学技術が利用されていくことは残念なことです。

　他方，人類は，地上，海洋から成層圏付近までの空間で急激な環境変化，物質バランスの変化を発生させていますが，非常に高い上空でもゴミを増加させています。上空数百kmでは，重力と遠心力によって地球の周りを人工衛星が高速で回っています。それらが衝突して発生する宇宙ゴミ（スペースデブリ）は，現在，人工衛星の量よりも圧倒的に多くなっています。米国宇宙監視ネットワーク（The United States Space Surveillance Network：SNN）の2008年の報告では，地球の周回上における飛翔物の約93％がスペースデブリであるされ

ています。直径 1 cm 以下のものから 5 kg 以上の人工衛星部品まで存在しています。2020 年 2 月に日本政府は,「日本国政府及び国連宇宙部によるスペースデブリに関する共同声明」に署名し,スペースデブリを回収する調査,研究を始めています。

3.2

ダークマター，ダークエネルギー

3.2.1　天体力学—惑星の軌道—

　ボールを投げれば放物線を描いて地上に落下します。ミサイルのように遠くに飛ばしたいときは，飛ぶ際の速度（初速度）を大きくします。地球からの距離が遠くなると急激に引きつけ合う力が弱くなります。距離の二乗に反比例で弱くなっていきます。地球（星）は球形ですから，遠くに飛ばした際に非常に長い距離になりますと，地球の地表面から距離が離れていきます。場合によっては地球の重力から外れ宇宙に飛び出します。人工衛星は，飛び立つ速度を調整して円軌道を描いて，重力とバランスをとり回転させています。さらに速度を上げて楕円軌道で地球の周りを回転させることもできます。

　通信衛星は，低い高度で回っているため比較的早い期間で地球の引力（重力）に引きつけられ地球上に落ちてきます。人工衛星が時間とともに移動する位置は計算で正確に得られ，宇宙に存在する彗星や小惑星，月（衛星）の動きも同じく，その移動を予測することができます。地球も太陽の周りを円に近い楕円軌道で 1 周365日を要して公転しており，他の太陽系の惑星も軌道が少し楕円を描いているため各惑星が接近することもあります。

　2018年 7 〜 8 月に火星が地球に約5,759万 km まで大接近しています。近年最も大接近したのは，2003年 8 月27日で約5,575万0006 km です。火星には，NASA（National Aeronautics and Space Administration；米国航空宇宙局）が探査機で調査しており，大気はとても希薄（地球の100分の 1 以下）で二酸化炭素がほとんどであることも観測されています。表面が赤く見えるのは，惑星表面に酸化鉄（Fe_2O_3）が多いためであると確認されています。公転周期は687日，自転周期は約25時間，直径は6,792kmで地球（12,742km）の約半分です。表面には二酸化炭素と水蒸気が僅かに存在していますが，宇宙からの赤外線はほとんど吸収せず，マイナス50℃ 以下です。

図3.2.1 地球に大接近した火星
［2018年8月10日撮影］

火星には，既に探査機が複数着陸しています。最初に到達したのは1973年の旧ソ連のマルス3号です。しかし，砂嵐のため約20秒で通信が途絶えています。NASAが2020年7月に打ち上げたマーズ2020（Mars2020）は，2021年2月に着陸しています。岩石や土壌を採取し持ち帰ることが目的です。

物質同士には，個々が互いに引きつけ合う引力が働きます。これがニュートン（Isaac Newton）が考え出した「万有引力の法則（the law of universal gravitation）」です。距離が近づけば急激に引きつけ合います（引力［重力］は距離の二乗に反比例します）。この法則は太陽系など天体の運動を予測しています。前述のとおり6,550万年前に直径約10㎞の彗星が地球（メキシコ・ユカタン半島）に衝突し，恐竜を始め地上のほとんどの生物が絶滅しました。現在もこのようなリスクは存在します。宇宙の中で地球は極めて小さく，宇宙の極めて僅かな変化で壊滅的な影響を受けます。宇宙に存在する‘もの’，‘エネルギー’に比べれば地球に存在するものは0に極めて近いといえます。また，私たちが毎日見ている環境は宇宙の中では非常に稀で非常に脆弱です。

3.2.2　時間と空間と見えない世界

(1)　宇宙の発生と加速膨張

一方，宇宙の起源は約138億年前とされています。何もなかった1点からビッグバン（big bang）と呼ばれる大爆発によって高温高密度の状態が膨張し宇宙ができたと考えられており，非常に不思議な現象です。莫大なエネルギーが生じ，最初に単純な元素が作られ，ちりが次第にさまざまな天体を形成していきました。1929年には，現在もなお宇宙が膨張していることがわかりました。そして，1998年にはその膨張の速度が増加していることも判明しています。いわゆる「宇宙の加速膨張」が発見されました。

遠くから音源が近づいてくると音が高くなり，遠ざかると低くなることを日常生活で私たちは体験しています。いわゆるドップラー効果（Doppler Effect）

で，音の振動数が大きくなると音が高くなり，航空機が近くを飛行したり，爆発など，音速を超える波が発生すると衝撃波（衝撃音）が発生し，大きな騒音となります。オーストリアの物理学者，数学者であるＪ・Ｃ・ドップラー（Johann Christian Doppler）は，この振動数の変化を光が波の性質を持つことにあてはめ，恒星（光源）と観測地の運動（移動）から宇宙空間での距離を測定することを1842年に明らかにしました。この法則を用い，天体が測定地から遠ざかっていく速度が大きいほど振動数が減る（波長が伸び赤色のほうに変化）「赤方偏移（Red Shift）」という測定値から宇宙が膨張していることが予測されています。米国の天文学者エドウィン・パウエル・ハッブル（Edwin Powell Hubble）が銀河までの距離と赤方偏移を比較し，遠い銀河ほど遠ざかる速度が大きいことを発見したのが1929年です。アインシュタイン（Albert Einstein）は，宇宙の膨張を当初は受け入れませんでしたが，宇宙は膨張するか収縮するかのいずれかであることを1931年に認めています。

(2) ダークエネルギーの発生と見えない質量

　ビッグバン説の点が高エネルギーではじけたとすると，マイナスの加速度を持って動きが鈍くなるはずです。しかし，その膨張が加速している（スピードを上げて拡散している）ことから，宇宙に新たなエネルギーが生成されていることとなり，どこからこのエネルギーが発生しているのかという疑問が生まれます。時間に伴う宇宙の空間の変化に，また矛盾が発生しました。地球上での膨張を物理原則で考えれば，宇宙空間が膨張すれば（容積が膨張すれば）エネルギーが拡散し，膨張速度は低下（減速：負の加速度）していくはずです。しかし，加速しているのです。

　そもそも，今から180億年前は存在していたのでしょうか。「時間は進むだけなのでしょうか。時間が止まっているときはないのでしょうか。時間が止まれば空間に変化はありませんので，変化がなければ時間は進まないとの仮説は成り立つのでしょうか。時間，または空間に限りがあるのでしょうか。……時間における過去と未来への移動はできないのでしょうか。３次元以外の世界は存在するのでしょうか」など，わからないことばかりです。あるいは，３次元が存在しない場合，熱力学で示される原子，分子が熱運動が０となり完全に静止

する絶対温度（－273.15℃）が時間が止まった状態なのでしょうか。エネルギー源は全く不明です。「もの」の存在自体，現実か虚像なのかも怪しくなります。

　近年の宇宙物理学（天体物理学）における研究では，宇宙の膨張を加速させている原因は，宇宙には今まで人類が見出せなかったダークエネルギー（dark energy）が存在しているとする仮説が有力視されています。また，宇宙にある質量を計算すると，見えない重力源（光を発しない質量）が膨大にあることが判明しています。私たちが‘もの’として見ているもの以外に，ダークマター（dark matter）が存在しているという学説も証明され，既にその存在を検出するための具体的な研究が進んでいます。これらの存在と性質が解明されると，宇宙の存在，時間，空間の理解が飛躍的に進むと考えられます。これらの研究で，これまで私たちが理解している環境を根本から考え直さなければならなくなる可能性もあります。宇宙には，ダークエネルギー，ダークマターのほうが圧倒的に多いと考えられているからです。

3.2.3　解明されつつある未知の世界

⑴　粒子と波

　1926年にオーストリアの物理学者 シュレーディンガー（Erwin Schrödinger）が原子核の周りにある電子の軌道が定常波を描く現象を波動方程式によって証明し，原子よりも小さい物質量の最小単位（粒子と波）を時間の変化から力学的な性質を理論化する量子力学が発展していきました。‘もの’や‘エネルギー’は，目に見て存在を確認する世界から数式で予測した世界を超精密な設備，機器で検出し研究を進める時代に変化してきています。近年，シンクロトロン（*10）という陽子と陽子を衝突させ，僅かに発生した素粒子（Elementary Particles）などを検出，測定し，宇宙の始まりの状態を予測する研究が進められています。代表的な研究機関として，スイスのヨーロッパ素粒子物理学研究所（Conseil Européen pour la Recherche Nucléaire：通称；セルン，以下，CERNとします）が挙げられます。地下100mのトンネルの中に１周約27kmの粒子加速器が設置された大型電子陽電子衝突器には大型ハドソン衝突型加速器（Large Hadron Collider：LHC）が作られています。この巨大な設備によって，

原子を構成する極めて微少な素粒子を発見し，その物理的な性質を研究しています。

(2)　素粒子の発見

　素粒子とは，物質の構成要素について，これ以上分割できない最小の単位であり，直径が10^{-15}〜10^{-18}mの粒子をいいます。一般的にナノテクノロジーが原子の大きさである直径10^{-9}m程度のコントロールを対象としていることから，さらに百万〜十億分の1の大きさを扱っていることになります。既に発見された素粒子には，さらに分割可能なものもあり，微小な世界の研究は常に進化し続けていると言えるでしょう。2021年5月現在，素粒子は，物質を構成するものとして，次の17種類が発見されています。

　＊フェルミオン
　　・レプトン（相互作用をしません）
　　　　ニュートリノ，ミューニュートリノ，タウニュートリノ
　　・荷電レプトン（電荷を持ち，反粒子が存在します）
　　　　電子：原子の構成要素：電子の反粒子は陽電子です
　　　　ミュー粒子，タウ粒子
　　・クォーク（強い相互作用をします）
　　　　アップクォーク，チャームクォーク，トップクォーク
　　　　ダウンクォーク，ストレンジクォーク，ボトムクォーク
　＊ボソン
　　・ゲージ粒子（相互作用を伝達・媒介します）
　　　　光子（フォトン：電磁相互作用）
　　　　ウィークボソン：弱い相互作用：質量を持ちます
　　　　　Wボソン　電荷±1　（W^+　W^-：互いに反粒子）
　　　　　Zボソン　電荷0　Z^0
　　　　グルーオン（強い相互作用を媒介，重力子：重力を媒介する）
　　・ヒックス粒子（素粒子に質量を与えます）

　力を伝えるものとして，弱い力であるW^+/W^-，Zボソン，電磁気力である光子，強い力であるグルーオンがあります。そして，格子状に存在し素粒子に

質量を与えるヒックス粒子の存在が確認されています。ヒックス粒子の発見によってこれまで質量がないと考えられていたニュートリノにも質量があることがわかりました。

当初，ニュートリノがダークマターではないかと考えられましたが，宇宙における存在量（質量）が非常に小さく，この仮説はそのまま受け入れられてはいません。影または見えないまま目の前に存在するダークマターは，未だに正確には検出されていません。ただし，世界の多くの研究者が解明に取り組んでおり，未知の世界が見える日もそう遠くない可能性があります。近い将来，宇宙または身の回りの空間に存在する素粒子の位置，質量，運動量を決めることができないとされてきた量子論（不確定性原理）の新たな展開も期待できます。

(3) 原子核反応

素粒子を人工的に操作する研究は，フェルミ（Enrico Fermi）が1942年に世界で初めてウランの核分裂による原子炉の実験に成功したことに始まりました。直径10^{-14}〜10^{-15}mの原子核内の反応です。この研究から原子爆弾が作られることになり，人類は十分な知見がないまま愚かなエネルギー利用を行ってしまいました。その後，宇宙において目で見ることができるエネルギーを作り出している核融合も人工的に生じることができるようになり，人類および地球上の生態系すべてを破滅に導くおそれがある水素爆弾をも作り出しています。人類は，このエネルギーを原子力発電として平和利用を政治的に行っていますが，現在でも素粒子の性質が十分わかっていません。現状では，リスクの大きさを知るにはこれまでの経験的な知見が頼りとなります。最近の研究では，原子力発電所から廃棄される高レベル放射性廃棄物の処理を目的として，放射性物質の原子核を人工的に壊変させて半減期を短くする技術も開発されています。

図3.2.2 現在人の目で確認できる宇宙に膨大に存在する核融合によるエネルギー

高感度・高分解能の観測装置を備えた宇宙望遠鏡プランク（Planck）（*11）の観測結果に基づいて，2013年3月，欧州宇宙機関（ESA）（*8）は，宇宙にはダークマターは26.8％，ダークエネルギーは68.3％，原子は4.9％と発表しています。

　地球上での光合成を始め生命を維持するために最も重要なエネルギーは，太陽で起きている核反応によって作られています。太陽光発電，太陽熱利用，風力，水力，バイオマスなど再生可能エネルギーの多くは太陽からのエネルギーが起源です。太陽では，水素同士が毎秒約6億トン激しく衝突し反応し，約5億9,600万トンのヘリウムを生成し，400万トンがエネルギーに変換されています。しかし，この宇宙に存在する恒星で作られている膨大な核融合エネルギーよりもダークエネルギーのほうがはるかに大きいのです。

(4)　見えないところに存在する'もの'と'エネルギー'の解明

　人類は有限な地球の中で鉱物・エネルギー資源から作った製品を廃棄物へと変換させ，環境のバランスを変えてしまいました。その対処としてリデュース，リユース，リサイクルを行い，自然の物質循環に近づけようとしています。しかし，なかなか社会システムが整備できない状況です。おそらく，このシステムが構築されるより先に現経済システムで採掘できる資源は枯渇し，土壌，水域，大気に放出された廃棄物（あるいは廃棄された化学物質）が環境を大きく変えてしまうでしょう。

　この反面，素粒子レベルの研究が進んでおり，私たちがまだ確認できない微少な世界も解明されつつあり，地球を含む宇宙の成り立ちから現在の構成，将来の予測も研究されています。これまでに確認できなかったダークエネルギー，ダークマターが大量に存在していることもわかってきました。ニュートンが，錬金術で金を作っていたことは，自然科学者の行動として不思議でしたが，素粒子レベルでの解析，ダークマター，ダークエネルギーの性質が解明されてきますと，原子の人工的な生成も夢ではない可能性もあります。人類が欲に基づき莫大に排出してきた廃棄物も量子レベルで全く異なった循環システムができることも期待されます。人類が存在している間に，素粒子をさらに解明し，ダークエネルギー，ダークマターの正体を知ることができれば幸いです。

(5)　シンクロトロンによる研究

　従来より素粒子として電子が知られていましたが，原子核（陽子，中性子）の構成，相互作用に関しては，現在研究途上初期段階といえます。中性子は，

核分裂する際にその入射角，速度を制御し，原子力発電が行われていますが，明確なメカニズムは十分には把握されていません。また，高速増殖炉は，中性子を移動させる速度，挙動を制御することで核廃棄物とされるプルトニウム（原子爆弾の原料）をエネルギー供給に利用（平和利用）するものですが，経験則が多く，微少レベル（ナノメートルより小さいレベル）での理論的解析は不十分であると考えられます。

　科学技術は，原子のおおよその大きさであるナノメートルよりはるかに微小な粒子（10^{-15}～10^{-18}メートル）である素粒子が研究されており，化学物質（分子）を構成している原子の内部を解明している段階です。世の中にある百あまりある元素もシンクロトロンによって新しい元素も作られ，化学物質の構造式や化学合成を考えるのではなく，元素の構造から新たな化学的法則が見出されようとしています。したがって，シンクロトロンによる素粒子研究は，そのメカニズムを解明する重要な情報を整理することになると思われます。しかし，現状では17の素粒子の存在が確認できた状況であり，例えばヒックス粒子と他の粒子との相互作用で質量が作られることがわかった段階です。ニュートン力学（物理学）との関連については，数式の上で検討されているだけであり，今後の研究開発に期待したいです。

　また，日本の高エネルギー加速器研究機構（KEK）では，世界で最も大きなシンクロトロンであるCERN（スイス：大型ハドソン衝突型加速器）を用いた研究との共同研究で，生命化学分野まで解析が進んでおり，その他学術分野への応用も期待できます。また，これら微量研究から宇宙の始まりの状況，宇宙の膨張に関しての解明も進められており，基本的な原理解明が進められていくと考えられます。

　日本独自でも，日本原子力研究開発機構（JAMA）および高エネルギー加速器研究機構（KEK）が共同で，原子力科学研究所内に，J-PARC（Japan Proton Accelerator Research Complex）という大強度陽子加速器施設を建設し，2007年より運用しています。素粒子物理（陽子を加速器によって制御加速された中性子を衝突させその現象を測定），物理化学，原子力，生命科学（ガン消滅など放射線の特性を制御した医学的治療［第2章2.2参照］），等陽子加速器群と実験施設群における研究開発が行われています。

図3.2.3 　大強度陽子加速器施設（J-PARC）

　物質生命科学研究として，農業への応用や水素吸蔵合金（燃料電池用），原子核素粒子研究として，クォーク，ニュートリノ等素粒子（質量の解明など）研究および「核変換技術研究」では，長寿命核種に中性子を照射して短寿命の核種に変換することが進められており，高レベル放射性廃棄物の短時間でのリスク低下が期待できます。この研究が実用化されれば，数万年（または十数億年）かかる核廃棄物管理を数百年～1,000年程度に短縮することができます。

3.3

生物工学

3.3.1　ヒトゲノム

(1)　遺伝子の特徴

　生命化学は，生物の設計図である遺伝子（gene）を操作するレベルに達しており，その設計図を変えることや保全することも可能にしています。科学技術は宇宙のように時空で変化するマクロの世界だけではなく，生体内のミクロの世界も取り扱っています。このミクロの世界も研究されており，私たち自身の成り立ちやその存在についても解明しています。人間や生物を形作る遺伝子，いわゆるその設計図に基づき生物を発生させることも可能にしています。この技術を利用して，同じ遺伝子で創り上げた生物を複数作ることもできます。クローン製造（cloning）といいます。生物も工業的に製造でき，その量も調整できます。また，現在存在している生物にも，DNA（Deoxyribonucleic acid：デオキシリボ核酸），RNAウイルス（RNA virus）を意図的に体内に入れ込みその生物の健康を害したり，死滅させることもできます。人工的にウイルス感染させる生物兵器も既に作られています。DNA分子は，高分子化合物でヌクレオチド（*12）が鎖状に長くつながり，2本の鎖がより合わさったらせん構造（これを二重らせん構造という）をしており，2本一組で一個の分子になっています。このDNA分子状の区画が遺伝子を構成しています。

　ヌクレオチドは4種類あり，結合する塩基が異なっています。DNAのヌクレオチドの塩基には，炭素，窒素，水素が複数結合しており，その結合の違いからアデニン（A），グアニン（G），シトシン（C），チミン（T）に分けられています。なお，塩基とは酸を中和する能力のある化合物で，この性質を塩基性といいます。水溶液中でOH^-イオンを生成する化合物で，液体の状態（水溶液）ではアルカリ性といいます。

　なお，セルフクローニングは，自然界でも行われており，酒造における発酵菌でも行われています。一種の遺伝子操作技術です。しかし，遺伝子組換え安

全ガイドライン等では規制対象から除外されています。

(2) ゲノム

　また，ゲノム（genome）とは，遺伝子の集合を表す用語で，生物がもつ遺伝子（遺伝情報）の全体を意味します。生命を作り出すタンパク質は，遺伝子の情報をもとに転写・翻訳という過程を経て作られます。このヒトゲノムを解析することにより，医学・薬学・農学などの応用研究に極めて有用な情報を与えることができます。

　この情報解析をバイオインフォマティクス（bioinformatics：生物情報科学）といい，多くのデータベースを駆使して生命研究が行われるようになりました。現在では，バイオロジー（生物学）とインフォマティクス（情報学）の融合との位置づけが一般化し，生物が持っているさまざまな情報を計算機で解析しています。

　これら技術は，1953年に，J.D.ワトソンとF.H.C.クリックによって，DNAが二重らせん構造であることが解明され，それぞれのDNAの鎖は，ヌクレオチドが多数結合していることが確認されたときに始まります。塩基，リン酸，糖が結合したヌクレオチドは，人間のDNAには，約31億6,000万個連なっています。このDNAには，遺伝情報がすべて含まれており，この1組をヒトゲノムといいます。

　1970年代から1980年代にかけて，遺伝子組換え実験（遺伝子の切り貼り）が盛んとなり，1980年代終わりには，有用な遺伝子のほとんどを取り出すことが可能となりました。その後，ヒトゲノムの情報をすべて解読しようという研究プロジェクトが1990年に始まり，2001年2月に国際研究グループ（日，米，英，独，仏，中）とセレラ・ジェノミクス社が研究成果を発表しています。それによると，国際研究グループが91％解読した結果では，遺伝子の数が3万〜4万個，セレラ・ジェノミクス社が約95％解読した結果では，2万6,000〜3万9,000となっており，ヒトの遺伝子は，ショウジョウバエの遺伝子の数である1万3,338個の2倍程度にすぎないことがわかりました。これらヒトゲノムの解析は2003年に終了しています。

　バイオインフォマティクスの進展で，DNAを高速で解読できる次世代シー

ケンサー（Next Generation Sequencer）が開発され，莫大な数がある遺伝子・ゲノムの解析が高スピードで行えるようになりました。現在も情報科学の発達によりさらに高速で高性能な機能に向上しています。シーケンサー（*13）による解析結果の制度が格段と向上したことによって，遺伝子分析によって親子関係の解析，人の同定（人物の特定）も高い確率で可能となり，裁判の証拠としての能力・効力も格段に高まりました。

　また，人と他の生物のゲノムを比較し，生き物の進化の過程を予測する研究にも応用されています。DNA配列を理解することで，タンパク質の構造や機能を解明することが可能となり，疾患の根底にある原因を理解することが可能となってきており，遺伝子治療等による医療分野の発展も期待されています。

(3)　ウイルス

　伝染病の原因となる感染性の病原体には，細菌，ウイルス，プリオン，リケッチアと複数の種類があります。細菌（病原菌）ならば，消毒で特定の菌を死滅することができます。しかし，細胞を持たないウイルスは，細菌の数十分の１程度の大きさしかありません。ウイルスはタンパク質ですが，生物とは異なった性質があります。塩基配列を持っており，特定条件になるとその機能が動き出すため，プログラミングされた精巧なロボットのような不気味さがあります。さらに自然界でのコピーの失敗や，紫外線や放射線などエネルギーによっても知らぬ間に変異します。

　新型コロナウイルスは，世界各地で拡大できる感染能力を持ってしまいました。人の移動が急激に増えたため，パンデミック（世界に短時間で急激に感染）状態とも考えられます。これまで，マラリアなど蚊の媒介によって特定地域で感染（汚染）が発生するエピデミックは複数の地域で起きていました。2020年初旬から世界的に問題になっている新型コロナウイルス感染症は，パンデミック状態を回避するために特定地域に感染を封じ込め解決を図っています。最新の科学で注目されている遺伝子は，十分にアセスメント（評価）しなければ人類に脅威を与えてしまいます。ペスト菌の発見はフランス・パスツール研究所の細菌学者アレクサンドル・イェルサン（Alexandre-Émile-John Yersin）が1894年に発見しています。しかし，世界各地で流行したペストは紀元前から

発生していますが，病原体は不明なまま拡散しています。1347年から1353年の流行では，欧州の人口の約3分の1が死滅したといわれています。感染源を特定するには疫学調査も重要です。疫学調査とは，疾病等について，地域等集団を対象として，原因，発生条件を統計的に分析する手法です。病原体の性質が不明確な場合は，発生源に関する統計データによる分析，経時的な推定，公衆衛生学による研究等総合的な解析が，再発防止・拡散防止，予防にとって極めて重要です。

　ウイルスは，生物と異なり細胞がなく，自己増殖はしませんが，他の生物の他の細胞に入り込んで自己を複製させます（コピーを作ります）。極微小な感染性の病原体です。細胞の中で増殖すると細胞が破裂して，他の細胞に入り込んでいき体内で増殖していきます。胃腸炎を発生させるノロウイルスは，0.030〜0.038μm，風邪の原因となるインフルエンザウイルス，新型コロナウイルスは約0.1μmと極めて微小です。なお，原子は，約0.001μmです。目に見えないリスクは，科学的に理解しにくいため，疫学調査結果による短期，中長期的対処の研究が必要です。

　また，細胞を持ち栄養源があれば自己増殖する細菌（0.5〜15μm）と違い，ウイルスは性質や大きさが異なるので抗菌薬（抗生剤，抗生物質）は効果がありません（*14）。有効な感染防止対策としては，「ワクチン」接種があります。抗ウイルス薬も僅かですが存在しています。ワクチンとは，ウイルスや細菌などの病原体を不活性化または無毒化したものです。これをヒトに接種することにより，病原体に対する免疫が強化され，病気を予防したり，症状を軽くしたりできます。がんの場合は，がんに特異的な抗原をワクチンに用いて治療することが考えられています。がんワクチン（cancer vaccine）は，ウイルスの感染防止，治療目的で開発が進められています。

3.3.2　遺伝子資源

(1)　遺伝子操作技術の開発

　遺伝子組換え操作の実用化が進められた際に，遺伝子が改変された「組換え体」の未知の危険性が懸念されました。宿主（遺伝子が貼り付けられる遺伝子）とベクター（切り取られ宿主に貼り付けられる遺伝子）のそれぞれの性質

を調べ，ハザードの評価が行われました。この問題意識に関する国際的な会議は，1975年米国カリフォルニア・アシロマで開催され，科学者等が集まり遺伝子組換えに関するリスクについて検討されました。

その結果次のコンセンサスが得られました。

「潜在的リスクに対処する合理的原則は，以下のとおりである。ⅰ）封じ込めは，実験計画において必ず考慮すべきであり，ⅱ）封じ込めの有効性は，可能な限り推定リスクに見合うべきである。したがって，いかなる規模のリスクにも相応した，さまざまな規模の封じ込めが必要である。」

したがって，封じ込め等曝露を極力減らすことで，リスクを減少させることが推奨されました（［リスク概念式］リスク＝ハザード×曝露）。ハザードへの不安があったため，このような結果が示されたと考えられます。原子力発電，インフルエンザ感染，新型コロナウイルス感染においても３密防止（密閉，密集，密接）と同様に曝露の防止が訴えられています。

その後，1976年に世界初の「組換えDNA関連の実験ガイドライン」（［米国］国立保健研究所：米国NIH［National Institute of Health］）が公表され，このガイドラインを参考にしたバイオテクノロジーの発展に関するリスク対処が各国で進められます（*15）。

ガイドラインによるリスク低減としては，「生物学的封じ込め」および「物理学的封じ込め」による労働環境，一般環境中への放出を防止することが定められました。実験施設を陰圧にし，排気口にはHEPAフィルター（目が細かいフィルター）の設置で，遺伝子組換え体（これまで自然には存在しなかった生物）の移動の制御が定められました。ただし，リスクの基本的考え方は，ハザードに関しては遺伝子操作実験に使用される生物の個別リスクを超えることはないというものでした。したがって，遺伝子が組換えられて新たな生物（LMO［Living Modified Organism］：トランスジェニック［transgenic］生物）には，新たな性質が生まれることへのリスクは考えられていませんでした。曝露を極力小さくしてリスクを最小限にする方法がとられました。

多くの研究者の考え方は，経験上今まで事故，問題が起こっていないことから安全である（リスクが低い）との意見が中心でした。遺伝子組換え技術で，遺伝子が持つ特定の性質を他の生物（または細胞）に組み込むことで特定の化

学物質（薬剤）を大量に生産することができるようになりました。異なった性質を持った生物を製造することもできます。糖尿病の治療薬であるインスリンのように値段が高い医薬品を，病原性が高く増殖力が高い細菌の遺伝子を利用して大量培養し，病人に安価に提供できるといったメリットが注目されていました。このため，病原性の高い細菌などの厳重な管理に慎重な対応がとられていました。

　しかし，組換えられた遺伝子を持ち，新しい性質を持つ生物が発生すると，生態系への変化が懸念されます。既に，遺伝子組換えされて自然界の中で生命力が急激に高まったアブラナが，何らかの理由で日本に持ち込まれ鹿児島，岡山等で繁殖しています。外来生物による在来種の駆逐など自然破壊と同様な問題が懸念されます。その他，遺伝子組換えされ，急激に品種改良した遺伝子には知的財産権があるため，国家間の争いも起こっています。

(2)　生物多様性

　このような状況を経て，2003年に発効した「生物多様性条約」に基づいて「カルタヘナ議定書」で，遺伝子組換え体からの環境リスク対処が定められ，国際的なコンセンサスが形成されました。遺伝子組換え医薬品，農薬，食料品に関しては，日本では製品ごとに「個別審査」が行われており，未だ遺伝子組換え体を利用した野外実験は行われていません。

　遺伝子組換え食品に関しても，「食品衛生法」，「農林物資の規格化及び品質表示の適正化に関する法律」によって審査されており，表示が義務づけられています（遺伝子組換えでない食品は表示は任意ですが，日本では遺伝子組換え技術を利用した食品を嫌う消費者が多いことから，経営戦略上表示している場合が多くあります）。

　遺伝子組換え技術を利用することによって，効率的な生産が可能になることから，安価で性能が良い商品が大量に生産できる利点があります。繁殖力が強い細菌やウイルスなどを利用して，インスリン，インターロイキン，インターフェロンなどの医薬品が効率的に生産（薬価を安価にできます）されています。しかし，繁殖力が強い菌やウイルスなどは病原体である場合が多く，その取扱いに注意を要します。

　新たな生命を発生させる発生工学も発展しつつあり，クローンも既に動物実験が複数の国で成功しています。畜産業では，有用な家畜を作り，クローンを作ることもできます（クローニング）。最高級の肉類を同じ品質で大量に生産することができます。1996年7月にはイギリスのロスリン研究所がクローン羊の第1号「ドリー」を誕生させることに成功し，その後，サル，牛などでも成功しています。食料供給に関しては良い質の商品が安価で大量に生産（短期間で成長）できる可能性があります。人そのものもクローンを製造する技術が開発され，ドイツで製造の目前まで行きましたが法令で禁止となりました。日本でも，「ヒトに関するクローン技術等の規制に関する法律」が2001年6月から施行されています。今後の動向が注目されます。なお，発生工学を利用した「ES細胞」と「iPS細胞」（*16）で，臓器のみを発生させ，医療に役立てる方法も開発されています。

⑶　バイオレメディエーション

　微生物は，環境中には莫大な種類が存在し，人類の汚染を改善する際にも利用されています。下水道の汚濁水を浄化しているのは，活性汚泥層に存在する微生物です。富栄養化で汚れた排水の浄化でも一般的に使われています。

　陸上や海上での油濁汚染の際に，分散剤と栄養分（窒素，りん）および微生物を混合したバイオレメディエーション剤を散布し，油を分解（微粒子にして拡散）し現状修復が実施されています。ただし，特定の微生物の繁殖，または食物連鎖によってその微生物を食べる動物や魚類へと汚染が拡大することも懸念されます。いわゆる，生物濃縮です。既に一般的に利用されていますが，今後有害物質の環境中での挙動を明確に調査把握する必要があると考えられます。身近では，分散剤として使用される界面活性剤（家庭用洗剤にも配合されています）の有害性も確認する必要があります。また，混合される微生物に遺伝子操作を加え除去機能を高めたバイオレメディエーション剤も開発され，海外では既に使用されています。

　なお，散布地域（汚染地域）の土着の微生物を利用する場合は，微生物は配合されません。浄化作用は，環境条件で変化するため，安定した効果を得にくい欠点があります。特に気温，水温などが低い地域は効果があまり期待できま

せん。

⑷　遺伝資源へのアクセスと利益配分

　産業界の中では，特に医薬品業界における研究開発費用が大きく，企業によっては1つの新薬の開発，実用化，普及で，収益の中心となっているところもあります。1つの医薬品開発に1,000億円以上も投じる場合もあり，基礎的な研究が重要となっています。特殊な植物微生物など生物から抽出される成分が薬品として極めて重要な効果を生む場合もあります。この場合，その生物の存在していた場所の国の財産権（知的財産権）に関しては「生物の多様性に関する条約（Convention on Biological Diversity：CBD）」（1992年採択，1993年発効）の目的（*17）に従い「各国は，自国の天然資源に対して主権的権利を持ち，遺伝資源への取得のアクセス（Access：機会）について定める権限は，当該遺伝資源が存する国の政府に属する。遺伝資源にアクセスする際は，提供国の国内法令に従う。」（本条約15条）と規定されています。

　これにより国際条約によって「遺伝資源の取得の機会及びその利用から生ずる利益の公正かつ衡平な配分（Access to Genetic Resources and the Fair and Equitable Sharing of Benefits Arising from their Utilization）」が定められました。遺伝子は，生物の性質の重要なプログラムであり，知的財産権ということとなります。遺伝子（遺伝子情報）を保存する遺伝子バンクは各国で作られています。

　遺伝資源の取得のアクセスとその利用から生ずる利益の公正かつ衡平な配分は，ABS（Access and Benefit-Sharing）（*18）と称されています。自然に存在する遺伝子資源は，医薬品開発をするための知的財産となっていますが，米国は自国の経済的利益の損失を理由に当該条約を批准（参加）していません。自然の遺伝資源は，途上国が多く国内法の整備をしています。

3.3.3　バイオミミクリー（バイオミメティクス）

⑴　自然から得られた知的財産

　音楽は，音符など楽譜から得られた情報で演奏されます。五線譜に基づいた西洋発祥の譜面が，現在世界で最も広く用いられていますが，民族音楽などで

はさまざまな楽譜があります。無形文化遺産（Intangible Cultural Heritage）になった民族音楽などの演奏のための記号には，五線譜に基づかないものもたくさん存在します。川の流れや鳥のさえずりなどにヒントを得て魅力的なメロディが生まれることもあります。プログレッシブな音楽も次々と生まれています。近年では，自然をそのまま音楽にしたヒーリング・ミュージック（癒やし音楽）も音楽の1つのカテゴリーとなっています。自然（人文科学分野）の著作物といえます。

　自然からヒントを得て作り出されるアイディアは，音楽以外の多くの分野でも活用されています。古くは，「モナ・リザ」，「最後の晩餐」など革新的な絵画を描き，彫刻家，哲学者，科学者でもあったレオナルド・ダ・ヴィンチ（Leonardo da Vinci）が，自然を綿密に観察して先進的な知見を見出しています。まず自然を理解するために，人や動植物に関する解剖学的知識，月による潮の干満や気象・地質に関する考察，化石に関する推論など自然をさまざまな視点から分析しています。そして，生物の観察から現在の科学技術につながるものも考案しています。例えば，トンボや蜂の動きからヘリコプターの原理を描き，鳥から人が空を飛行する方法も示しています。

図3.3.1　ヘリコプターの原理となったトンボ

　ヘリコプターのように急に停止したり，飛んだままでの空中で静止，急な方向転換，加速も可能です。羽をはばたく回数は毎秒20〜30回くらいで時速80kmのスピードも出せます。その理由は，羽が3/1,000mmで柔らかく，1枚ごとに筋肉がついており，4枚の羽を独立して自由に動かすことができることから，多様な飛び方ができます。レオナルド・ダ・ヴィンチの観察力が極めて高いことに驚かされます。

(2)　自然生物の模倣

　生態系を形成している莫大な生き物が持つ形，機能，システムから学んで，科学技術や社会システムに応用する「バイオミミクリー」という手法があります。この言葉は，「バイオ（Bio）：生物，生命」と，「ミミクリー（mimicry）：

模倣，擬態」の2つの単語を組み合わせた造語です。バイオミメティクス（biomimetics）ともいわれます。

　自然は知的財産の宝庫ですから，レオナルド・ダ・ヴィンチのように柔軟な思考で繊細な観察を行うと，いままで考えもしなかったアイディアが創出できる可能性があります。動物や魚など変わった形のものがたくさんいますが，みんなそれぞれに自然の中で長い期間をかけて，生きるための合理的な機能を身につけています。現在も進化が進んでおり，新たな種も誕生しています。この進化の過程も重要な知識であり，過去から未来への重要な知見を整備しているといえます。また，宇宙における地球外生命の存在に関する研究にも役立てています。

　そもそも人は自然の一部ですから，自然に適応するために多くの知識が備わっています。長い年月をかけて積み重なった生きていくための経験が遺伝子の中に記録されています。しかし，科学技術の発展は，それら大切な知識をしまい込んでしまい，存在自体忘れ去ってしまいました。科学技術は，最初は自然を解析して発展したものですので，皮肉な結果になっています。

　他方，われわれの身の回りには，自然の知識であるバイオミミクリーによって得られた技術が既にあちらこちらに存在しています。蜂の巣状にした形（六角形の穴を複数組み合わせた形）を模倣したハニカム構造（honeycomb structure）は，構造物の強度を高めたため軽量材料を実現し，金属製品，段ボールなどに使われています。これら材料の普及によって，鉱物資源，森林資源および移動等エネルギーの消費削減になりました。約5億1,000万年前から海に生息しているオウム貝は，遺伝子に膨大な情報を持っていると思われます。この形態を参考にして静かな音の扇風機のファンが考え出されました。この開発により騒音が軽減されました。また，水圧が海面の数十倍になる水深約600mで生息できる生体の構造（殻）は，潜水艦の設計に活かされています。

　湿地帯や川などで張り出した枝などにとまり，水中の魚などをみつけると急降下して長いくちばしでつかまえ食しているカワセミも先端技術に模倣されています。すばやく静かに餌を捕獲するために，空気抵抗を抑えたくちばしの形は，高速走行する新幹線の先頭車両に応用されています。空気抵抗を減少させることができ，スピードアップに貢献し省エネルギーも実現しました。騒音も

削減されたことで，環境問題解決にも役立ちました。すなわち，製品としての環境効率の向上（性能アップと環境負荷の減少）が実現しました。

　植物でもその構造が注目され，身近な技術になったものがあります。7〜8月頃美しい花を咲かせる蓮の葉には，無数の小さな突起が存在し，ロウ（ワックス）質であることから水をはじく性能があります。大きな葉に水が溜まると茎や葉が痛み，夏の昼間には高温になり，枯れてしまう可能性もあります。水をはじくことでこのような問題は回避できます。この性質を利用したものが，撥水加工技術です。プラスチックで，目に見えないくらい小さい突起物を撥水したい場所につけ（スプレーの場合，吹きつけ），水滴をはじくようにしています。しかし，この突起物がとれてしまえば，撥水効果はなくなります。

　自然に生息する生物は数十億年をかけて進化し，無駄を極力除き，リスクを回避する能力が備わっています。多種多様な生物の遺伝子には，地球で生きていくための貴重な情報・マニュアルが蓄積されています。生物の形態だけではなく，生態にも自然と調和していくための方法が秘められています。生物を模倣することは，自然から逸脱した人の生活を軌道修正できる可能性があります。

(3)　自然が持つ科学技術

　バイオミミクリーは，既に多くの技術を作り出しており，人の生活の至る所に利用され，多岐にわたる分野で取り組まれています。医療分野では，気づかない間に人の血を吸う蚊の針から痛みを感じにくくする注射針が開発されています。おそらく，多くの人が期待していると思います。医薬品に関しても動植物の遺伝子によって作り出された特殊な能力は，比較的容易に化学的構造が解析され，新薬などが作られています。しかし，この生物が持つ能力は，その生息地が存在する国の財産であることが国際条約で取り決められました。前述の「生物多様性に関する条約」で，そもそもは生物を保護することを目的として制定されたものです。貴重な生物の保護が拡大していくことが予想されますが，ABSに注目しすぎると生物が単なる経済的な価値のみでしか取り扱われなくなるおそれがあります。土地，領海などの所有権に関しても国家間の争いが絶えませんが，自由に生息している生物にまで人の所有権争いが始まっています。科学技術に関した産業財産権，音楽やキャラクターなどに関した知的所有権に

ついても，世界各地で不法行為が続発し，違法な商品で大きな市場ができています。バイオミミクリーによって開発されたものも，国家間によって著作権違反が発生しています。

　知的財産権を公平に保護しバイオミミクリーの研究開発を進めることによって，人が自然と調和していくための極めて重要な知識が得られると考えられます。人をはじめ多くの生物の遺伝子の性質はバイオインフォマティクス研究でほぼ解明されていることから，ゲノム情報を有効に利用した生物工学の発展が期待されます。生態系の中で合理的な活動を繰り広げている動植物の形態や生態を見つめ直し，私たちの技術がより自然に近いものになっていくことが望まれます。

【第3章 注釈】

(*1) 人類は，ものの最も簡単で基本的な構成要素を元素と考え，ギリシャ哲学では，地，水，空気，火の四元素，仏典では，地，水，火，風の四大（しだい：四元素）としました。この4つの元素からすべての物体が成り立っているとしています。

(*2) 低温のガスや塵でできており，背景の星雲や星の光を吸収・散乱し，遮り暗くみえます。この現象で自身を黒いシルエットで浮き上がらせています。オリオン座の馬頭星雲，射手座の無定形星雲，白鳥座の北アメリカ星雲，へびつかい座のS字状星雲，南十字星のコールサックなどがあります。

(*3) 地球には毎年3,000個以上もの隕石が落下しており，直径が1kmを超えるようなものは10万年から100万年に一度落下しているとされています。そして，直径が800m以上の小惑星が約1,000個も地球軌道の周囲にあるとされています。

(*4) メキシコユカタン半島にある隕石の落下跡とされるチクシュルーブ・クレーター（Chicxulub crater）が存在しています。

(*5) 火山から放出される二酸化イオウは，環境中では無色の刺激臭がある気体で，生体へ刺激性があり，粘膜を冒し，中毒も発生させます。常時吸引すると気管支炎や結膜炎などを引き起こします。比重が空気の2倍以上あり，地表に滞留しているため，くぼみなどに生物（人も含む）が落ちると窒息死する可能性があります。水に容易に溶け，いわゆる酸性雨（亜硫酸）の原因となり，金属をはじめ多くのものを腐食します。

(*6) スノーボールアース仮説と呼び，1992年にカリフォルニア工科大学のジョセフ・カーシュヴィンク（Joseph L. Kirschvink）がアイデアとして専門誌に発表し，1998年にハーバード大学のポール・F・ホフマン（Paul F. Hoffmann）が科学雑誌「サイエンス」に投稿したものです。

(*7) 英国の医師，物理学者，自然哲学者であるウィリアム・ギルバート（William Gilbert）は1600年に地球は1つの大きな磁石であると主張し，ドイツの学者，天文学者，物理学者であるヨハン・カール・フリードリヒ・ガウス（Johann Carl Friedrich Gauß）が1828年に地磁気の研究を行っています。

(*8) 欧州では，1975年に欧州各国で宇宙開発・研究機関である欧州宇宙機関（European Space

Agency：ESA）が設立されています。本部はフランスにあります。

(*9) 航空機は，大気がほとんどなくなり，大気からの抵抗が少なくなる10km程度の高度で飛行することが多く，オゾン層の中を飛んでいるといえます。宇宙ステーションはかなり高い位置の地球の軌道を回っています。

(*10) 円形加速器の一種で，粒子を入射器で数百万電子ボルトに加速されたあと強力な電磁石でつくられる磁場を持たせたリング状の管の中に入れられ，高周波電圧により加速させる装置・施設です。

(*11) 「量子論」研究の功績で918年にノーベル物理学賞を受賞したマックス・カール・エルンスト・ルートヴィヒ・プランク（Max Karl Ernst Ludwig Planck）にちなんでつけられた名前です。プランクは E＝hν で表されるエネルギーの量子仮説を示しました（E：エネルギー，h：プランク定数［h＝6.626×10⁻³⁴J・秒］，ν：振動数）。

(*12) ヌクレオチドとは，ヌクレオシドの糖部分がリン酸エステルです（なお，ヌクレオシドとは，塩基と糖部分が結合したものです）。またリン酸エステルとは，脱水縮合したものです。

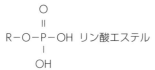

(*13) 日本産業規格（Japanese Industrial Standards：JIS）では，「シーケンスとは，現象の起こる順序をいう。シーケンス制御とは，あらかじめ定められた順序，または一定の論理によって定められる順序に従って，制御の段階を逐次進めていく制御をいう。」となっており，入力された信号によって，PCプログラムに従い出力をコントロールすることで複雑な配列を解析することができます。

(*14) 消毒とは，特定の病原菌を殺すもので，滅菌とは高温高圧処理などですべての生物を殺すことをいいます。特定のウイルスの機能を封じ込める方法は極めて困難です。病原性細菌とは病原体として全く異なります。

(*15) 当時，日本では「遺伝子組換え安全指針」が作られました。文部省（当時）では，1979年3月「大学等の研究機関における組換えDNA実験指針」（文部省告示），科学技術庁（当時）では，1979年8月に「組換えDNA実験指針」（内閣総理大臣決定）が発表され，その後適宜改訂されていきました。

　その後，技術の発達とともに研究段階から実用化，普及段階へと進展し新たな安全ガイドラインが必要になりました。そして，製造段階の安全指針が1986年にOECD理事会で「産業活動で組換え体を利用する場合の安全確保に関する基本的考え方」が公表され，各国がこの基本的考え方に従って，当該技術を普及させていきました。日本でも，各省庁縦割りでガイドラインを作成・公表されました。

　なお，遺伝子組換え生物はLMO（Living Modified Organism）またはGMO（Genetically Modified Organism）と表現されることもあります。

(*16) ES細胞は，胚性幹細胞（embryonic stem cell）の略，iPS細胞は，人工多能性幹細胞（induced pluripotent stem cell）の略。どちらも体のさまざまな組織や器官の細胞に分化する能力をもっています。ES細胞は，発生初期の胚から細胞を取り出してつくられます。iPS細胞は，体の細胞を初期化することによりつくられます。出典：文部科学省・次世代がん研究シーズ戦略的育成プログラムHP「用語集」より引用。アドレスhttp://p-direct.jfcr.or.jp/word/（2020年12月）

(*17) 生物の多様性に関する条約の目的には，「1．生物の多様性の保全，2．生物多様性の構成要素の持続可能な利用，3．遺伝資源の利用から生ずる利益の公正かつ衡平な配分」が定められています。

(*18)　2010年にわが国の愛知県で開催された「生物の多様性に関する条約」第10回契約国会議
　　（COP10：Conference of the Parties 10）でABSを推進するための基本的規定が，「生物の多様性に
　　関する条約の遺伝資源の取得の機会及びその利用から生ずる利益の公正かつ衡平な配分に関する名
　　古屋議定書（通称：名古屋議定書）」で定められ採択されている。当該議定書は，2014年に発効され
　　ましたが，日本の参加は2017年と遅くなっています。

第**4**章

物質とエネルギー

4.1

超微小空間

4.1.1　原子，分子の配列

(1)　原子レベル，分子レベル

①　ナノテクノロジー

　ナノとは10億分の1を表し，原子が1ナノメートル（10^{-9}m）前後であることから，原子レベルで材料を操作する技術ということでナノテクノロジーと名付けられています。金属の構造は，電子顕微鏡やX線回折分析装置（結晶質のもの）などで解析されます。

　ナノテクノロジーの概念を最初に提唱したのは，物理学者のリチャード・ファイマン（Richard Phillips Feynman）です。1959年にカリフォルニア工科大学で行った講演で，原子レベルの微少な操作が潜在的に非常に大きな可能性を秘めていることを論じました。現在では原子レベルより小さい素粒子レベル，存在自体の解明が行われているダークマターへと進展しています。微小，目に見えない粒子は，さらに多岐にわたっていくと予想されます。

②　ものの根源

　地球上で見つけられた元素は118個あり，環境中に存在しているのは，92個（原子番号92［ウラン］まで）です（2021年5月現在）。原子番号93以上の元素は，プルトニウム（原子番号94）など原子力発電所などで人工的に作られてしまうものや，シンクロトロンなどを使って故意に作ったもの（原子番号104番以上）です。今後さらに新たな元素が作られる可能性があります。自然や人工物のすべては，92種類程度の元素で作られており，これらのつながり方の違いでさまざまなものを形作っています。視界に広がる世界は，元素まで分けてしまうととても単純になってしまい，複雑と思っている莫大な物は一種の「幻」のように思えてきます。さらに元素を素粒子まで細かく分けると，ものの存在自体が不思議に感じてきます。その分子を分解してしまえば，元素の量の違い

だけになります。人工的に安定した新たな元素が誕生すると，実社会の物質構成が大きく変わる可能性があります。プラスチックのように炭素と水素の化合の仕方を変えただけで，物質に支えられた成分名称はまったく変わり，自然環境中で分解して多くが残存してしまいました。

　紀元前6世紀頃から発展したギリシャ哲学では，地，水，空気，火が，万物の根源要素とされています。この考え方には疑問があります。人，人工物および生物（生態系）がどのような位置づけであったかということです。地と水，空気（二酸化炭素）および光から光合成でバイオマス（生態系）が作られていることから，万物の存在している一過程にすぎないとも考えられます。人の体の中，自然，太陽系，宇宙，宇宙ができる前，将来などわからないことばかりです。人類が持続可能に存在するには，そもそものものの根源を解明していかなければなりません。

③　ミクロな世界

　サイエンス・フィクション（Science Fiction：SF）で考えられていたものが，少しずつ現実になりつつあります。さまざまな携帯通信機器，電子調理器，ロボットと次々と実用化，普及しています。

　1966年に作られた映画「ミクロ決死隊（原題：Fantastic Voyage）」では，ミクロ化した医療グループを患者の体内に送り込み治療するといった空想科学小説を実写化しています。具体的内容は，物のミクロ化を研究していた科学者が脳内出血を起こしてしまい，この科学者の命を助けるためにミクロ化した医療チームを乗せた潜航艇を脳内部に入り込ませ，脳を内部から治療していく様子が描かれています。超微小な部分にレーザーを使って切り取る手術方法など現在実用化しているものもあり，非常に先進的なアイディアが紹介されています。前述の放射線医学総合研究所で研究開発・実用化を行っている重粒子線治療（炭素イオン線を使用）によるガン治療など，現在ではさらに複雑な体内の特定部位に対する医療が既に進められています。医学，物理学，化学，生物学など複数の学術分野の総合的な研究進展の賜物といえます。

　他方，薬の研究開発も急激に進んでいます。手術と異なり薬による治療は，分子レベルの生体反応が，細胞内にある特定の分子に作用しています。上記の

ミクロ化した医療チームに当たる薬剤（薬の分子）が，病気の原因の分子にたどり着いた段階でその機能を発揮することとなります。例えば，ペニシリンは，人の細胞を破壊することなく，細菌の細胞を選択的に破壊します。そして副作用がほとんどないとされています。技術の進化が適正に進んだ例といえます。

　工業面においても原子を操作する技術が著しく発展しています。半導体の性能が向上したおかげで，コンピューターの可能性が大きく広がりました。ハリウッドのSF映画のストーリーには，この飛躍した技術が不可欠になっています。遺伝子操作に関しても，人工的に作られた超人をはじめ新たな生物がしばしば登場します。その反面，1990年代からクリントン政権下（ゴア副大統領が中心）における米国のNII（National Information Infrastructure：国家情報基盤）政策の推進，GII（Global Information Infrastructure：地球規模の情報ネットワーク）の進展による世界的インターネットの普及などから，「ターミネーター」や「アイ・ロボット」など電子機器の暴走によるリスクが懸念されています。また，遺伝子操作技術の発展によるウイルスや細菌などのDNA（Deoxyribonucleic acid），RNA（Ribonucleic acid）機能の利用の改変，クローン技術など発生工学の応用による未知のリスクに関して，「バイオハザード」，「アウトブレイク」，「ジェラシックパーク」などでバイオテクノロジー技術の新たな危害を警告しています。

④　アルコール

　世界各国で一般的に飲まれているアルコールは，人の嗜好品であり，重要な燃料にもなります。嗜好品となるアルコールは，エチルアルコール（C_2H_5OH）であり，**図4.1.1**のような分子構造をしています。2つの球が炭素，1つの球が酸素，6つの球が水素です。わずか3つの元素でできている分子です。酒類の重要な成分で，糖類のアルコール発酵によって生成されます。分留（沸点の違いを利用して成分を分離）すると，エチルアルコール濃度が高くでき，含有成分の種類を削減できます。英国のスコッチウイスキーなど泥炭（質の悪い石炭）を燃焼させ分留したものは，燃料に含まれる不純物成分がわずかに入り込むこともあります。この微量の含有成分のおかげで独特の味や香りになることもあります。人は，この不純物（分子）でも好んで飲んでいます。アルコール

が酸化して生成するアルデヒド（-CHO）化合物は，血液に入り込み頭痛などの原因になります。多量に摂取すると肝臓障害を起こし，継続的な摂取で肝硬変，肝臓ガンのおそれもあります。その他の用途として，不凍液（凝固点降下），医薬品，消毒剤（揮発による冷却）として使われており，ガソリンの代替品として自動車用燃料にも利用されています（*1）。分子レベル（原子が複数結合すること）では，生体や他の物質に作用しさまざまな機能をもちます。

　また，エチルアルコールの炭素が1つ減るだけで，人が摂取した際の体への影響は大きく変わります。炭素が1つになるとメチルアルコールとなり，有害性は急激に増加し，急性的な毒性（早期に現れる健康被害）として，刺激性・腐食性（皮膚，眼・上気道），臓器毒性（脳神経系）があり，8～20gの摂取で失明，30～50gの摂取で死亡に至るとされています。安全面から工業でもなるべく使用しない工程が考えられています。

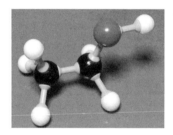

図4.1.1 エチルアルコール（エタノール）の分子模型

　エチルアルコールが酸化（空気に曝される）するとアセトアルデヒドを生成し，二日酔いの原因ともされています。飲酒による肝硬変，がん発症の原因物質です。さらに酸化すると酢酸となり，料理などに使われる化合物になります。

(2)　ドレクスラーが考えた世界

　1981年に米国科学アカデミー会報で米国の工学者であるキム・エリック・ドレクスラー（Kim Eric Drexler：以下，ドレクスラーとします）（*2）が発表した分子テクノロジーに関する専門論文に注目すべき内容が示されています。

　ドレクスラーが考えた分子テクノロジーでは，分子や原子をナノテクノロジーによって，直接あらゆる製品を作り出そうというもので，「アセンブラー（assembler）」という機械に，炭素や酸素，窒素などを入れ，パンや肉，野菜など食べ物から自動車，飛行機，日用品に至るまで，原子から組み立てて作り出そうというものです。私たちの身の回りのものすべてが前述のとおり100余りの元素でできていることから，それらを組み合わせればどんな複雑なものも

製造できると考え，原子をコントロールすることで人工物を作り出せるというものです。この考え方には，多くの科学者が否定的な意見を示しています。

　この論文が発表された翌年には，IBMチューリッヒ研究所のゲルト・K・ビーニッヒ（G. K.Binnig）とハインリッヒ・ローラー（H. Rohrer）が走査型トンネル顕微鏡（Scanning Tunneling Microscope：STM）を開発しています。この顕微鏡は，探針を使って，原子サイズで部分的に化学反応を起こすこともでき，超微細な電子素子の開発に応用されています。アセンブラー開発に一歩近づいたといえます。

⑶　ナノテクノロジーのデメリット

　物質は，分子の１つの原子が増減したり，入れ替わったり（置換）するだけで化学物質の性質状態が大きく変わってしまいます。フッ化水素（HF）は，金属やガラスも溶かしてしまう極めて危険な化学物質ですが，反応性が高いためにすぐに安定な（安全な）状態に変化します。歯磨き粉にもフッ素化合物が配合されたものもありますが有害ではありません。

　化学工業では，化学物質を一定の環境条件のもとで反応させ，極めて多くの有益な化学製品を生産しています。化学反応を利用して分子，原子を操作しています。しかし，これらの反応では，目的としているもの以外にも不必要なもの（副生成物）も作り，これら性質を事前によく調べなかったため，さまざまな公害を発生させています。有害性が判明した化学物質を排出し，犯罪行為をした例もあります。現在の私たちの生活を効率的にするために不可欠となった経済システムが，人の生活を豊かにするという技術の本来の目的を見失わせています。

　兵器として開発され，一般環境を変えてしまったものもあります。原子力エネルギーの開発で原子爆弾（核分裂と核融合）が作られ，その後平和利用として原子力発電（現状では，核分裂のみ）が行われています。人工的に核反応を行ったことによって，地球上にはほとんどなかったプルトニウム239（半減期：約２万4,100年），セシウム137（半減期：30.1年），クリプトン85（半減期：10.76年）など放射性物質の存在量を急激に高めました。人や生態系への放射線によるリスクが高まったことになります。

　福島第一原子力発電所事故でメルトスルーを発生させた原子炉（nuclear reactor）の内部に関する状況把握や放出された放射性物質汚染の除去・改善がなかなか進んでいません。核反応は，ナノメートル以下の大きさである中性子を操作する高度な微小粒子操作技術が必要となります。これには，素粒子（波と粒子，場）の知見を深めなければなりません。したがって，数式が中心の肉眼では確認できない世界です。

図4.1.2　**核反応を発生させている原子炉内部**
　原子炉内の軽水（純水）は，タービンを回転させるための水蒸気源であり，水自体中性子を減速させます。また，制御棒（ステンレス鋼で被覆された炭化ホウ素，カドミウム化合物など）で中性子を吸収させ核反応をコントロールしています。

(4)　ナノテクノロジーのメリット

　製品が原子レベルで正確に組み立てることができれば，理想的に無駄はなくなります。工業における副生成物がなくなり，廃棄物も原子レベルですべてリサイクル可能になります。しかし，人類がこのような技術を持つのは，まだかなり時間を要します。まず，制御できる部分から進めていくことになります。

　2013年に10月に熊本県水俣市で採択された「水銀に関する水俣条約」は，これまでの環境条約とは違い，法律のタイトルに元素の名称が直接記載されています。国内法の「水銀法」は，原料採掘，輸出入，製造（精製・分離）・使用から廃棄・環境放出までのLCA（Life Cycle Assessment）を検討した規制となっています。高度な化学，物理の知見が必要となります。この管理が技術的に可能となれば，環境リスクの低減が期待できます。

　地球で光合成が始まったことで生態系が作られていきました。これには，マグネシウムやその他有機化合物から作られる葉緑素が重要な物質になります。これらを人工的に効率的に作り，二酸化炭素を有機物（固定化）に変えられれば，バイオマス生成，二酸化炭素濃度を大気中でコントロールできます。微量粒子操作技術が発展し，化合物を組み立てるための元素の接合のメカニズムが

解明され，原子レベルでの操作が可能となれば，理想的には，必要な物質のみを容易に選択して無駄なく作ることができるようになります。まず，水銀のような急性的な影響がある有害物質に関して管理を進め，いずれは慢性的な影響があるもの，自然循環に関連するすべての「もの」を構成する元素が対象になっていくと考えられます。

⑸　技術開発における考慮

人類の知的欲求は常に新たな研究を生み出し，科学技術を向上させていきます。これにより人類に多くの価値が創造されます。しかし，その反面，新たな危害を生むため，事前のリスク評価が重要となります。

原子力をはじめ高度な技術が身近に使われるようになってきた現在，一般公衆にはそのリスクを理解することは難しくなってきています。リスクが存在する場合，または不明な部分は説明しなければならない責任があります。安易に安全を広報するようなことはあってはならないことです。PA（public acceptance）では，リスクの存在とその対処を明確に示さなければなりません。科学技術を進展させる場合は，メリット，デメリットについて十分な知見を得て，性質の整備をしなければなりません。

世界の化学産業では，「グリーンケミストリー運動（日本では，グリーンサスティナブルケミストリー運動）」という生産活動（化学反応）で生成する目的物質の生成率を高め，不要な生成物を減らす活動を始めています。この活動では，目的物がどの程度効率的に生産できるかを示す指標を原子効率といい，「目的生成物（分子量）／全生成物［目的生成物＋同時に発生した副生成物］（全原子量）」として示しています。さらに，医薬品は，高付加価値の化学物質を生産することから不必要な生成物（化学物質）が大量に発生します。この指標は，E-ファクターといわれる「副生成物／目的生成物」で示されています。分子レベルで無駄を省くことに積極的に取り組んでいるといえます。

しかし，実際には世界各地で破壊を目的とした戦争などの争いごとが絶えません。武器は「もの」，「サービス」を破壊し，自らも破壊されます。ものは，壊すほうが容易です。科学技術の成果を軍事的開発に利用することは，人類の持続可能性を失わせ，幸福，存在する権利さえ失わせます。

4.1.2　無機物質

⑴　鉱物から金属

　人類は，紀元前5,000年～3,000年頃にメソポタミア，エジプト，イランなど
で，隕石（隕鉄：鉄［Fe］90％以上）を道具等に利用しており，その頃から
自然金も利用していたと推測されています。その後，銅の精錬，錫や亜鉛など
の合金（ブロンズ，ブラス）製造と技術を開発していき，多くの鉱物を利用し
ていきます。

　天動説が間違いであることが認められるまでは，地平線は無限に続くと信じ
られていましたから，鉱物資源も無限に存在すると考えていたことが想定され
ます。近年経済システムを効率的にするために構築されたバーチャルな金融シ
ステムも，資源が無限に存在しなければ成長ができません。しかし，現実との
乖離が始まり，地球という限りある世界が無限であるとの錯覚に陥ったまま経
済成長が図られています。

　例えば，約2,000万年前に宮城県西北部の奥羽山脈に形成された鶯谷鉱山（細
倉鉱山）(*3) は，1591年から伊達政宗によって金山として採掘が始まりました。
その後，採掘主体は時の権力者，財閥と経営者が代わり，銀の採掘，鉛，亜鉛，
硫化鉄鉱と有用な鉱物が次々と産出されました。しかし，収益低下によって
1987年に閉山しています。粗鉱は，溶剤で分離し，鉱石，鉛，亜鉛，銅，硫化
鉱に分けられます。残滓は，可能な限り資源として利用されます。鉛選鉱では，
水，溶剤を加えペレット状にするか焼結機で焼き固められ，その後，焼いた鉱
石はコークスとともに溶鉱炉で溶かし，希硫酸を加え，約97％の粗鉛にしてい
ます。粗鉛は電気分解し，陽極から鉛を取り出し，電気鉛を生成し，99.99％
以上の純度で出荷されています。また，廃棄物の中には，金，銀，ビスマスが
含有され，これらも回収・分離されて有用な資源として利用されています (*4)。

　しかし，経済的収益が見込めない化学物質は廃棄物となってしまいます。資
源の循環利用におけるネックであり，労働現場における疾病・災害，あるいは
環境汚染を発生させる原因ともなります。廃棄物を分離精製し，自然の物質循
環に入り込ませるようにすることがこれからの課題です。

(2) 自然資源の利用

① 希少な金属

多くの鉱物資源は，現在の採掘コストでは，あと数年から数十年で調達が不可能になります。例えば，人類が昔から永遠の輝きをもつ貴重な物として扱ってきた金は，これまでに14万〜16万トンが採掘され地上に存在しています。空気による腐食がほとんどないため変化せず，存在感も非常に大きい物質です。今なお地下に埋蔵されている量は，4.2〜7万トンと推定されています（異なる機関の調査結果によって開きがあります）。近年の年間採掘量が，2,500〜3,000トンですので，このまま続くとあと20年程度で枯渇します。

金価格は，1970年代から1980年代に一度高騰し，その後オイルショック（1973年，1979年）等の影響で金が市場に流入したため価格が下がります。金は資産価値だけではなく，電気伝導性が非常に高く，化学的腐食にも強いため，電子部品等での使用等産業用材料としても不可欠です。高熱を反射するため，航空・宇宙産業で，金箔がジェット機やロケットの断熱材としても使用されています。金の需要は2000年以降急速に伸び続け，今後も長いレンジで上昇傾向は続くと思われます。

米国で起きた2008年のリーマンショックで国際的金融不安となり，基軸通貨であるドルが信用を失ったことで金価格が一時的に急激に高騰したこともあります（*5）。また，装飾品等で一般家庭等に存在する金もマテリアルリサイクルされ，金材料に再生されています。中古金スクラップともいわれ，近年では，年間1,000〜1,500トンが生産されています。金の値段が上昇傾向にあるときに特に増加します。環境省の公表では，リサイクル金の製造量は，2004年の約900トンから2008年には約1,200トンに増加しているとしています。

他方，海水中にも0.1〜0.2ミリグラム／トンと超微量の金が含まれており（総量の推定：550万トン），30年以上前から分離・濃縮が研究されていますが，現状でも採算ベースにはほど遠い状況です。ただし，近年商業ベースで大量に採掘されているサンドオイルも，以前は利用は不可能とされていました。何らかのブレークスルー（breakthrough）の可能性もあります。

その他，銀，銅，アルミニウムなどの価格が比較的高いため，中古スクラップとしてマテリアルリサイクルが行われています。特に銀の埋蔵量も推定27.3

万トンと少ないため，希少金属となっています。近年では，電池，ガラス・陶器釉薬の添加剤などで利用されるリチウムも注目されています。しかし，チリをはじめ多くの鉱山があり，化合物の形で地上に多く存在し，海水中にも約23,000億トン（約0.2ミリグラム／リットル）存在すると予測されており，経済的に安価に自然から採掘または濃縮回収される可能性もあります。

　また，高付加価値の金属は製品中に使用されていますので，大量の使用済製品（廃棄物）から効率的に回収することも始められています。これら金属を含有する使用済製品について，一般的に「都市鉱山」といわれています。いわゆるマテリアルリサイクル（もの→ものへと再利用）を行い，再度資源とします。

　日本で2012年8月に制定，2013年4月に施行された「使用済小型電子機器等の再資源化の促進に関する法律」では，使用済小型電子機器等の廃棄物の適正な処理および資源の有効な利用の確保を図っています。再資源化される化学物質は，同法施行規則4条4項（2021年6月）で，鉄，アルミニウム，銅，金，銀，白金，パラジウム，セレン，テルル，鉛，ビスマス，アンチモン，亜鉛，カドミウム，水銀，プラスチックと定められています。15元素およびプラスチックと対象物質が曖昧に定義されています。リサイクルの方法は，破砕，選別その他の方法により，使用済小型電子機器等に含まれる鉄，アルミニウム，銅，金，銀，白金，パラジウムおよびプラスチックを高度に分別して回収し，この回収物に含まれる上記化学物質の再資源化，熱回収（回収物の全部または一部であって燃焼の用に供することができるもの，またはその可能性のあるものを熱を得ることに利用することをいいます）をするとなっています（*6）。「水銀に関する水俣条約」（2013年採択，2017年発効）で国際的に水銀の使用の禁止が定められ，EU指令（directive）である「RoHS（Restriction of the use of certain Hazardous Substances）指令」（2003年公布，2006年発効，2011年改正指令公布・発効，2013年に旧指令失効）で鉛，カドミウム，水銀は，輸入製品の含有も含み，EU域内では原則使用禁止となっていることから，リサイクル対象物質を再検討する必要があります。

②　銅の産出

　世界で加工技術が最初に発達した金属は銅です。銅だけでは柔らかすぎて道

162

具として使用できませんが，合金技術が生まれたことで飛躍的な発展を遂げます。イスラエルやイラクなどの遺跡からは，紀元前4,000年頃のものと見られるヒ素や鉛と銅との合金で作られた鋳造製品が出土しています。同時期以降には，銅に錫を加え，融点を低くし鋳造しやすくした青銅（bronze：ブロンズ）器が世界各地の遺跡から発見されています（*7）。固い青銅器は，加工しやすく，生活に大きな変革を与える画期的な発明品だったと推定されます。

　銅が日本で生産されたのは，708年に武蔵国秩父郡（埼玉県秩父市）で，高純度の銅鉱石が発見され採掘されています。この銅は和銅とよばれ，この年の元号が，和銅元年とされています。8世紀中頃に作られた奈良東大寺の大仏には，500t弱という大量の銅（青銅）が使用されています。この他，錫が8〜9トン，金が400kg弱，そして水銀が2,000kg以上（*8）も使用されています。青銅器は鉄器と同時に弥生時代（紀元前5世紀末から紀元前3世紀半ば）初頭に朝鮮半島からもたらされていますが，日本では，鉄の製造，利用のほうが積極的に行われています。

　明治になると，銅の大量生産技術が普及し，わが国の銅生産量は，米国，チリについで世界3位となります（*9）。明治維新後の経済発展を支えることとなりました。しかし，日本各地で鉱害を発生させ，多くの被害者を発生させました。代表的な例として栃木県足尾鉱山であった鉱害事件があげられます。この鉱山の銅鉱石の多くは黄銅鉱（$CuFeS_2$）等の硫化物やマラカイト（$Cu_2(OH)_2CO_3$：孔雀石）で，銅硫化物が採掘されていました。1945年以後，黄銅鉱などの硫化物からイオウ分を分離し，硫酸の生産も始めたことで酸性雨の原因となるイオウ酸化物（SOx）を大量に含有したばい煙が排出され大気汚染が発生しました（*10）。日本国中の銅鉱山で同様な鉱害が発生しています。工場施設内もイオウと水分が化合した硫酸によって設備の腐食（酸化：錆の生成）が急激に進みました。

　秋田県の小坂鉱山では，明治時代に富国強兵のもと，官営で銀，銅を中心に大規模に採掘され，その後民間経営になってからは，石見銀山等多くの鉱山開発を行っていた企業が開発を手がけています。優秀な多くの技術者を迎え，最新鋭の採掘，製錬で鉱物生産を実現し，足尾鉱山と同様に黄銅鉱からイオウ分の分離精製も行いました。イオウ酸化物による大気汚染も深刻な状態になりま

したが，責任者であった久原房之助は，イオウ除去，周辺環境保全のための植林など環境保全に積極的に取り組んでいます。その後，久原は茨城県の日立銅鉱山の経営者になり，当時日本で第一位の生産を誇ることとなりました。この地域においても小坂鉱山と同様にイオウによる汚染（イオウ酸化物：煙害）が深刻となりましたが，当時世界で最も大きな煙突（経営の土台を揺るがす規模）を作り，周辺の科学的根拠のもと，汚染改善に成功しています（*11）。

(3)　鉄の耐久性向上
①　製　鉄

　鉄は，銅と比較して融点が高く精錬（溶解）が困難であるため，世界では銅器のほうが先に普及していきました。人類が鉄を初めて使用したのは，紀元前5,000年から紀元前3,000年頃のメソポタミア，エジプト，イランなどで，ニッケル，ニッケルりん化物を含む鉄隕石（隕石の一種）が利用されたと考えられています。鉄の精錬を最初に行ったのはヒッタイト王国（Hittite：紀元前1,900年頃から紀元前1,200年頃：現在のトルコ，シリア北部）です。ヒッタイトは，既に冶金（金属の精錬，合金）の技術を持っていた民族とされており，鉄，銅，銀，鉛などの鉱物資源を利用していました。紀元前200年頃の異民族の侵入などによって王国が崩壊し，その後ヒッタイトが持っていた高度な製鉄技術が世界各地へと広まりました。わが国で鉄が使用されたのは，縄文時代末で，北九州に大陸から伝わってきたとされ，紀元前1世紀（弥生時代）に製鉄が行われ，中国地方，近畿地方に広がっていったとされています。インドの地方の言葉で熱を意味する「タータラ」に語源が由来する日本古来の「たたら（鞴のこと）」製鉄が，この鉄製造に使われました。材料には砂鉄が使われ，河川での比重による選鉱，木炭の熱による溶解および還元（酸化鉄から還元鉄を生成）を行っていました。

　しかし，江戸時代末期，国防のため大量の鉄が必要となり，鉄鉱石を用いた高炉による大量生産が必要となりました。鉱山学者大島高任（盛岡藩主）が，岩手県・釜石市で1858年に日本で初めて高炉（製鉄施設）による銑鉄（炭素分が多い鉄）の製造に成功しています（*12）。釜石では，地元で採掘される磁鉄鉱（砂鉄が堆積し地中で熱および圧力で生成した鉄鉱石：Fe_3O_4/四酸化鉄：

1727年に発見）による鉄生産が多く（一部は，黄銅鉱，鉄硫酸銅：昭和初期に鉄生産会社と銅生産会社を分離設立しています），イオウ等不純物がほとんど含まれないため，SOx等排出ガスによる環境破壊は発生していません。また，本製鉄所における鉄鉱石の還元材料（熱源）は，バイオマスが原料である木炭です。動力は，近くを流れる甲子川の水車（および水力発電），および牛，馬を利用しています。

　ペリー率いる米国海軍東インド艦隊（一般に黒船といわれています）来港で，国の防備の必要性が急に高まり，幕府も大砲製造のために反射炉を製造しています。反射炉とは，炉内を高温にするためにアーチ状の炉天井で火炎の熱を反射させて（凹面鏡の光［赤外線］の集中のように）熱を集め炉床にある金属などを溶解・製錬（鋳造）する施設です。燃焼に酸素が大量が必要となるため，たたら（鞴のこと）鉄と同様に数ヵ所から鞴で空気が送られています。鉄を溶かすには千数百℃にしなければならないため，効率的に高温にできるこの方式が考え出されました。

図4.1.3　韮山反射炉（静岡県・伊豆の国市）

［約5m四方の溶解炉連双2基と，高さ約15mの煙突4本が現存］
　炉は大きくすると高熱が保てないため，15メートル程度の炉を2つ並べ，2ヵ所から溶解した鉄を流し込み鋳造を行っています。しかし，当時の日本では，砂鉄を用いた「たたら製鉄」から供給された鋼であったため，粘土が低く加工が極めて困難でした。
　鉄にシリカ（ケイ素）が含まれていないことから精密な構造製造・加工ができませんでした。炭素分を配合すると粘土は上がりますが，強度が落ち，大きな圧力がかかる大砲での加工には利用できません。

　江戸時代末期に幕府が設置した韮山反射炉は，代官江川太郎左衛門が伊豆韮山に建設したものです。最初は下田に施設を建設する予定でしたが，ペリーが率いてきた米国海軍の水兵に見つかり急遽韮山に移されました。当時，盛岡藩や長州藩等で計画されていたものも含めると全国11ヵ所（*13）にありました。しかし，反射炉で作られる大砲は，既に極めて旧式な構造となっており，英国，

フランス，米国等日本に開国を求めていた外国のものに比べると，戦えるレベルには全く到達していませんでした。英国で開発されたアームストロング砲は，砲身内部に螺旋状の線状を持たせ回転して砲弾を飛ばし，射程距離も長く（日本の大砲に比べ約4倍），正確に命中する性能を持っていました。生麦事件を発端に起こった薩英戦争で，その技術の差が明白となっています。この事実を踏まえ，国内における反射炉による旧式の大砲の製造は取りやめになりました。

　また，韮山反射炉で作られた多くの大砲のうち，完成品（正常に弾丸が発射できるもの）は4門のみで，あとは不良品です。しかし，不良品も海岸線防備のために品川の台場に並べられ，威嚇に用いられました。実際には，ほとんどが発射することはできませんでした。

② 合 金

　鉄は，酸化（錆が発生）すると内部まで腐食が進みます。考古学で鉄器に関する情報が少ないのは，自然環境中では酸化して崩れてしまうためです。鉄は耐久性が求められる材料として使用されることが多いことから，鉄材料の表面に塗装し空気との接触を防止したり，鉄筋コンクリートのようにアルカリ性の強い状態にして酸化されにくい状況にするなど，さまざまな長寿命性技術の開発が行われています。また，鉄にクロムやニッケル，モリブデンなどを添加した合金であるステンレス鋼（stainless steel）は，耐食性が高く防錆性があり，材料の原子レベルの開発で長寿命性が作り出されています。機械的性質，加工性，溶接性などに優れていることから，産業用，家庭用と幅広く利用されています。

　ステンレス鋼とは，鉄に一定量以上のクロムを含ませた，腐食に対する耐性を持つ合金鋼のことをいいます。ISO（International Organization for Standardization：国際標準化機構）規格では，クロム含有量が10.5％（質量パーセント濃度）以上，炭素含有量が1.2％以下の鋼と定められています。クロム（Cr）は腐食性を高め，炭素（C）は強度を増すが延性を低下，マンガン（Mn）は強度増大，ニッケル（Ni）は表面耐食性，延性を改善，銅（Cu）は耐食性・耐酸化，加工性を改善するが溶接性を低下，モリブデン（Mo）は耐孔食性増大（クロムの約3倍），強度を増大します。合金に配合される原子の種類，量，

および原子の配置，立体構造でその鉄材量としての性質が変化します。

　インドでは，4世紀にアショカピラー（アショカ王の柱）といわれる錆びない鉄が作られています。鉄が環境中で酸化によって崩壊せず長寿命性をもつことで，オーパーツ（Out-Of-Place ArtifactS：OOPARTS）とされていますが，当該柱周辺の土壌にはリン（P）が多く含まれていることが酸化防止になったとされています。鉄原子の結合に欠陥（格子欠陥：結晶格子の中にある配列の乱れ）があると，空気中の酸素がその部分に入り込み，酸化物を作り，そのまま内部へと侵入し酸化物を作り続けていきます。この酸化物の増加が鉄の強度を低下させ材料を劣化させます。アショカピラーは欠陥の部分に鉄とリンの化合物が作られることで空気酸化が防止できたと考えられています。わが国でも670年に法隆寺の建築で使用された釘が，錆びないことで知られています。鉄は700℃程度に加熱し冷却することで，原子構造の不均一を最小限に変化させることができます。この表面処理によって鉄表面に酸素が侵入することを防止し，錆びにくくしています。

　なお，ナノテクノロジーによって不純物を含まず，格子欠陥がない構造を持つ鉄を作れば，空気中の酸素に攻撃されることはなくなり酸化しなくなります。したがって，長寿命性を保つことができます。

(4)　表面加工
①　塗　料

　腐食を防止する技術として塗装は最も普及している方法です。塗装をすることによって内部の材料を空気や太陽光，風雨等による化学的，物理的変化から守っています。材料の寿命を延ばすための一般的方法です。酸性雨による金属の溶解等，電気的な変化によって腐食するものに対しては，無機炭素や銀を導電体として塗料に含有させ，塗布することも行われます。

　船舶や海洋構造物に関しては，貝等海生生物に対して有機錫塗料を用いて海洋生物付着防止を図ったこともありましたが，「化学物質の審査及び製造等の規制に関する法律」によって，有害物質として使用が禁止されています。有機錫塗料は海洋生物の汚損防止作用としては極めて高い効果があり，安価な（通常の塗料より若干高い程度）防食材料として漁猟用の網についた海洋生物除去

にも使用されていました。その後，海洋構造物等に関しては表面に微量電流を
通電するなどして生物付着を防止しています。

　磨耗が高い部分については，表面を耐磨耗性がある材料でカバーする方法等
が行われます。耐熱性が必要な場合や物理的衝撃等がある場合，タイル等セラ
ミックを表面に貼り付けたり，ウレタン等プラスチックを吹き付け表面加工す
ることも行われています。科学技術の発展により，耐熱材料，耐衝撃材料，耐
摩耗材料，あるいは断熱性の性能が高い材料が開発された場合，材料，あるい
は塗装，表面加工材料そのものを代替することも行われます。

②　溶射─腐食摩耗防止─

　金属の接合には，酸素－アセチレン等による火炎用ガスの種類の組み合わせ
によって溶解温度を調節して行われる溶接が一般的に行われています。しかし，
補修部分に1,200℃程度の高温を直接当てるため，熱で化学変化を起こす設備，
部品等には利用できません。このような場合，金属合金，炭化物系金属
（cermet：焼結させた複合材料），セラミックなど材料を加熱して被施工物（基
材）に吹き付け，皮膜を形成する溶射と呼ばれる表面処理法が行われます。補
修部分に補修材を吹きつけ付着させる（肉盛り溶射）方法です。溶射技術は，
比較的新しい技術です。高コストであること，現場作業を行う場合一定の空間
が必要なことから，使われる場所が限られています。

　プラズマを利用した溶射技術は，航空機のエンジン等の摩耗部分の補修 (*14)
に利用されており，先端技術としても位置づけられます。直接セラミックを吹
き付け，腐食防止の表面加工を施したり，弾力性が必要な場合は，直接，樹脂
を吹き付け，あるいは塗布します。または，低温プラスチック溶射によって加
工することもできます。無気孔の皮膜ができることから内部を保護する塗装と
しては極めて高い性能を有しています。橋や配管など，環境中で長期間を要し
て腐食（空気酸化等）されるような構造物に表面加工することによって，格段
に長寿命性を有することができます。また，硬質のクロムメッキ (*15) に比
べても高い耐摩耗性が評価されています。河川，水力発電施設など，水流の気
泡等による摩耗が発生するような設備でも期待でき，環境効率性の向上（廃棄
物の削減・資源の削減，長期的投資コストの削減）を可能にします。

③ 補 修

　塗装等表面加工は自然や酸性雨等公害から内部の材料を保護するものですので，塗装等そのものが最初に劣化します。補修が必要になった部分は，鉄部の錆落とし等ケレン処理を施した後，一次表面処理としてプライマー，シーラーを塗布し，補修材が接着しやすくします。その後，主剤の樹脂，金属またはセラミックの無機材料混合材料とポリアミド化合物等の硬化剤を配合・反応させ補修を行います（二液混合型）。一液のみで硬化するものもあります（一液型）。なお，金属施設などは，溶接によって原状回復を行う方法もあります。表面に高温（ステンレス溶接の場合1,200℃程度）処理が不可能な場合，溶射による処理も利用されます。

4.1.3　有機物質

(1)　天然素材

①　セルロース

　セルロースは，植物繊維や植物細胞の細胞壁の成分で，分子式（$C_6H_{10}O_5$）nで表される高分子です。パルプは，木材やその他の植物から化学的あるいは機械的に処理してセルロース繊維（cellulose fiber）を取り出したもので，紙，レーヨン，セロファンの原料となります。レーヨンとは，セルロース繊維を一度化学的に溶解した後，化学的に再生した化学繊維で，人絹といわれます。セロファンは，レーヨンを製造する際に生成される透明の膜状の中間物質で，セロテープなどに加工されます。紙は，JIS（Japanese Industrial Standards：日本産業規格）では「植物繊維その他の繊維を膠着させて製造したもの」と定められています。

　なお，1840年にドイツ人のフリードリッヒ・ゴットロープ・ケラー（Friedrich Gottlob Keller）がパルプを人工的に製造する方法を発見し，1854年に砕木機（パルプ製造機）を開発し，紙を大量に製造できる方法を開発しました。木材から植物繊維を取り出す際に化学薬品でほぐす方法は，英国で1853年に水酸化ナトリウム（NaOH）が使われたのが最初といわれており，1867年に米国のティルマン（Benjamin Chew Tilghman）が二酸化イオウ（SO_2）で行っています。その後，1885年には，ドイツで水酸化ナトリウムと硫化ナトリウム

（Na₂S）を使ってクラフトパルプ（Kraft pulp）の製造に成功しています。

しかし，製紙にはセルロースとともに木材の構成成分として数十％含まれるリグニン（lignin：黒液）は使用されないため廃棄物となり，製造過程で使用する化学物質とともに製紙工場が発生させる公害原因物質となりました。しかし，現在ではセルロースと同様の熱量を持つことを利用し，製紙の乾燥工程等のエネルギーとして利用されています。

② 天然繊維

人類は，古来より繊維質の材料（天然繊維）を，衣料，紙などに使用し，近年では強度を向上するための工業用材料に利用することが進められています。材質は，自然にあるものをうまく利用し，効率的生産が行われ，その後，化石材料による有機材料の使用により急速に大量生産へと変わっていきました。植物が作り出す繊維（植物繊維）は，前述のとおりセルロース［高分子］を主成分としており，光合成で作られているため，カーボンニュートラル（環境中に二酸化炭素の増加を促さない性質）な材料です。

また，動物繊維である絹は，植物の「桑」を餌とする蚕が作る糸を10本ほど束ねた生糸（raw silk）でできています。羊毛（wool）は，草原の草などを食べる羊，山羊（カシミヤ等）等の動物毛を使用しています。動物繊維は，生命の源であるタンパク質［高分子］でできています。この他，天然繊維には，人間に肺がんなど健康被害を発生させるアスベスト（鉱物繊維）があり，竹取物語に記載されている「火ねずみの衣（火浣布）」など燃えない性質を持つ繊維として古代より使われています。

図4.1.4　植物繊維（綿花）

綿花（または綿）とはワタ（cotton）の種子についている繊維のことをいい，アメリカ綿，エジプト綿，インド綿などがあり，木綿のことです。綿（直物）は，アオイ科ワタ属の多年草の総称です。生産国は，インド，中国，米国，パキスタン，ブラジル，ウズベキスタン等があり，以前は日本でも生産されていました。

図4.1.5　動物毛（羊毛）

　一般的に羊毛は，羊の毛を原料とする動物繊維を
いいますが，山羊（カシミア，モヘヤ），ウサギ
（アンゴラ），ラクダ，アルパカの毛糸を含めること
もあります。生産国は，中国，オーストラリア，
ニュージーランド，英国等があります。なお，フェ
ルト（Felt）はウールに合成繊維を混合した不織布
（織っていない布）です。

③　生　糸

i　絹

　人類は，有史以前より自然に存在する天然繊維を生活に利用してきました。
繊維質を持つ植物は，2,000種類以上あるといわれています。人類は，綿，麻
などを現在も利用しており，化学繊維であるレーヨンやキュプラなど再生繊維
（天然高分子），アセテートなど半合成繊維にも使用されています。動物繊維で
ある生糸，羊毛など現在も衣服などに多岐にわたり使用しています。中でも絹
は，光沢があり軽くしなやかな材質で，高い価値を持っています。

　生糸はフィブロイン（70～80％）とセリシン（膠質：20～30％）と呼ばれる
タンパク質からできており，絹製造では熱湯で溶解，分離しセリシンを取り除
く工程があります。また，糸を巻き取る方法も座繰りといわれる器具を使った
手動で行われるため，養蚕農家で個別に絹生産を行っていた時代は，極めて少
量の絹しか製造できませんでした。したがって，幕末に日米修好通商条約に基
づいた有力な輸出品は生糸でしたが，限定的な量となっています。

図4.1.6　繭と生糸

　カイコは家畜化された昆虫で，人の管理で生き
られますが，自然環境の中で独自には生息できま
せん。桑を餌としていますが，自分で自然の桑を
探すこともありません。さらに，成虫の蛾になっ
ても飛べません。

　その後，絹を巡る国際状況が変わります。フランスやイタリアで蚕の微粒子
病が蔓延し，生糸の生産量が激減しました。そして，明治になり日本では大量
生産を行う機会を得ることになります。

　なお，絹製造では廃棄物となっているセリシンは，3,000年以上前よりスキンケア化粧品として利用されています。太平洋戦争中は，絹糸をとった後（繭の絹糸をとった後）のさなぎの蚕を食用（タンパク源）としていたこともあります。自然に生息する生物を使用した産業であるため，生産品すべてをバイオマスとして使用することが可能です。近年では，蚕クモとの遺伝子が組換え（品種改良）られ，より強い絹糸を大量生産する技術も開発され，研究開発は現在も進んでいます。

ⅱ　富岡製糸工場

　日本では，群馬県富岡に官営の製糸場（繰糸所，繭倉庫）を建設（1872年）し，生糸の輸出量の増加を図りました（*16）。この富岡製糸場では，フランス人の技術者（ポール・ブリュナ［Paul Brunat］）を高額の報酬で雇い入れ，また日本独自の生産技術の改良が行われ生産効率も飛躍的に向上しました。製糸場作業員によって，全国へ技術が普及したこともあり，国内の養蚕農家は200万件におよび一大産業となりました。明治以降に一時，日本の生糸の輸出量は世界一を誇りました。比較的安価に絹が生産できるようになったことで世界での絹の普及も高まり，一般公衆にも手が届く価格にまで下がりました。その結果，現在の絹産業の礎を築いたといわれています。

　絹製造，養蚕業は，明治時代の政府の主要な政策である富国強兵，殖産興業の一環として推し進められ，絹織物は金額ベースでも当時の日本における最大の輸出品になりました。前述のように欧州では養蚕における伝染病で生糸生産が大打撃を受けたこともあり，日本では順調に生産が増加していきました。

　工場設備は，当時の日本のエネルギー供給が限られていたこともあり，省エネルギーの工夫が至る所にあります。工場における採光のために窓（当時の日本にはガラス生産技術がなかったため，窓ガラスをフランスより輸入）を大きくとり，暖房も十分でなかったことから東から南側に人の作業場，宿舎の建設を行っています。また，絹糸を巻き取る装置などの動力を得るため，ボイラーによる動力を利用していましたが，石炭を燃料としていたことで，燃焼による煤煙で蚕の餌となる桑畑に被害が生じたため，36.5メートルの煙突を設置し排煙（大気汚染）を拡散しています。その後，37.5メートルの煙突に建て替えら

れました。当時鉱山などでとられていた煤煙対策と同じ対策を行っています。

　絹糸を巻き取るための繰糸器（当初フランス式）が300釜もあったため，繰糸場から汚水（セリシン等含有）が発生しました。この対策として，作業場内の衛生を保つために，1982年に下水溝（煉瓦積排水溝）が設置（埋設）されています。煉瓦で積まれ，接着剤として（当時日本にはありませんでした）セメントをフランスより輸入し，建設に利用されました。現在もこの排水溝は使用されています。

　また，当時の作業員（女工）の労働条件は，フランスに倣い，就業時間7時間45分で，日曜日，祭日は休日となっており，先進的な労働条件であったといえます。なお，政府が，7曜日制を制定したのは1876年です。さらに，作業者の健康面における管理のために構内に診療所があり，フランス人の医師が常駐していました（その他1876年までフランス人スタッフは男性技術者4名，器械製糸技術を教える4人の女性教師がいました）。なお，作業者（女工）には，官営期（1872年〜1893年）には，食事と医療費が保障されていました。したがって，労働安全衛生が整備され，社会的責任（Social Responsibility：SR）も果たしており，SDGs（Sustainable Development Goals：持続可能な開発のための目標）にも取り組んでいたといえます。

(2)　プラスチック

①　大量生産・消費・廃棄

　商業的に生産された最初のプラスチック（正確には半合成プラスチック）は，セルロイド（極めて燃えやすい）で1869年に米国で開発されています。その後普及し，多くの種類のプラスチックも開発されます。使いやすい材料として工業用，生活用品として拡大します。原料は，セルロースから石炭へと代わり大量のプラスチックが生産されるようになります。当時は石炭化学は重要な産業でした。そして，石油を分離合成して生成するプラスチックが主流となります。液体で取り扱い，化学反応を容易にできることから急激に大量に製造され，2018年では世界で年間3億トンも生産されています。石油は燃料だけではなく，材料としても人の生活を大きく変えています。

　プラスチックは紫外線で劣化しますが，水に強く環境中で変化，または分子，

原子に分解されにくく，長期間分子構造を保ちます。しかし，レジ袋をはじめ製品として役割を果たす期間は短く，その後廃棄物となってからの寿命のほうが圧倒的に長期間となりまります。それにもかかわらず，人の視界にはほぼプラスチックが存在します。服，鞄，帽子，靴，文房具，スマートフォン，電化製品，自動車の部品など生活にはなくてはならないものとなっています。これらのほとんどは，マテリアルリサイクルされることはありません。プラスチックの種類は膨大にあり，それらを分離することは不可能に近いからです。それぞれの性能がまちまちで混合されると再度材料にすることは極めて困難です。国連では，廃プラスチックが年間（2017年）約800万トン海へ流出されていることを報告しており，海洋に漂流（蓄積）されるか，漂着ゴミとして海岸に打ち上げられます。

　ダボス会議として知られている「世界経済フォーラム」で2016年に発表された報告書 "The New Plastics Economy: Rethinking the future of plastics"（2016. Jan. World Economic Forum）によると，2050年までに海洋中に存在するプラスチックの量（重量ベース）が魚の量を超えると予測しています。

　海に流されたプラスチックは漂流ゴミになり世界中に漂っています。年間約1,000万トンが海に流されていると予測されています。それらを亀など生物が飲み込み，多くの被害が発生してします。さらに，海中で小さく砕けていき0.3〜5mm程度のマイクロプラスチックになり，プランクトン，魚や水鳥などが餌と間違えて食べて死亡する事例が増加しています。1枚のレジ袋が数千のマイクロプラスチックを生み出しているとの研究結果もあります。人が食べるシーフードにも配合されており，体内にとどまる恐れも懸念されています。

②　ナイロンの台頭から次の繊維へ

　絹に似せて作られた天然繊維のセルロースを原料にレーヨン繊維（人絹または，ステープル・ファイバーからスフとも呼ばれています）が開発，販売され，絹をさらに安価に工業生産化することが進められました。日本では，1938年にレーヨンの生産量が米国を抜き世界で1位になっています。

　1935年には，画期的な代替品として工業的に生産できる合成繊維のナイロンが，ウォーレス・カロザース（Wallace Hume Carothers）によって発明され

ます。1938年10月に米国・デュポン社の当時副社長のチャールズ・スタイン
（Charles Stein）は，「ナイロンは石炭と空気と水から作られ，鉄鋼のごとく強
くクモの糸のごとく細し」と有名な発表を行い，1939年にデュポン社がナイロ
ン製品を発売しました。ナイロンは，極めて性能がよく，靴下をはじめ，さま
ざまな繊維製品に使用され，日本製の絹の輸出は大打撃を受けました。絹製造
は，現在では高級着物（京都友禅，加賀友禅）など，特定な製品に限定して行
われています。綿製品の代替も行われました。その後，ナイロンはパラシュー
ト，テニスラケットのガット，ロープ，漁網，釣り糸，網戸などさまざまな生
活用品に普及しました。絹の代替品の開発から，さまざまな高機能を持った材
料が作られたといえます。

　また，ナイロンなど化学繊維は，当初は石炭を原料とする「石炭化学」に
よって生産されましたが，原料が石油から得られるようになり，「石油化学」
で生産されるようになりました。

(3)　炭素繊維

　近年では，10ナノメートル程度の遺伝子の配列操作もできるようになってお
り，その他鉄鋼産業・化学産業等さまざまな分野で，原子レベルでの操作の実
現に近づいてきています。具体例としては，材料の軽量化，強度強化等で期待
されているCFRP（Carbon-Fiber-Reinforced Plastic：炭素繊維強化プラスチッ
ク）があります。そもそも，浄化槽などで使用されていたFRP（Fiber-
Reinforced Plastic：強化プラスチック）と，阪神・淡路大震災（1995年1月
発生）の後，高速道路の補強剤（柱に巻き強度を高める）として使用されてい
た炭素繊維などの技術があり，これら分子，無機炭素原子を操作する技術をさ
らに高度化したものです。CFRPは，鉄の10倍の強さをもっており，航空機や
自動車，コンピュータなどへの利用が考えられ，実用化から普及段階へと市場
に広がりつつあります。無機炭素の精密な構造物にはナノチューブやフラーレ
ンといった超強化材料，電子材料等に期待される材料も既に開発されており，
他の多くの研究開発も広がってきています。

　繊維の開発は日々進んでおり，炭素繊維の開発でコンクリート構造物などに
使用される強度補強線材，軽量化による省エネルギーなどが期待され，飛行機，

自動車などに使用されているCFRPなどは既に普及しています。バイオマス素材として注目されるセルロースナノファイバー（Cellulose Nanofiber：CNFとします）は，比較的に安価に生産することができ，CFRPよりも材料強度を向上させ，微細構造で酸素を通さないことから食品・医薬品の高度な保存，消臭効果，表面加工特性等が期待されています。

⑷　生分解性プラスチック（バイオプラスチック）

　一方，プラスチックは化学的に安定な化合物で，炭素と水素を主成分とする自然のバイオマスのように自然に存在する微生物では分解されません。自然の物質循環，廃棄物減量化，海洋プラスチック汚染対策の観点から，自然に存在する微生物などによって分解できるプラスチックの開発が進められています。カニやエビ等の甲羅のキチン（chitin）を化学反応させてキトサンを作るプラスチックや農作物や生ゴミなどから発酵によって生成するポリ乳酸（polylactide：PLA）プラスチックは生分解性です。バイオプラスチックともいわれます。

　しかし，環境中で微生物によって分解させると，生態系の物質循環を変化させてしまいます。また，暖かいところでは微生物の活動は活発ですが，寒冷地域では活動が鈍るため生分解性が低下します。したがって，現在は，バイオマス材料（再生可能材料：光合成によって生成）でカーボンニュートラルである（大気中の二酸化炭素濃度を高めない）性質が注目されています。各生分解性プラスチックの合成方法の概要は以下のとおりです。

> ⅰ．キトサン（プラスチック）の生成
>
> 　1．甲羅類（キチン質）に含まれる炭酸カルシウム，タンパク質，色素（カテロイド（*17））等を除去
> 　　（塩酸処理，アルカリ処理，アルコールによる溶媒抽出等）
> 　　　　　　　⇓
> 　2．キチンの精製（$C_8H_{13}NO_5$）n
> 　　　　　　　⇓
> 　3．脱アセチル化（アセチル基を除き，アミン基を形成）
> 　　（アセチル基：CH_3CO-）　　　$NHCOCH_3$　→　　NH_2

濃アルカリによる煮沸処理

⇓

キトサン（$C_6H_{11}NO_4$）n生成

ⅱ．ポリ乳酸（プラスチック）の生成

1．ブドウ糖（グルコース：$C_6H_{12}O_6$），砂糖（スクロース：$C_{12}H_{22}O_{11}$）等を乳酸菌で発酵（分解させると）させ，乳酸（$C_3H_6O_3$：CH_3CH（OH）COOH）を生成

⇓

2．重合
乳酸を加熱脱水重合させ低分子量のポリ乳酸を生成

⇓

3．重合度を向上
減圧下加熱分解でラクチド（エステル結合（*18）を2つ持つ環状化合物）を生成し，さらにラクチドを金属塩の触媒存在下で重合させ，ポリ乳酸を生成

※原料となる糖類は，トウモロコシ，ジャガイモ等から酵素（アミラーゼ等）を作用させ生成，またはサトウキビ等から抽出する。

キトサンは農業用シートや釣り糸など，ポリ乳酸は，包装材・シートやさまざまな衣料品として使われています。これらは現在コストが大きいため，使用できるところが限られていますが，今後生産の効率化などで使用量が増加することが見込まれます。また，医療用製品への応用など新たな機能の開発も行われ，ポリ乳酸生産では食品廃棄物の新たなマテリアルリサイクルの推進も期待されます。

なお，石油が枯渇すれば現在のように多量に石油系プラスチックを生産することはできなくなります。それも数十年以内に起こる事態です。現在のようにプラスチックを世界的に無秩序に利用し，廃棄していると海洋汚染が極めて深刻な状態となり，海洋生態系に甚大な影響が発生します。資源政策，環境政策の面でもプラスチックの代替品を開発・実用化していくことは中長期的に極めて重要です。

4.1.4　水と雪氷

(1)　水蒸気，水，氷―空から降ってくる不思議な自然現象―

①　性　質

　自然には不思議な現象がたくさんあります。それらは自然科学の法則によって解明が進んでいます。ただし，自然科学には十分に知見が得られていないものが至る所にあることも現実です。例えば「気候」が変動する要因は膨大にありますが，近い将来を予測することも難しく，変化していることがわかっていても原因の特定がなかなかできない現状です。気温の変化や降雨，降雪などは驚異になることもありますが，人の生活も支えています。規則的に変化する自然は，日本の豊かな森林や多様な生態系の維持には欠かせない現象です。

　特に水に関しては，気候および生命に大きく関わっています。熱（赤外線）を吸収しやすい性質を持っているため，人は，温かい飲み物，料理，お風呂，湯たんぽなどさまざまな形で上手に利用しています。また，1気圧で99.974℃になると気体となり，0℃で固体（氷）となります。私たちは，固体（氷や雪），液体（水），気体（水蒸気：湿気）の3つの状態を，自然の中で視覚，または感覚的に確認することができます。他方，大気中に溶け込むことができる水蒸気の量は温度によって異なっていて気温が上昇すると増加します。1気圧で0℃1㎥で約5g，37℃で39gです。最大に空気へ水が溶け込んだ状態を飽和状態（saturation）(*19) といいます。

　もう少し詳しく自然の水の性質を考えますと，人の生活に密接に関わっている湿度の存在は重要です。湿度とは，実際に大気に溶け込んでいる水が飽和状態と比べどのくらいの量であるかを百分率（％）で表したもので，湿気の高さを示します。夏に蒸し暑く不快に感じるのは，湿度が高いとき，汗の気化（乾き）によって体から熱が奪われなくなるためです。湿度が低ければ，暑くても汗が肌から熱を吸収し，気化することによって涼しく感じます。冬になり温度が下がりだすと飽和状態で溶け込む水の量が減りますので，水蒸気が液化し，窓ガラスなどに曇り（微小な水滴）ができます。この現象が上空で起きると，水蒸気（気体）から雨が生成され，さらに低い温度では雪（固体）になって不思議な形を持つきれいな結晶のまま地上に落ちてきます。

　また，水は約4℃で密度が最大となり，氷になると容積が大きくなります。他の多くの化学物質と異なる性質を持っています。

②　自然の水

　宇宙には地球以外にも水が存在しており，天体に水が確認されると生物が生息する可能性が推測されます。また，宇宙で水から氷になること（相転移といいます）で熱エネルギーが放出されることから，現在膨張している3次元の宇宙空間に大きな影響を与えたとする学説も考えられています。単純な分子構造を持つ水（H_2O）は極めて不思議な存在ですが，生活には一般的に存在する物質でもあります。

　地球表面の3分の2は水で覆われており，約13.8億kmの水があるといわれています。その約97.4％は海洋に存在し，塩類を含んでいます。陸上に存在している淡水は，約2.6％しかありません。さらにその淡水の約70％が南極，グリーンランド，スイス，北極などの氷河や雪氷で，淡水（液体）として存在している存在率は約0.78％で，地下水（多くが地下800メートル以上に存在）を除いた河川や湖沼および土壌には約0.01％（約13万8,000km）とわずかな存在率です。この地球に存在している約0.01％の水で陸上の生物が生息する環境を作っています。

　人は，河川の水の流れをエネルギーとしても使っています。高低差による重力を利用していることから位置エネルギーといいます。水量または高さに比例して増加し，動力や発電に利用しています。また，通常の物質は固体になると密度が高くなり，体積（容積）が小さくなりますが，水は密度が小さくなり体積が大きくなります。このため氷は水に浮きます。この現象から，地球温暖化によって氷河が溶けても海面上昇は起こらないと説明している方もいるようですが，陸上の氷河の溶解や海水温の上昇による膨張によって海面上昇は起きていますので，この説明は間違いです。水は3.984℃でもっとも重く（密度が高く）なります。

　他方，近年飲み水など人が使える淡水の不足も世界的問題となっており，輸出入で移動している農作物や飲料水などの仮想水も環境問題の1つとなっています。また，肥料や工業排水あるいは人工的に発生した放射性物質などによっ

て汚染されている淡水は，以前から公害問題として対策が実施されています。

③　水の自然循環

　海洋から蒸発する水は年間約42万5,000km³あり，淡水となって降水（雨や雪）として陸上に移動する水量は約4万km³あります。降水全体は，陸上に約11万1,000km³，海洋へは38万5,000km³です。湖沼から蒸発する水量は約7万1,000km³ですので，人の活動など陸上から蒸発する水は地球全体と比べると僅かしかありません。しかし，地球レベルでは僅かな水量の移動が変化するだけでも人や生態系にとっては洪水となり，大きな被害を発生させます。

　なお，地球温暖化（温暖な気候の維持）の原因の8割以上（学説の中には9割以上とのものもあります）は水蒸気の赤外線吸収（熱吸収）によるものとされています。したがって，気温が高くなり水蒸気の発生量が増加すると相乗効果となり，ますます気温が上昇していきます。大気中の二酸化炭素増加による地球温暖化は重要なトリガー（引き金）ですが，実際には水蒸気発生増加が極めて大きな要因となっています。

　電子レンジ（microwave oven）で水に電磁波の一種であるマイクロ波（赤外線［infrared］に近い波長域）が照射されると沸騰します。この現象は料理でさまざまに利用されています。水分子は共有結合している水素原子と酸素原子が電気的な偏りがあり（図4.1.7参照），極性を持っていることで電磁波を吸収し，振動，回転し水または水を含んだものの温度を上げていきます。文明の進展に大きく寄与した火の使用と同様に，電磁波から得られるエネルギーの利用は大きな進化といえます。既に日光から得られる熱（赤外線）および除菌（紫外線）や可視光利用は昔から行われていますが，分子レベルでの利用は画期的です。しかし，二酸化炭素増加による地球温暖化のように，分子レベルの変化がもたらす人の見えない環境変化で気象が激しく変わってしまうこともあ

図4.1.7　水の分子構造　結合の偏り（極性）

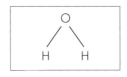

ります。

　海の色が青いのも水分子が赤外色を僅かに吸収するため，日光を反射する際に非常に弱い青緑色の光を発することが寄与しています。すなわち，水だけでも極めて薄い青緑色となります。深海になると青緑色が濃くなります。ただし，海の色は晴天時の青色や曇りや雨天の灰色の空の色も反射しているため，実際に見える色はそれらの効果が混合されます。

　水は，身近な存在ですが，自然には複雑な要因が非常に多く，循環量，挙動は正確には把握されていません。不確定要因もたくさんあります。自然に循環している水を人がコントロールしている方法として，人工物であるダムがあります。

(2)　地上の水
①　水の種類

　水は自然の中で循環していますので，このシステムを維持することも必要です。しかし，地球温暖化や地上に作られる人工物は，水循環システムも変化させています。

　海水を淡水に変換する技術も開発されていますが，まだ大量に製造するには至っていません。また，風力発電等夜も発電するような電力を使い燃料電池の燃料となる水素を製造し，発電時に酸素（空気）と酸化反応させた際に生成する水を飲料水にする開発も進められています。そもそもバイオマス，化石燃料の燃焼時には，水が生成されるので新たな飲料水の確保の可能性も期待されます。

　淡水にも種類があります。不純物を含まないものを純水といい，H_2Oのみの水ということになりますが，100％に近いものと考えたほうが妥当です。化学実験では，純水を作るために活性炭で微粒子状のものを物理的に吸着させて取り除き，その後イオンをイオン交換樹脂で結合させて取り除いて作ります。イオン交換水といい純水に近いものになります。さらに純度を高める際には，その後蒸留も行います。ただし，純水のように自然界にないものを人間が飲むと，却って体調を崩してしまいます。微量に不純物を含んだもののほうがよいようです。その不純物を多く含むものを硬水といい，カルシウム，マグネシウムを比較的多く含んだものをいいます。いわゆるミネラルウォーターです。WHO

（World Health Organization：世界保健機構）では，上記2物質が120mg/l以上含まれているものを硬水と定めています。欧米の地下水などから作られる飲料水は硬水である場合が多いですが，日本人がはあまり摂取していないためお腹を壊す場合があります。日本製のミネラルウォーターには，不純物が少ない軟水のものもあります。

② 地球温暖化による水蒸気の増加

　二酸化炭素の排出によって地球温暖化が進んでいますが，赤外線（熱）を吸収して気温を上げている原因の90％以上は大気中の水蒸気によるものです。二酸化炭素は，そのトリガーになっています。その理由は，気温が上昇することによって水も大気中に大量に蒸発しているからです。この蒸発（蒸気圧が高くなり，液体から気体へと変化していきます）が視覚で捉えることができるのは，入道雲（積乱雲）です。地上または湖沼，海上から水蒸気が大気中に次々と上昇して行きます。空に上がった水蒸気が白く見えるのは，上空は気温が低いため昇華（気体から固体［氷］に変化：逆の変化も同じことばを使います）したため，氷の粒子がすべての光を反射するためです。

図4.1.8　地上から上空への水の蒸発（積乱雲）

　1つの積乱雲は水平方向へ数kmから十数kmにまで及びます。高度は10km以上となることもあり，成層圏（10〜50km）まで達することもあります。夏に入道雲が発生すると夕立や雷雨が起きるといわれています。入道雲も積乱雲で，地上の熱で強い上昇気流が発生し大量の水分が上空で吹き上げられ，急激に冷やされることで雨を降らせやすくなるためです。

　上空にあるの雲の氷粒子の比重が高くなると，地上に降下してきます。降下してくるうちに暖められ雨となります。しかし，気温の変化が大きく，急激に蒸発（上昇気流が大きくなると）すると，なかなか降下できなくなり氷が大きくなって落ちてきます。こうなると，氷のまま落ちてくる可能性もあります。梅雨時期や夏期に，雹（ひょう）が降ることや，稀に比較的大きな氷が空から

降ってくることもあります。近年，都市またはその周辺で，雹が降ることがしばしば起こっています。

　日本が亜熱帯化していくと海に囲まれていることから大量に水分が蒸発し，降雨量は増加していくと予想されます。スコールのような強風とともに雷雨が起きることも増えると思われます。わが国は山林が多いため保水能力を再度確認する必要があります。利便性のみを追求した都市計画（住宅開発）やソーラーファーム，ウインドファームに土地利用が変化しているところが多いですから，災害発生のリスクを見直すことが重要です。長期的な視点のもと可能な限り過去の災害データを踏まえ，科学的な検討をするべきです。

　地球温暖化によって樹木の種類も変化してきます。針葉樹よりも拡大が予想される広葉樹のほうが比較的寿命が短く，食物連鎖など生態系が変化し，他の生物への影響も増加します。自然そのものが変わっています。身の回りの環境が変化していることに気づき，または前向きに確認し，ポジティブに対処していかなければなりません。

　例えば，雨上がりの虹はとてもきれいで，よいことが起こるような気分にもさせてくれます。しかし，虹は，大気中の湿気が飽和状態になり，水滴が空気中に浮遊することによって太陽の光が屈折，分光されて見える現象です。水滴がプリズムの役割をしています。これから空に虹の見える頻度は増加すると思われます。身近でも水しぶきを上げるような滝，噴水や水まきでも，水滴が浮遊するため見ることができます。太陽を背にして前方40〜42度の角度に，日光を分光してできた虹が見えます。7色といわれますが，波長は連続して変化していますから実際にはもっと多くの色が見えます。水滴の具合によっては，白色に見えることもあります（分光されないため）。虹が多く見えるようになっ

図4.1.9 夕方，太陽が低くなったとき発生した虹（光の入射角40〜42度の虹）

　フランスの哲学者ルネ・デカルト（René Descartes）は1637年に出版した文献『方法序説』で，虹が大気中の細かな水滴で太陽光が屈折して生じるものであることを突き止め，虹角を42度と計算しています。

たところは雨が多くなったとも考えられます。自然の変化を科学的に受け止めていかなければならないでしょう。

(3) 雪 氷

　地上に降った雪は交通等の妨げとなり，時には生活をも脅かす邪魔な存在ですが，子供たちにとっては雪だるま，かまくら，雪合戦など大事な遊び道具であり，自然現象に関する実験の機会を与えてくれます。暖かくなり溶けていく雪だるまは，固体が液体に変わる現象や自然が定期的に変化していることを実感できます。しかし，もの（固体）が消えていく（溶解する）はかなさも感じさせます。

　また，新雪が積もり，野山や街が真っ白になると幻想的な景色も見ることができます。もっとミクロな視点で見ると，不思議な形をした雪の結晶も面白いデザインをしています。雪の結晶の写真として一般的に知られているものは，米国のウインルソン・エー・ベントレーに始まりました。顕微鏡を使ってきれいな雪の結晶を撮影した約3,000枚の写真が載せられた書物を1931年に出版しています。この後，雪の結晶のイメージが一般に広がったとされています。

　雪は，上空の大気中にある浮遊粒子（種結晶）の周りに水分子がついて凝固（固体になること）してできた結晶です。氷晶といわれます。地上に落ちるまでに成長していき，小さな粉雪，大きな牡丹雪などになっていきます。きれいな白色に見えるのは，結晶の表面に反射面が多くほとんどの波長の光を反射するためです。物質は通常，温度が下がると気体から液体となり，さらに温度が下がると固体になりますが，雪ができる上空は非常に低い気温で気圧が低いことから，水蒸気から突然，固体（雪：氷の結晶）になります。これを昇華といいます。なお，ドライアイス（二酸化炭素の固体）のように固体から突然気体になることも昇華といいます。また，大気は，地上から100m高くなるごとに約0.6℃低下します（10,000m程度まで）ので，地上が０℃の場合，上空2,000mで－12℃です。ただし，地上が０℃を超えている場合，空から降ってきた雪は液体（水）に戻り地上で霰（みぞれ）や雨になります。

　人工的に雪の結晶を作り出すことも研究され，物理学者の中谷宇吉郎は，はじめて実験室内での生成に成功しています。この研究では数多くの知見が得ら

図4.1.10　雪（氷）の結晶

　氷は，無色透明で，六方晶系の原子構造となっています。六方晶系とは，基本的には六角柱となっている構造形態のことをいいます。水は気圧の違いで結晶化する気温が異なります。気圧が上がると融点が上昇しますので，高い気温で氷を作ることもできます。

れ，雪ができる現象に関するさまざまな解析が行われました。そして雪生成と気象現象との関係についても新たなメカニズムが解明されました。中谷宇吉郎は「雪の結晶は，同じものが2つとしてない」といっており，自然環境の複雑さの一面を表しています。また「雪は天から送られた手紙である」と有名な言葉もあり，不思議な現象を自然科学的に理解することを身近なもので例えています。

　降雪は，牡丹雪，粉雪など大きさや溶けやすさの違いがあり，積雪後は美しい白銀を作る新雪を経て，地上の気温変化などで状態が変わっていきます。一度溶けた後，冷たい風（空気）に触れて透明な氷になる氷柱（つらら）は雪国ではよく見かけることができます。また，冬に地中から水分がしみ出してきて細い柱状に氷の結晶が成長し霜柱となり，地上の表土や比較的大きな石も持ち上げることもあります。

図4.1.11　霜柱

　関東地方の関東ローム層（火山灰起源の地層群）は土の粒子が霜柱を起こしやすい形状です。霜柱が発生すると農作物への被害（霜崩れ）が発生します。また，霜の結晶の形も雪の結晶と同様にさまざまなものがあります。

(4)　エネルギーとなる雪氷

　水は，赤外線を吸収し温度を上昇させ，環境中では気温の維持，上昇に大きく関わっています。地球の気温，水温の変化を抑える効果があり，地球で生物が生息していくための温度環境保持に重要な役割を持っています。一方，熱を

吸収しやすい性質は，地球温暖化を悪化させる最も大きい要因となっています。しかし，地上での挙動は未だ解明されていない部分が多く，地球温暖化の原因解明，影響予測等を複雑にしています。

　一方，動物，植物の体を構成している物質の7〜9割が水であり，非常に重要な物質ですが，豊富に存在する日本では当たり前すぎてその貴重な存在に気づいていないことが多いようです。空から降ってくる雪氷は，生活において邪魔になり，場合によっては捨て場所に困ります。北陸などの冬には，道路の雪を溶かすために地下水（淡水）を道にまいています。

　しかし，この冷たい大量の固体である雪氷は，大量の冷熱エネルギーで実は燃料と同じ役割をすることが可能です。冷蔵庫やクーラーは，（力学的エネルギーで）減圧され温度が下がった冷媒で，生成した冷熱エネルギーを利用（カルノー機関）しているものです。減圧（負圧）環境を作るには，動力が必要になります。すなわち，この動力の燃料である石油，石炭，天然ガスなど化石燃料や電気が気温より低い温度の空気を作っていることになります。雪氷は同じ働き（仕事）をする機能をもっています。

　低い気温は，食品の腐敗の原因である微生物（菌）の繁殖を抑制することができます。電気冷蔵庫は，この低温による保存を行うための生活必需品になっています。雪を冷蔵に使用することは，スウェーデンで5世紀頃既に始まったとされています。当時雪は，冷熱エネルギーとして，デンマークやドイツに輸出されていました。日本でも雪国では氷室に食品を貯蔵し，冷蔵庫としています。現在でもピロティに雪を貯蔵し，夏の冷蔵庫としている例もあります。北海道や新潟県では，学校など公共機関で夏の冷房に使用しているところもあります。省エネルギーの重要な方法であり，現在技術開発も進められています。雪は，空から降ってくる重要なエネルギーであるともいえます。わが国のようにエネルギー資源が極めて乏しい国ではもっと注目すべきです。

　空から降ってくる雪には，中谷宇吉郎が言うように手紙が書かれています。気象現象や大気の状況を観測することができます。気候変動に関する情報も含まれています。また，邪魔者扱いから非常にリスクの低いエネルギーとしても活用することもできます。何よりも，新雪の極めて美しく神秘な風景は，静かな風情を心に与えてくれます。

4.2

エネルギー

4.2.1　各種エネルギーの性質と利用方法

⑴　人類が利用しているエネルギー

　人類がエネルギー源としているものは複数ありますが，それぞれに特徴があります。いずれのエネルギーにもメリットとデメリットがあり，何らかの環境負荷を発生させます。人類が利用する場合は，メリットのみに注目せず，デメリットも十分考えて利用する必要があります。

　人類が最初に手にした火の燃料源であるバイオマスエネルギーは，身近に存在する植物から得られ，水と二酸化炭素の存在と光（光合成）が存在すれば持続的（再生可能）に供給可能です。しかし，火を生み出す方法を手にしましたが，その分子，原子レベルのメカニズムを理解していなかったため，環境中の物質の変化によって自然の変化が発生することは不明でした。また，太陽とその周りを傾きながら楕円状に周回する地球の位置で気温，気候が変化していることも知るよしもありませんでした。しかし，人は火の科学としてより，生活に利用できる神秘な現象を持つ技術としてさまざまに利用していきます。

　人類が文明を持ち始めた地球では，最後の氷河期（約10,000〜12,000年前）ののち，約6,000年前の縄文時代に地球温暖化が起き，その後弥生時代にかけて寒冷期になりました。農耕が始まり一定の土地に定住する人が増えたことで，気候の変化は定住地の生活そのものを脅かす大きな災いとなりました。その自然災害はゆっくりと増加していったと考えられます。そのような中で，洪水や台風など自然災害を超自然的な力で対処することを望む呪術が行われています。形を持たない火は，霊妙な存在としても崇められ，呪術では神の象徴としても使われています。現在でも，オリンピックにおいて聖火として神に捧げる神聖な火として使われるなど，その思想はさまざまに受け継がれています。近年では，科学の進展によって，火から発生する赤外線は，可視光より波長が長い電磁波で，目に見えない熱作用が強いため，暖房，料理にも用いられました。ま

た，自然と闘い安定的な生活を得る重要な技術だったと思われます。現在では，この火を利用したものとして，蒸気を発生させタービンを回し得られる電気，ピストンを動かし動力を得るエンジン，廃棄物を二酸化炭素など酸化物と水に化学変化させ減量化する焼却処理などに使われています。特に電気は，照明，動力，熱など使いやすいエネルギーとして利用が拡大しています。

図4.2.1　発電も行っている一般廃棄物処理場

　　この処理場では，廃棄物の燃焼熱を利用して売電を目的とした発電施設も持っています。また，余熱を利用した施設として公衆浴場も備えており，廃熱の有効利用を行っています。

　その燃料も自然に生息している植物から得られるバイオマスから，数億年前から大量に堆積したバイオマスが腐食され生成しエネルギー密度が高くなった石炭，石油（オイルシェールを含む：オイルシェールを精製したものをシェールオイルという），天然ガス（シェールガスを含む）が大量に使用されるようになり，核反応を用いて莫大な量の熱エネルギーを得る技術も開発されるようになりました。

　他方，太陽光は，光合成の重要な電磁波ですが，可視光として当たり前に利用していますし，光に含まれる赤外線は熱として利用し，紫外線は殺菌などにも利用しています。日光の特定の波長を利用して，半導体を利用して電子を取り出し電気エネルギーを得ることも可能にしています。その他，地球の重力を利用した水力エネルギー（高低差による位置エネルギー（*20）），月の引力等で発生する潮力を利用した潮力エネルギー，大気の気圧差で生じる風力エネルギー，波を利用した波力エネルギー，さらに温泉など地熱を利用したエネルギーなどがあります。まだ効率が良くありませんが，これらエネルギーを利用してタービンを回して電気エネルギーを得ることも行われています。これらは，一般的には「自然エネルギー」と呼ばれ，自然現象が続く限り繰り返し使えることから「再生可能エネルギー」ともいわれます。

　なお，人工的に創られたエネルギーの廃熱を利用した発電等も行われていま

す。煙突，または工場や家庭から排出された廃水で得られた熱を利用した温度差発電，廃棄物焼却（あるいは有機物発酵による可燃性ガスの利用）による熱を利用した発電，熱供給も行われています。これらは無駄なく効率的にエネルギーを利用するということで省エネルギー技術となります。

　温度差発電とは，アンモニアなど常温で気体である物質（溶媒）を使用し，常温程度状態にすることで気化し，その際生じた蒸発の圧力でタービンを回し発電を行います。海洋の温度差を利用する方法も開発されており，海表面（常温）と深海（数百メートル程度）にある低温海水を利用しています。

　さらに，宇宙で輝く星の光のエネルギーを生み出している核反応も人類は人工的に行いエネルギーとして利用しています。核融合エネルギーです。また，自然現象として行われている物質の核分裂で発生するエネルギーを人工的に発生させる原子力エネルギー（核分裂エネルギー）の熱も利用しています。核物質は，時間とともに放射線を放射して，核反応をしない安定した物質へと壊変していくため，人工的に生成しなければ地球に存在する核物質は減少しています。地球が誕生した頃は，現在より多くの存在率で核物質があり，地上で核反応が行われていたと予測されています。

(2)　地球に存在するエネルギー

①　地　熱

ⅰ　エネルギー源

　地球に存在する地熱は，約46億年前に宇宙に散らばっていた物質が集まり，ぶつかり合って生じたエネルギーが未だにマグマなどの状態で地球内部に溜まっているものです。地球が誕生して約5億年間は，地球全体が熱による溶融状態で表面も真っ赤だったと考えられています。溶融状態であったため，地球が生まれてからこの約5億年間の岩石から得られる記録がなく状況を知ることはできません。現在の地球表面には火山などにその時代の様子を予想することができます。日本人をはじめ人類は，このエネルギーで暖められた地下水いわゆる温泉をうまく使っています。さらに地下深くにある熱水を利用し，地熱発電も行っています。地球の中心の温度は，6,000℃程度と推定されています。なお，地熱資源は，一般的に地下約5kmまでから汲み上げられるものをいい，

再生可能エネルギーに分類されています。

　宇宙で起きる現象は，科学的な法則に従って周期的であることから，物理現象の解析でかなり正確な予測が可能ですが，対して，地球が発生させる自然現象である火山の噴火，プレートの移動などで発生する地震などは，科学的に正確に予測することは未だにできません。このため突然の災害の原因ともなります。しかし，地熱を利用した温泉は，地球そのものが持つ不安定な自然をうまく利用したエネルギーといえます。近年ではこの熱を，暖房，雪国の融雪などにも使います。

図4.2.2　火山蒸気

　群馬県吾妻郡にある白根山では，火山蒸気が常に噴き出しています。東側の山腹にある草津温泉の熱源になっています。火山蒸気噴出地近くにはイオウ化合物も見られ，高い酸性度の状態となっていると考えられます。硫酸による強酸の影響で植物等が全く生殖していません。

ⅱ　地熱発電の使い方

　地熱発電は，原子力，火力（天然ガス，石油，石炭など）のように，核反応や燃焼反応を人工的に行わなくても熱を得ることができます。わが国のようにエネルギー資源がほとんどない国にとっては重要な熱源です。地熱によって発生させた蒸気で直接タービンを回し電気を発生させる方法で発電します。風力発電，ソーラー発電と違い，天候に左右されないため，比較的安定した電力供給が期待できます。

図4.2.3　地熱発電所（八丁原地熱発電所）

　この地熱発電所では，蒸気井から二相流体が噴出するため気水分離器で蒸気と熱水に分離し，蒸気（1次蒸気）はタービンへ，熱水はフラッシャー（熱水を減圧膨張させ，2次蒸気を発生させる装置）へ送られています。熱を効率的に利用しています。

　発電規模は，数千キロワットから数万キロワットのものが既に作られており，

わが国で現在建設されているものは2～3万kWのものが中心です。産業技術総合研究所の試算によると，5万kWの設備で20万人程度への電力供給が可能であることが示されており，地方都市は1基～2基の発電施設で電力供給がまかなえます。福島県河沼郡柳津町にある東北電力柳津西山地熱発電所では，6万5,000kWの発電能力（1基の発電設備としては現在わが国で最も大きいものです）があり，人口が26万人程度の都市へのエネルギー供給ができます。

また，原子力発電と同様に1日中発電することもできるため，夜間の余剰電力をNaS電池など蓄電池に貯め，電力消費ピーク時の供給も期待できます。ただし，福島第一原子力発電所事故以前に，原子力発電所などの夜の余剰電力で行っていた揚水発電に相当する量のエネルギーを得ることは困難と考えられます。日本の地熱発電所では，自然への影響を最小限に抑えるために，（生産井［または蒸気井］から）汲み上げた熱水は，また地下（還元井）へ戻し，汲み上げた地下水は水の自然循環システムへ戻しています。海外では，汲み上げた熱水（地下水を）を地下に戻さない場合もあり，地盤沈下や周辺自然環境の変化などを発生させている例や，熱水噴出の枯渇などの問題が行っています。

また，温泉地でイオウ臭を感じることがよくありますが，このにおいの原因となっている硫化水素は有害物質です。空気中では，硫酸に変化し，極めて酸性度が高いものです。強力な酸性雨のような存在です。装置自体（ロータなど）を腐食してしまうため，必ず除去する必要があります。地熱発電施設において硫化水素除去装置は不可欠です。

また，蒸気の成分に含まれるスケール（Ca，Si）といわれる不純物が配管に詰まることから，定期的に施設全体をメンテナンスしなければなりません。地下には，他の有害物質も数多くあるため，モニタリングは重要です。その他，発電による騒音もあることから，住宅地の近くでの設置は難しいのが現状です。

他方，電力事業規模の大型蒸気井戸をボーリング（1,000メートル以上）するには，5億円程度が必要となり，高いコストとなっています。日本のベースロード電源（一定量の電力を安定的に低コストで供給できる電源）として増加させていくのは，環境保全，経済効率の面から困難と思われます。しかし温泉は，地域暖房，農作物の温室への熱供給にも利用されています。今後，熱水に含まれる有害物質，腐食物質の除去などが開発されていけば有望なエネルギー

になると予想されます。また，地球内部の自然現象は科学的に解明されていない部分が多いため，これからの調査，解析が期待されます。

ⅲ　温泉の効果

わが国には，2,800ヵ所以上の温泉があるといわれており，昔から経験的に上手に地熱利用をしていました。しかし，温泉地では，イオウ酸化物や放射性物質であるラドン（気体）など有害な物質も発生させています。空気より重いイオウ酸化物は，土地のくぼみ（雪のくぼみなども含む）などに溜まり，まれに事故が発生しています。他方，低レベルの酸性またはアルカリ性の酸性泉やアルカリ泉では，人の皮膚などに影響を与えることは化学的に確かであるため，熱だけでなく，経験的に温泉を健康に寄与させていたと考えられます。

また，ラドンは気体の放射性物質であり放射線被曝のリスクがあります（低レベルであるため慢性的な影響となります）。しかし，このラドンなどによる被曝は，「一時的な低線量の放射線照射で，体のさまざまな活動を活性化する」とされる低放射線によるホルミシス効果が得られるとの学説も発表されています。ラドン温泉やラジウム温泉といわれる温泉では，健康のために自ら進んで温泉水を飲用として摂取している例もあります。わが国の温泉法では，温泉の定義として，ラドンの含有を定めており，放射性物質としての有害性は問題にしていません。法律（温泉法2条1項）で「温泉」とは，地中から湧出する温水，鉱水および水蒸気その他のガス（炭化水素を主成分とする天然ガスを除きます）が含まれる物として定義されており，ラドン，ラジウム塩（ラジウム化合物）も規定されています。健康に関する科学的根拠を調査検討したのか疑問です。

ⅳ　地中熱

地上の気温に比べ地下の温度は比較的変化が少なく，夏は低く（冷熱利用），冬は暖かく（温熱利用）なっています。この自然現象を利用し，地下熱空調システムが開発されています。比較的浅い地盤中に存在する熱エネルギーで，一般的に大気の温度に対して，地下約10〜15mの深さになりますと，年間を通して温度の変化が小さくなります。夏，地上の気温が高いときに，地下の冷熱を

取り出し，冬，地上の気温が低いときに地下の相対的に暖かい熱を取り出す，いわゆるヒートポンプ（heat pump）といわれる技術を利用します。

エアコン，冷蔵庫では熱を伝える媒体を用いてヒートポンプを実現しました。しかし，効率よく熱交換する媒体物質は，環境破壊物質として国際的に規制されましたので，地下熱空調システムでは，水，不凍液，あるいは新たな熱媒体が利用されています。ただし，新たな化学物質はフロン類に比べ熱媒体として効率が悪いため，多くのものが開発され環境条件に応じて複数のものが使用されています。

身近な自然エネルギーを利用することがメリットですが，あまり解明されていない地下環境へ熱が供給されることでこれまでにない温度変化が発生します。既に行政によって調査は行われていますが，影響についての常時配慮が必要です。

②　核エネルギー

ⅰ　核科学の発展

第2章で述べたとおり，1895年にドイツの物理学者であるヴィルヘルム・レントゲンが，物質を透過する特定の波長域（1pm［ピコメートル］- 10nm［ナノメートル］）を持つ電磁波を発見し，未知数を表すエックス（X）からエックス線（X-ray）となりました（*21）。

医療の検査用のエックス線を用いた画像は，発見者の名前を取ってレントゲンといわれています。化学または物理実験用としては，X線による回折現象を利用して，4.1で取り上げた物質が結晶化した分子の構造解析にも使われています。回折（diffraction）現象とは，光や音など波動が障害物の端を通過して伝播するとき（障害物に遮られる）に，その後方に回り込む現象のことです。

放射線は，1899年英国の物理学者アーネスト・ラザフォード（Ernest Rutherford）が粒子線（α線，β線）を発見，1900年にフランスの化学者，物理学者ポール・ヴィラール（Paul Ulrich Villard）がウランから放出されるガンマ線を発見しています。そして，1932年には，物理学者ジェームス・チャドウィック（Sir James Chadwick）が中性子（電荷を持たない素粒子）を発見しています。私たちの上空からは，宇宙線（cosmic rays）といわれる超新星

（supernova）の爆発を起源とする放射線が照射されています。粒子線のほとんどは，地球の磁場で曲げられ，地軸の両端に飛ばされます。極の上空では，大気（酸素や窒素等）と反応し発光します。

　その後，第1章，第2章で述べたとおり，核反応に関する研究は純粋に進められていきます。しかし，核反応で発生する莫大な熱エネルギーと生物の細胞，遺伝子を破壊する放射線は，強力な軍事兵器として開発の目的を変えていきます。日本に投下された原子爆弾は，太平洋戦争で日本の敗戦は決定的であったにもかかわらず，その後の国家間における軍事的兵器の実験も兼ねて投下されています。原爆投下計画地として，広島，長崎，小倉，新潟，京都，東京湾などが選定されており，その効果のデータが収集される予定でした。非人道的な科学技術の開発です。しかし，その後も核爆弾開発は進み，水素爆弾（hydrogen bomb），中性子爆弾（Neutron bomb）等が次々開発，実験されていきます。日本映画「ゴジラ」は，当初，水爆実験で太古の眠りからよみがえった怪獣で，放射線を吐きながら人間社会を徹底的に破壊（1954）するといった，核兵器への警鐘を示したものでした。

　他方，中性子爆弾は，中性子が物質の透過性が高いことを利用した爆弾で，爆風や熱風の破壊を目的としておらず，都市などの建築物，地下施設などに存在する生物を放射線障害（細胞の破壊，遺伝子の破壊）により死傷する兵器です。建造物やインフラストラクチャーをあまり破損しません。また，残留する放射線物質も少ないため軍隊が占領後，その地域の施設を使用できる戦略的兵器と呼ばれています。

　また，湾岸戦争（イラク－米国等連合軍との戦争）で使用された劣化ウラン弾は，使用済核廃棄物を利用した弾丸を使用したものです。通常弾丸に利用される鉛と同様の高い比重で破壊力があり，放射線を発することから被害は大きくなります。

　このような放射線を利用した兵器は，人類そのものの生存を危うくし，持続可能性とは真逆の存在といえます。このような悲惨な戦いを防止するために，核兵器の不拡散に関する条約（Treaty on the Non-Proliferation of Nuclear Weapons：NPT）も作られました。しかし，核爆弾の保有が許されている5ヵ国の国連安全保障理事会常任理事国（米国，ロシア，中国，フランス，英国）

194

のご都合で運営されています（*22）。

ⅱ　核エネルギーの平和利用

　1953年に米国アイゼンハワー大統領が，核開発による国際的な危機的事態の回避を目的として国際連合総会で，"Atoms for Peace" を提唱し，IAEA（International Atomic Energy Agency：国際原子力機関）憲章が1957年に発効しました（2020年9月現在，加盟国は172ヵ国）。

　原子力発電所では，少量のウラン燃料で膨大なエネルギー生産ができます。二酸化炭素を排出しない，酸性雨やアレルギーの発生などイオウ酸化物，窒素酸化物を発生させない環境保全型エネルギーとして注目されています。水素エネルギーも，電気分解等そもそも最初にエネルギーが必要ですから，核エネルギー（原子力発電，核融合発電（*23））は有望なエネルギーとされています。都会の大気は清浄になっても，エネルギーを作り出す発電所の周辺の放射線リスクが高まる可能性があります。福島第一原子力発電所事故前の政府の広報では，廃棄物も極めて少ないこともメリットとしてあげていました。しかし，ハザードは極めて大きいので，リスクは小さいとはいえません。正確なハザードと曝露を公表しなければ，正常な科学技術開発とはいえません。

4.2.2　太陽光起源

⑴　化石燃料

①　石　炭

ⅰ．石炭開発

　産業革命以降の燃料となった欧州の北部および西部の石炭は，木生シダが大森林を創っていた石炭紀（約3億6,000年前から2億9,000万年前）の石炭層から採掘されています。石炭は，一般的には枯死した植物が何世代も堆積し，土の中の微生物によって分解され泥炭となり，堆積層が厚くなるに従い，大きな圧力と熱によって水分が分離して生成されていきます。

　炭化度（炭素の含有率）が高まるにつれ，泥炭（ピートなど），亜炭，褐炭，亜瀝青炭，瀝青炭，半無煙炭，無煙炭と変化していきます。嫌気性の菌によって発酵が行われるため，メタン発酵も進み，炭鉱にはガスだまりとしてメタン

が大量に存在していることがあります（*24）。

　近年では頁岩（けつがん）の下に溜まっている石炭ガスをエネルギーとして利用する場合もあります。このメタンはガス爆発の原因になりますので，通常は石炭採掘前にはガス抜きが行われ，採掘作業時にも常時排気が実施されており，粉じん爆発対策とともに重要な安全対策となっています。わが国の炭鉱は，米国，オーストラリア，ドイツ等のように露天掘りではなく，地下深くに坑道を設けて採掘していくため，大量に生産することはできず高いコストを要しました。また，坑道掘りでは，落盤事故，出水事故，坑内火災，粉じん爆発等が相次ぎました。

　九州地方の三池炭田および筑豊炭田，北海道の石狩炭田（夕張炭田），釧路炭田，関東の常磐炭田をはじめ，わが国の炭田の石炭は6,000～2,500万年前（新生代第三期）の沼地，湿原地帯に生息していた熱帯性植物が地殻変動で堆積・腐敗汚泥化し，地圧・地熱によって炭化作用（蒸し焼き）を受けて生成しました。石炭となった熱帯性植物には，メタセコイヤを中心に，アカデ，クルミだったとされています。

　石炭採掘は明治以降盛んになり，昭和に入り大型掘削機械を使った大量の産出が行われました。海外への輸出も盛んに行われ，北九州の八幡製鉄所（現日本製鉄）など国内の製鉄における鉄鉱石の還元，溶解熱源としてコークス（高温で乾留して揮発成分を除外した75～85％の炭素を含みます：無煙燃焼し

図4.2.4　炭坑節のモデルとなった筑豊炭田にある煙突（田川伊田市）

　採掘した石炭は，当初，電気ではなく石炭の燃焼による動力を用い地上に引き上げたため，炭鉱に燃焼炉と大きな煙突が作られていました。「さぞやお月さんけむたかろう」と歌われる炭坑節で有名な筑豊炭田の煙突は，田川市伊田に保存されており，当時の繁栄が偲ばれます。

ます）も多量に作られました。焼却時に発生するばい煙および廃液で一時は深刻な大気汚染，水質汚濁を引き起こしましたが，市民，企業，行政が対策を進め改善されました。

　石炭化学も進み，燃料（固体だけではなく液化，ガス化）開発，化学合成による化学製品製造も行われました。わが国の石炭の種類は，瀝青炭，せん岩（天然コークス），無煙炭が多く，ドイツや英国で採掘されている褐炭や泥炭に比べるとエネルギー密度が高く，イオウ分等不純物（環境汚染物質［SOxなど］）が少ないメリットがあります。しかし，他国に比べ採掘コストが高くなったことで，わが国の主要炭鉱は一部を除き閉山しました。なお，北海道には未だ多くの石炭が存在しているとされています。燃料や化学製品も石油化学が全盛となり，石炭化学による化学工業は下火となりました。

　しかし，発電においては現在も大量に燃料として使用されており，ベトナムを始め複数の国から輸入されています。燃焼しやすいように液化（スラリー状）にして石油のように使用する技術やガス化技術等はさらに研究開発が進められました。廃棄物が問題となっていた残渣（燃えかす）のリサイクルも開発されています。火力発電所から発生する石炭灰はセメントの混合剤として建材等に既に利用されています。他方，石油は国際的に枯渇が懸念されており，2011年3月に発生した福島第一原子力発電所の事故以来，原子力を使用した発電量拡大にも慎重な対応がとられています。この影響から過渡的なエネルギーとして石炭火力発電が国際的に注目を浴びつつあります。しかし熱効率が悪く，二酸化炭素や大気汚染物質を大量に発生するデメリットがあります。

ii　高効率化－IGCC

　1955年に国家的なエネルギー需要の確保として国策で石炭発電を推進し，当該常磐炭田地区（勿来）に発電所を建設するに至っています。その後，石油火力発電，原子力発電が中心となったことから衰退しましたが，石油採掘可能量の減少，原子力発電のリスクが顕著になったことから再び石炭発電が注目を浴びました。石炭の利用を容易にするために，微粉体で発火させることや，スラリー状（液状）で使用する技術は既に開発されています。また，大量に発生する残渣（焼却灰）の利用も進み，路盤材などにほとんどが利用できるようにな

り，廃棄物の最終処分量が急激に減りました（*25）。

　しかし，石炭は，イオウ分が高く，分子量もバラツキが大きいことから，公害および低効率が問題となりました。また，ソックス（SOx）の発生もあります。この問題に対処するために，石炭をガス化し，効率よく焼却し，ソックスの発生を極力防止する技術が開発されています。高度な技術を持つ石油火力を上回る約42％効率を達成しました。このプロジェクトは，2001年からNEDO（新エネルギー産業技術総合開発機構）の支援を受け研究を進め，2013年から商業発電を開始しています（25万kW）。

　この研究は，国家プロジェクトして開発され「石炭の石炭ガス化複合発電（Integrated coal Gasification Combined Cycle：IGCC）」として，石炭をメタンガス化し，発電を行う方法でエネルギーを生産しています。しかし，デメリットとしてメタンの漏洩等取扱いが困難であること，国際的に発電効率の悪い石炭発電は地球温暖化原因物質（二酸化炭素）を大量に排出するとしてNGOから非難されるとともにESG（Environment, Social, Governance）の面からも投資対象から外される傾向が強くなっています。なお，IGCCにおける発電効率，大気汚染防止は，石油発電程度まで開発が進んでいます。

　2020年10月に菅総理大臣が発表した，「日本における二酸化炭素排出量を2050年までに実質ゼロにする目標」に向かって対処を進めています。石炭発電にアンモニアを配合し，効率を向上させる技術の研究開発も別途進められています。

②　石油，天然ガス

ⅰ　供　給

　2016年4月に電力小売り自由化，2017年4月にガス小売り自由化が制度化されたことで，電気およびガス供給に関し，これまでのように地域ごとに特定事業者が独占するのではなく，一般公衆に関しても供給事業者を選択できるようになりました。これにより供給事業者は，新たな事業への参入に際し新規の研究開発も進めています。

　例えば，ガス製造時に出るピッチ（石油ガス，石炭ガス［従来の主要な製造法］）は，炭素繊維の原料として20年以上前から供給しており，CFRP（Carbon

Fiber Reinforced Plastics：炭素繊維強化プラスチック：飛行機，自動車等さまざまなものに利用）原料として安定した事業が行われています。火力発電の原料は，石油はここ数年は1割を下回っていますが，天然ガスは約4割を占めており主流となっています。

他方，都市ガス（天然ガスの水素部分を分離し利用）を用いた燃料電池を一般家庭に普及させています。これによって，送電線による供給がなくても都市ガスを利用した電力供給が可能になっています。

図4.2.5 **輸入されるLNGタンカー**
　天然ガスの主成分であるメタンは，融点が−182.5℃，沸点が−161.6℃と非常に低温で，密度が液体で415kg/㎥と低い物質です。このためLNGタンカー（liquefied natural gas tanker）は，断熱構造，加圧タンクが必要で比較的大きな船となります。

天然ガスは，複数の国から輸入しており，石油のように特定の地域からの供給に頼る調達リスクは少ないといえます。また，現在の水素エネルギーの供給源は，天然ガスの改質が中心となっており，水素エネルギーの水素供給源ともなっています。しかし，天然ガスの成分は，炭化水素（主成分はメタン[CH_4]）であるため，水素が分離された炭素は空気中の酸素と結合し二酸化炭素になっています。今後この炭素原子の原子レベルにおける有用な材料への合成が期待されます。

ii　CCS，CCUS

石油や天然ガスは，エネルギー需要の拡大とともに地下深いところにある資源や濃度が低いものなどが次々と取り出されています。シェールガス，サンドオイル等技術開発によって膨大な量の採掘が可能になったものもあります。この結果，地下深くにあった莫大な量の物質（人類にとっては資源）が地上に取り出されました。化石燃料は，燃焼され，気体になり，地球温暖化原因物質である二酸化炭素となり大気中に莫大な量が放出されています。石油，天然ガスの消費の削減を世界的に進めるのは非常に難しく，大気中に放出された二酸化

炭素をそのまま回収する技術開発が進められています。

　大気中の二酸化炭素に圧力をかけて固体（ドライアイス）として地下深くに貯蔵し，有機物に変化させるといった事業も行われています。CCS（Carbon dioxide Capture and Storage：二酸化炭素の回収・貯蔵）といいます。現状では，固体化した二酸化炭素が通常の炭素，または有機物に変化するまでの貯蔵に400年を要するため，その保管対策が開発されています（日本では既に北海道で実証実験が進められています）。地下に封じ込められた固体二酸化炭素が短時間で気体に変化すると急激に膨張しますので莫大なエネルギー（大きな運動エネルギー）を生み出すことになり，危険性もあります。また，CCUS（Carbon dioxide Capture, Utilization and Storage：二酸化炭素の回収・利用・貯蔵）という次世代の開発も進んでおり，利用まで可能となるとバイオマス利用がさらに拡大することとなります。また，CCUSでは，分離・貯留した二酸化炭素を原油がほとんど回収できなくなった油田に注入して採取する方法が開発され実施されています。「増進回収法（Enhanced Oil Recovery：EOR）」ともいわれます。

　人工光合成を行う研究開発も行われており，大量に実施できるようになれば気体の二酸化炭素を人工的に有機物と酸素に化学変化させることができるようになります。成功すれば，気体の二酸化炭素存在率を人工的に管理することができるようになります。

(2)　再生可能エネルギー
①　概　要
　再生可能エネルギーは，当初は大規模な施設で大量に電力生産することは想定していませんでした。1970年代にエイモリー・ロビンス（Amory B. Lovins）が「ソフトエネルギーパス」を提唱し，世界中にその考え方が広がった際も，鉄道や工場など大きな電力が必要なものに関しては，火力発電を利用するほうが合理的であるとしています。分散型エネルギーとして再生可能エネルギーは，地域で地産地消することによってその有効性を発揮します。自然災害時にも被災者への貴重なエネルギー供給源となります。

　前述の地熱エネルギーも再生可能エネルギーとして取り扱われていますが，

源泉や地熱源が途切れれば，再生可能とはいえません。また，地震や火山の爆発などで発電施設などが破損することも想定され，メンテナンスが特に難しいエネルギーといえます。他のエネルギーは太陽からの光によって生じているものですので，公転，自転，地球の傾き等で供給量等が変化し，安定したエネルギー供給を得ることが困難です。地熱とバイオマス，水力以外は，エネルギー効率が悪いことも大きな課題です。エネルギー事業としては化石燃料に比べ非常に採算が悪いことが大きなデメリットとなっています。

　日本は2018年のエネルギー自給率は11.8％と低く，この自給率を向上させることがエネルギー政策の重要な課題です。特に2011年3月に福島第一原子力発電所の事故後，原子力発電所からの電力供給が急激に低下したことで，2014年には6.4％と危機的な状況になっています（*26）。この解決のためにも，国内で供給が可能な再生可能エネルギー供給量の増加が図られています。

　社会科学面から経済的誘導政策が実施されています。多くの国では，化石燃料に炭素税等環境税を課して，再生可能エネルギー等への導入を誘導しようとしています。また，FIT（Feed-in Tariff）制度として，日本では「電気事業者による再生可能エネルギー電気の調達に関する特別措置法」を制定し，再生可能エネルギーで発電した電気について長期固定化電力買取を行っています。この制度は，先進諸国で既に導入されましたが料金の高騰で継続的に行われていません。日本も同じ状況に向かっています。経済的誘導に関した経済分析が不十分であったと思われます。化石燃料価格を相対的に高額にして，消費を減少させることを目的としていましたが，最も安価な化石燃料である石炭消費へシフトさせてしまいました。経済誘導は非常に難しいといえます。FIT制度のエネルギーの高騰も予想を上回っており，貧富の格差によって個人が得られるエネルギーサービス量を差別化してしまいました。

② バイオマス

　古代より人類が人工的に利用している最も基本的なエネルギーは，バイオマスです。地球温暖化原因物質である二酸化炭素を膨大に大気に放出している化石燃料（石炭，石油，天然ガス［石油ガス，メタンを主成分とする地下より放出されるガス，シェールガス，メタンハイドレートの溶解］）も最初は光合成

によって作られたバイオマスです。数億年前の微生物や植物が，地下で長期間熱と圧力がかけられて炭化，液化，気化して生成したものです。

　一般的にバイオマスエネルギーといわれるものは，光合成で生成されたものです。狭義には，森林，間伐材，家庭ゴミ，剪定枝や下水道で収集された有機物，畜産廃棄物，食品廃棄物（工場・事業所を含む），農業廃棄物，材木・製紙工場廃棄物などそのまま焼却できるもの，または発酵させメタンガス等可燃性ガス，またはエチルアルコール等可燃性液体を生成するものがあります。広義には，動植物等すべての生物量（燃えるものすべて）を示します。このバイオマスは，光合成によって短期間で再生されますので再生可能エネルギー（自然エネルギー）といわれます。しかし，再生に数千万年から数億年要する化石燃料は再生可能エネルギーには含まれません。

図4.2.6　バイオマス発電設備

　森林，間伐材，住宅等建築物解体時の廃材などを使用して発電しています。バイオマスの供給量を管理していれば，カーボンニュートラルを保って電気エネルギーを供給することができます。しかし，自然の森林等にはシリカ（SiO_2）等不純物が含まれているため燃焼時に燃焼炉にナトリウムガラス等が生成しますので，ライニング材等のメンテナンスが必要になります。また，日本の森林が多い山岳地帯は傾斜が急なところが多く，山道も整備されていないため，間伐材などの運搬が困難でコストも要します。

　人類は，薪や枯れ木などバイオマスから燃焼エネルギーを得ることとなり，森林伐採して多量に木材を得るようになります。しかし，大航海時代（15〜17世紀）には，造船，燃料などで大量消費し需要が供給を大きく上回ったため，欧州の森林は多くが失われてしまいました。現在の景観が良いきれいな森林は新たに作られた人工林です。

　自然には，人が使える潜在的なバイオマスエネルギーがまだたくさんあります。藻類の研究では，複数の企業で燃料開発に取り組んでいます。ホテイアオ

イなど水辺の植物には富栄養化した水を浄化する環境改善機能を持ち，繁殖力が高いものもありバイオマス資源として開発されています。2016年10月には，米国テネシー州にあるオークリッジ国立研究所（Oak Ridge National Laboratory：ORNL［米国エネルギー省管轄］）で，炭素と銅を触媒（自身は化学変化しないが反応を促進させる化学物質）に使い，エチルアルコールを作る実験に成功しています。この研究または応用研究が進めば，人工的に製造される新たなバイオマスエネルギーとして期待されます。

③ 水 力

i ダムによるエネルギーの貯蔵

　川の流れを動力として利用していた水力も，ダムを造り新たな動力および電気エネルギーを得られるようになりました。ダムに貯められた水は，自然循環する水を利用しており，水道水（飲料水等生活利用の水）・灌漑用水の確保，河川等自然生態系への水の供給，高低差を使っての発電が行われ，自然の驚異である洪水を防ぐ治水も行われています。基本的には，ダム建設は，水道，電源開発が目的とされています。大都市周辺にはこれらの機能を複数目的とした多目的ダムが建設されています。水道水の供給は衛生的な生活をもたらしており，消毒によるトリハロメタン等発生の対策も進み，地方公共団体などでは水

図4.2.7 宮ヶ瀬ダム（神奈川県）
：コンクリート式重力ダム

　強い岩盤の上に作られ，頑丈な作りで比較的メンテナンスを必要としません。堰堤の建設には大量のコンクリートが必要となります。

図4.2.8 高瀬川ダム（長野県）
：ロックフィルダム

　揚水発電用ダムで，夜間も発電が止められない原子力発電所の余剰電力を利用し，下流にあるダムから汲み上げられます。昼に急に需要が高まるピーク電力を供給するために発電が行われています。しかし，再生可能エネルギーではありません。

道水をペットボトルで販売するなど，飲料水としての質も飛躍的に向上しています。

　ただし，ダム湖が作られることにより，湖底に沈む生態系の破壊，寸断される生態システムの変化も発生します。環境影響評価法（1997年制定）では，ダム建設に対して事前の環境アセスメントを義務づけています（水力発電所：第1種事業－出力3万kW以上，第2種事業－出力2.25万kW～3万kW）。

　多目的ダムとして2001年より本格運用した宮ヶ瀬ダム（**図4.2.7参照**）では，ダムからの放水量を制御（降雨が少ないときに水を補給など）し，川の生態系（水生生物，植物）保全を行っています。また，このダムがある中津川，道志川，相模川を導水路でつなぎ，相模川水系の水量調節をしています。コンクリートの堤体の自重で水圧を受け止めるダム（重力ダム）で，大量のコンクリートが使用されています。コンクリートの価格が低下したことでこの方式のダムが増加しました。このため設計，施工に多くの人件費が使われるアーチ型ダムは，日本ではあまり作られなくなりました。また大型ダムは，中心部分を粘土で作りその両側を砂や砂利で覆い，その上にリップラップとよばれる岩材で固めるロックフィルダム（**図4.2.8参照**）が多くが建設されています。

　今後悪化することが予想される洪水等，異常気象に対処するためにも重要といえます。逆に渇水もしばしば発生しており，生活水，水力発電の供給不足も問題となっています。また，ダム湖は人工的であるため，周辺の山からの倒木や土砂の流れ込みで貯水容量が減少します。湖面に浮かぶ流木等は定期的に回収除去していますが，土砂の流れ込みに関しては浚渫が必要となります。黒部川第四ダムのように湖底にたまった汚泥を黒部川に流出させる機能をもっているものもありますが，黒部川および河口，海への汚染による生態系への被害が発生しています。自然の水循環と生態系に関しての科学的解明の向上が望まれます。

ⅱ　電力供給

　海洋や湖沼などから蒸発した水の降雨によってダム湖が維持されています。エネルギー自給を確保する重要なエネルギー源といえます。1917年から建設調査が始まった黒部ダム（富山県）は，黒部川水系（約85km）に作られた当時

の重要な電源開発でした。現在稼働している12ヵ所の水力発電施設は，アルミニウム製造（精錬）のための電源開発が目的として建設されたものです。ボーキサイトからアルミニウムを分離するには大きな電力が必要となります。アルミニウム製造会社の代表取締役である高峰譲吉（タカジアスターゼ発見，アドレナリン開発などを行った科学者，医薬品会社：三共株式会社［現 第一三共株式会社］創業者）が計画し始められましたが，経済不況，高峰譲吉氏の死去によりこの計画は一時頓挫しました。

図4.2.9 黒部川第四ダム（富山県）：アーチ式ダム

　日本は地震が多いため，当該ダムに適した地盤が多くありません。当該地域は適当な地盤でしたが，厳しい山岳地域だったため建設に困難を要しています。

　しかし，当時，日本はアルミニウムを輸入に頼っていたため，自国で生産するために電源開発を進める必要があり，日本電力株式会社の初代社長である山岡純太郎の「電源ありしこうして産業あり」の信念に基づき開発が受け継がれました。なお，日本電力株式会社は当時の日本にあって五大電力会社の1つで，他には東京電灯，大同電力，宇治川電気，東邦電力があります。1928年制定の「電力国家管理法」により5大電力会社が統合され「日本発送電株式会社」になりましたが，1951年に電力再編で9電力会社に分割され，黒部川水系の電源開発は，関西電力株式会社に移管され，合計で90.112万kWの発電能力で現在も運営されています。

　最も上流にある黒部川第四発電所のアーチ式ダム（**図4.2.9**参照）は，堤高186m（日本1位），水路式による発電で位置エネルギー（有効落差：545.5m）が大きく，33万5,000kWの発電能力があります。アーチ式ダム建設には高い技術レベルが必要で，メンテナンスも高い配慮がなされています。

ⅲ　小水力
　用水や川の一部を利用した小水力発電所も世界各国で作られています。昔か

らある水車の回転を利用して発電します。年間水量の予測ができることから安定した電力が得られます。しかし，流入する木の葉など自然の廃棄物を取り除く必要があり，常時メンテナンスしなければなりません。多様な場所に設置できるメリットがありますが，近くに住宅がある場合など騒音が問題になることもあります。身近な地産地消エネルギー創出のため，開発が進められています。地中熱（冷熱を含む）と併用することも検討されています。

④　太陽熱，太陽光

　太陽から降り注ぐ日光には，さまざまな波長の光が降り注いでいます。熱エネルギーとなる赤外線には，太陽電池（半導体）に照射すると電流を発生させる特定の波長の光等があります。日光の照明機能を室内に取り込むために光ファイバーが利用されることもあります。

　水は熱を吸収しますので，水に直接日光を当てて給湯などの熱を得るエネルギー利用も行われています。大気中の湿度にもよりますが，乾燥には一般的に利用されています。凹面鏡，または多くの鏡を使い光を1点に集中させ高温を得て，その熱で溶媒を気化させタービンを回し発電する技術も既に実用化されています。

図4.2.10　太陽光パネル

　太陽電池に利用される半導体の開発も進み，エネルギー効率の向上が図られています。ライフサイクルアセスメント（LCA）の面から太陽光パネルを製造する際に必要な莫大なエネルギーを減少させ，10～20年で廃棄されるパネルのリサイクル技術の開発が望まれます。

　太陽光発電は，世界的に大規模に取り入れられており，家屋の屋根，休耕地，砂漠をはじめ，森林を伐採して設置される場合もあります。湖沼等水上への設置もあります。宇宙では天気の具合に左右されることがありませんので，人工衛星，宇宙ステーションにおける電気の供給にも用いられています。また，宇宙で発電し，電波でエネルギーを地上に送電する方式も研究されています。非結晶材料を使用したソーラーパネルは，柔軟に形状を変化させるものもあり，

設置場所も多様化が可能となっています。

　日本では大量のバイオマス（森林）を伐採し，人工的設備が敷き詰められた
メガソーラー発電所が日本のあちこちに建設されています。これら設備は，人
によってこれからずっと管理し続けなければなりません。政府や地方自治体の
経済的誘導策が失敗し，持続的な経営ができなければ，利益を得るために自然
破壊を起こした公害・鉱害と同じこととなります。

図4.2.11　山を切り開き作られるメガソーラー

　森林や草むらは，持続可能なバイオマス資源の貯蔵場所であり，目には見えづら
いですが大量のエネルギーが存在し，草木が成長するとバイオマスエネルギーが増
加します。また草木は生態系に生息する生物の食料の供給源です。

　人間が作った建設物が数千年も維持された例は，ピラミッド等特殊な石造物
ぐらいです。経済の動向で大きく変わってしまう社会の中で売電に競争力が失
われれば，持続可能な発電設備の運転は期待できません。中長期的に自然の変
化も考え，生態系が改変された土地と放置または壊れた設備装置の未来に対す
る科学的予測と対処も検討しておくべきでしょう。持続可能だったバイオマス
が消失した分，大気中の二酸化炭素量はかえって増加します。持続可能な社会
科学的な検討と自然科学面の検討を十分に実施されることが期待されます。

⑤　風　力

　風力発電は世界各地で設置され，風の比較的強い地域では効率よく発電が行
われています。1基1,500kW以上の発電能力ある設備が主流になってきていま
す。しかし，風が弱いときまたは強すぎるときは発電ができないデメリットが
あります。また，電力需要があまりない夜から早朝の発電は，捨てるか，ス

トックすることとなってしまいます。ストック方法は、二次電池に電気を蓄積，水を電気分解して水素として貯蔵する方法が行われています。

　発電時のデメリットとして，バードストライクによる鳥類への影響，ブレードが回転する際の風切り音等の騒音，森林地域へ設置の場合の森林伐採・自然破壊等があります。施設設置の際，環境影響評価法の対象となり，法令に基づいた環境影響について事前評価が必要です。効率的な発電を行うために大型化が進められていることから，さまざまなリスクの事前対処が必要です。他方，複数の国で陸上での設置場所が不足してきており，風が強い海上でも風力発電が作られています。ドイツやデンマークなどでは多くの施設が稼働しています。日本でも洋上発電が計画されています（*27）。水深が深い海では，浮上式の設備も開発されています。

図4.2.12　洋上風力発電設備と観測タワー（銚子沖）

　施設が設置されている地域は，親潮と黒潮がぶつかる（潮目がある）海洋で，波のうねりも強いところです。厳しい条件の海洋で建設（工事）し，自然の中での耐久性，メンテナンスの状況について試験的運用が行われました。全国各地に洋上風力発電を普及する際の重要な情報を収集分析しました。

　他方，風の受け方を工夫し，ブレードの形を変えたり回転を水平方向にするもの，風の方向が一定でない場合，自動的に風の方向に向くものなどが開発されています。多くの設備に関して管理する必要がありますので，通信によってウインドファーム全体が管理されています。自然の中に設置されるので故障も多く，迅速なメンテナンスも重要なエネルギー効率向上技術の1つといえます。

　また，ソーラー発電設備と同様に寿命が10数年程度しかありませんので，LCAの面から使用済設備のリユース，マテリアルリサイクル，廃棄処分方法も開発と同時に検討しておく必要があります。エネルギー密度が低く，莫大な設備が必要な再生可能エネルギーに関しては，製造のための資源消費，リユース・リサイクル，自然環境等への影響対策も含めた研究開発が必要と考えられます。

⑥　その他

　自然エネルギーには，潮の満ち引きを利用した潮力，波のエネルギーを利用
した波力なども開発されていますが，採算が合うコストで安定した電力を供給
する開発が進められている段階です。バイオマスエネルギーとして，家庭ゴミ
も一般廃棄物処理場で発電や熱供給に利用されています。スーパーマーケット
で廃棄処分となった生鮮品もバイオマス資源として発酵などが行われ，エネル
ギー資源となっています。水素も海水等自然の水から分離できるようになれば，
人類にとって莫大なエネルギーを得ることとなります。

　また，煙突，比較的高い温度を持つ下水，気温の差などで発電を起こす技術
も開発されています。4.1.4で取り上げた雪氷も冷熱としてエネルギー資源と
なっています。温度変化が少ない地下の低熱，または暖熱を地上に移動する技
術も開発されています。温度差エネルギーともいわれ，現在利用していないも
のとして未利用エネルギーともいわれます。

(3)　省エネルギー

　再生可能エネルギーは密度が小さいため，多くの施設が必要となります。人
口が1億2,000万人以上もいる日本では，北欧のように人口密度が低い国と同
じエネルギー政策を実行することは不可能です。人口が多く，人口密度が高い
日本では，安定供給には省エネルギー（以下，省エネとします）が最も合理的
な方法です。サーマルリサイクルも省エネルギーと同じ効果を得られることが
できます。

　例えば，日本の製鉄工場では，省エネ技術（コージェネレーション，容器包
装プラスチック廃棄物［造粒物］：固形化燃料の利用など）の開発を進め，熱
効率のよい製鉄生産を実現しています。RPF（Refuse Paper & Plastics Fuel：
紙とプラスチックだけを分別して熱利用を測る方法です）製造施設を工場内に
設置しているところもあります。製品に関する省エネ開発も進めており，ハイ
テン（強く薄くした鉄；自動車の鋼板など）等高性能な鉄も既に生産を始めて
います。鉄の高性能化によって，移動等にかかるエネルギー，資源を少なくで
き，LCAで算出した場合環境負荷はかなり小さくできます。さらに，鉄内部
の原子配列の制御によって長寿命性（鉄構造物等）も図られており，総合的な

視点から中長期的に見て有望な戦略です。

　他方，廃プラスチック処理をはじめ，工場内より潜熱によって発生する水素を収集・利用する技術は今後の水素供給源としても期待できます。高炉内で約2,200℃，鉄溶解温度約1,500℃，加工（圧延工程）での最初の工程で約1,200℃の熱が生じていることから，実現可能性が高いと考えられます。熱を無駄なく利用することができます。

　しかし，化石燃料の値段が省エネ技術開発のインセンティブを大きく変えてしまいます。化石燃料価格が上昇しますと，可採コストを高くしても利益を上げられるため，可採可能量も増加します。見かけ上は化石燃料残存量（可採可能期間）が増加したように捉えられがちです。逆に景気の低迷等でエネルギー需要が減少しますと，可採コストが高い採取地は採算が合わなくなり可採可能量が減少します。見かけ上は可採可能量（可採可能期間）が減少します。化石燃料の価格でエネルギー資源枯渇までの期間が大きく変わります。エネルギー価格が高騰すると，省エネへのインセンティブは高まります。ただし，化石燃料の枯渇期間が長引くため，化石燃料からの代替へのインセンティブは下がります。単位当たりの燃料のサービス量を高める省エネ技術へのインセンティブは高まり，移動等さまざまなエネルギー消費の効率性が高められます。さらに無駄なエネルギー消費が極力削減されます。

　化石燃料産出国は，省エネの促進，再生可能エネルギーや原子力エネルギーへの代替は，国家の経済状況を悪化させますので，化石燃料の産出を増加させるなど価格低下のための操作をしてきます。省エネ技術の開発のインセンティブが国際的なエネルギー価格の操作（短期的利益を踏まえての経済政策）で途切れてしまうと，持続可能な発展の足かせになってしまいます。中長期的な開発計画（予算の確保等）をしなければなりません。化石燃料（数千万年から数億年を要して生産されています），ウランの核分裂を利用した原子力燃料は，人類は数十年から数百年で比較的早く消費し尽くしてしまいます。新たなエネルギーが開発されなければ最後の富裕層が使い果たした時点で消滅します。中期的に見て省エネはそれまでの過度的な対策です。さらに，化石燃料は，地球の大気の成分を大きく変化させています。赤外線（熱）を吸収させる二酸化炭素の排出を低減させるためにも，省エネは最もわかりやすい確実な地球温暖化

防止技術です。

4.2.3 水素エネルギー

(1) 水素の酸化

① 生成物

　化石燃料は，化合物の炭素が空気の酸素によって酸化され熱が発生する化学反応を利用して運動エネルギー（*28），電気エネルギーおよび熱エネルギーを生み出しています。しかし，この反応で地球を温暖化させる二酸化炭素を生み出してしまうため，環境破壊が問題になっています。また，化石燃料は地球上で限られた量しかないため，人類が持続的に使用していくことはできません。代替元素として注目されているのが水素です。炭素と同様に空気中の酸素によって酸化され，熱エネルギーを生み出します（発熱反応）。炭素と異なる点は，電子も生み出すことができる点です。さらに，地球温暖化の原因となる二酸化炭素の生成はなく，水を生成します。

$$e^- \text{の生成}$$

$$H_2 \quad + \quad (1/2)\,O_2 \quad \rightarrow \quad H_2O \quad + \quad Q \text{（発熱）}$$

燃料　　　空気中の酸素　　　　　　　水　　　　熱エネルギー

　水素の酸化でも，ガソリン等のように熱を生み出し従来のエンジンで自動車を走らせることができ，給湯など熱供給ができます。電気を生み出すことができるため，エネルギーのサービスの範囲が広がります。電流を生み出す装置は，燃料電池（Fuel Cell）といわれ世界的に利用が拡大しています（*29）。また，水を生成できることから，飲料水等水の供給源にもなるメリットもあります。しかし，都市内で電気利用されますと，廃熱がヒートアイランドを助長してしまう可能性もあります。

② 電池

　電気エネルギーは化学変化を利用した化学電池が普及しており，乾電池（鉛蓄電池，アルカリ電池）は最も一般的です。近年は充電池がさまざまな機器に搭載されており，PC（personal computer），携帯電話等通信機器および電気

自動車等，身の回りにもさまざまに存在するようになってきました。

　過去にわが国の電機メーカーが開発したニッケルカドミウム（Ni-Cd）2次電池は，急速に普及しました。ニッケル水素（Ni-H）2次電池，リチウムイオン（Liイオン）2次電池と反応物質を変え，体積および質量当たりのエネルギー量（エネルギー密度）が指数関数的に高くなりました（*30）。そして装置内で酸化還元反応を行い発電も行う燃料電池が，充電池に取って代わられる可能性もあります。

　陰極には水素，または改質し水素を得るための天然ガス，メタノールなどが還元剤として使用され，陽極では，酸素，または空気（酸素を含有）が酸化剤として使用されます。燃料である水素の製造・供給方法が重要な開発項目となってきています。

(2)　燃料電池の研究開発
①　経　緯

　燃料電池の原理は，1839年に英国の科学者 ウィリアム・ロバート・グローブ（William Robert Grove）が考案したもので，当初は酸水素電池（（*29）③アルカリ形燃料電池参照）と呼ばれていました。1960年代に米国のアポロ計画（宇宙線）に利用されて以来，人工衛星など宇宙開発および原子力潜水艦などに普及していきました。酸素と水素の化学反応から，電気と熱および水が得られることから，宇宙船での利用に適していました。

　日本でも1981年からムーンライト計画（*31）で研究開発が進められました。燃料電池には水素が供給できれば空気中の酸素を利用し半永久的に電気が得られること，比較的小型で軽量化できること，水の供給源となることから技術開発が進められています。

　水素は比較的小さい原子で，発電関連装置からの漏れに注意しなければなりません。安全な貯蔵方法も開発されています。例えば，水素ガスを吸収して固体に貯蔵し，必要に応じて取り出す水素吸蔵合金も開発されています。1960年代から開発が進められ，マグネシウム（Mg），バナジウム（V），パラジウム（Pd：大量の水素を吸蔵），カルシウム（Ca），チタン（Ti），ジルコニウム（Zr）などがあります。その他，水素そのものを高圧ボンベで直接貯蔵・移動，

あるいはメタノールなど炭化水素化合物として貯蔵・移動し，使用時に改質（水素分離）して使用する方法等があります。他方，水素より大きい分子であることから輸送が容易なアンモニア（NH_3）として移動する方法も考えられています。アンモニアはそのまま燃焼させ発電に利用する開発も進められています。現在使用している石炭や天然ガス発電に配合し，二酸化炭素を減少させる技術開発も具体的に考えられています。

　しかし，水素そのものを製造する技術がまだ不十分であり，再生可能エネルギーを利用して電気分解する技術が従来よりさまざまに取り組まれています。また，高熱を利用する化学プラント等から既に回収されています。今後の研究開発が期待されます。

②　発電のメカニズム

　電解質を含む水溶液に直流電流をながすと，電気分解によって，酸素（O_2）と水素（H_2）が生成し，逆に水素と酸素の化学反応から電子を生成し，電力を発生させることができます。この発電メカニズムを利用する燃料電池は，閉じた系内で化学エネルギーから電気エネルギーへの変換を行う新しい発電方法といえます。

　類似の反応は，一般環境中でも起こっており，生活の中で普通に目にすることができます。鉄工作物や鉱物に生成する錆（さび）は，鉄の酸化反応で，局部電池モデルです。この現象（腐食反応）は，空気中の酸素によって生じる電気化学反応で，燃料電池と同様のメカニズムで起こっています。

　錆発生時の酸化反応極（アノード；電子を放出）では，鉄が酸化（*32）されます。

$$Fe \rightarrow Fe^{2+} + 2e^- \quad （Feは鉄，eは電子）$$

酸性雨で溶解されている銅像や鉄構造物の錆は電気化学反応です。他方，還元反応極（カソード）では，酸素（O_2）が還元（*33）されます。

$$O_2 + 2H_2O + 4e^- \rightarrow 4OH^-$$

　一般に環境中では，Feイオン（Fe^{2+}）は，Fe（OH）$_2$となり，その他反応を

経て，Fe_2O_3（赤錆）やFeO，Fe_3O_4など錆となり腐食反応が発生します。この酸化還元反応は，基本的には，燃料電池の発電メカニズムです。

　発電のみの化学反応は次のようになります。

　陰極（酸化反応極：アノード）では，水素が酸化され，電子が生成されます。

$$2H_2 \ + \ 4OH^- \ \rightarrow \ 4H_2O \ + \ 4e^-$$

　陽極（還元反応極：カソード）で生成した水酸化物イオン（OH^-）は，電池の中の電解質中を移動し陰極に移動します。

$$O_2 \ + \ 2H_2O \ + \ 4e^- \ \rightarrow \ 4OH^-$$

　電子（e^-）が，陰極から陽極へ移動することによって，陽極から陰極へ電流が流れます（電位差）。燃料電池は，このように化学エネルギーを直接電気エネルギーに変えるため高い変換効率が得られます（*34）。

4.2.4　核開発

(1)　核分裂
①　経　緯

　原子核分裂に関する研究は，核爆弾を作るために始められたわけではなく，純粋に知識の追求を目的として進められたものです。1938年に中性子を照射することによりウランの核分裂が起こることが，ドイツの物理化学者 オットー・ハーン（Otto Hahn），フリッツ・シュトラスマン（Fritz Straßmann），リーゼ・マイトナー（Lise Meitner）によって発見されました。その翌年，前述のフレデリック・ジョリオ・キュリーが，この核分裂の際に中性子が発生し，大きなエネルギーが発生することを実験で示しました。その後，ウラン235，プルトニウム239の核分裂による原子爆弾が開発されました。

　1950年代に核の平和利用として原子力発電所が開発され，日本では，科学技術レベルの高度化，経済成長などが注目され，当初は好意を持って迎え入れられました。しかし，原子力発電所の深刻な事故（米国のTMI事故，旧ソ連のチェルノブイリ事故など）を受けて，賛否が問われるようになりました。原子力発電については，「肯定派」，「慎重派」または，「賛成派」，「反対派」に分か

れ，安全性，経済，安全保障等が議論されることが多くなりました。

　原子力発電で発生する核廃棄物に含まれるプルトニウムは，核爆弾の原料や起爆剤にもなります。また原子力発電用の核燃料（核分裂）として利用することもできます。核反応で放射線が出なければ放射性物質の生成もなく，燃料としてのリスクは非常に小さくなります。原子力発電所から排出される核廃棄物が，発電としての価値をあまり高く評価されなくしている理由です。

　その対処として，日本では，日本原燃株式会社六ヶ所村再処理工場で，高レベルの放射線を発する核廃棄物（高レベル核廃棄物）をキャニスターに入れ放射線漏れを防ぎ貯蔵しています。輸送時はキャスクに入れられ，船，トラックで六ヶ所村の中間貯蔵施設まで運ばれ，30年から50年間中間貯蔵されています。一方，プルトニウムのみを利用して核反応を発生させる発電方法（高速増殖炉）も検討されました。実現すれば日本の数千年分のエネルギー供給が可能でした。しかし，福島第一原子力発電所事故以降の原子力発電のリスクが懸念され，国際的には消極的な対応となっています。また，国内の原子力発電所の原子炉横に設置されているプール（水）にも莫大な量の核燃料（燃料棒に入っています）が貯蔵されているため，処理技術開発が必要です。原子力発電所では，低レベルの放射性廃棄物も膨大に発生します。

　高レベル核廃棄物の最終処分は埋め立てが計画されていますが，未だ国内にはその場所が定まっていません（2021年6月現在）。この計画は原子力発電環境整備機構（Nuclear Waste Management Organization of Japan：NUMO）が行っています。フィンランド，スウェーデン，米国，カナダでは地下に貯蔵する最終処分場を建設しています。地下300メートルに建造している巨大な施設です。なお，原子力発電所の軽水プールおよび地下施設にも，核廃棄物（低レベルおよび高レベル廃棄物）が貯蔵されており，貯蔵量の上限を超えると青森県の六ヶ所村へ運ばれています。

②　事故対処

　福島第一原子力発電所では，2011年に自然災害（津波）によって原子炉で事故が発生しました。莫大な放射性物質が発生し，広範囲にフォールアウトしました。放射性微粒子が降下した地域から10万Bq（*35）/h以上の放射能を得た

土壌は除染され，集中的に集められています（測定の対象としている放射性物質はセシウム137です）。東京ドーム100個分の広さの貯蔵施設が建設されています。従来の廃棄物処理技術で用いられるロータリーキルン等で中間処理（焼却処理）が行われて減量化され，浸出水等の溶出を防止した埋め立て処分が行われています。

図4.2.13 福島第一原子力発電所事故で発生した放射性物質汚染廃棄物（汚染土壌）貯蔵施設

福島県大熊，双葉地区の中間貯蔵施設には，10万Bq/h以上の汚染土壌を1,400万㎥の埋め立てを行う予定です。2020年12月の時点で1,000万㎥の埋め立てが終了しています。

8,000Bq/hから10万Bq/hの汚染土壌に関しては，環境省が直接処理処分事業を行っています。汚染土壌の放射線をコンクリートで遮断し，処分場に埋め立てを行っています。埋め立て地は，以前は産業廃棄物処分場だった場所です。その他，千葉県，茨城県，栃木県，宮城県にも大量にフォールアウトしていますが，それらは対象の県が独自で処理処分を行っています。これら地域の土壌には，フォールアウトした放射性物質は比較的少なく，8,000Bq/h以下の測定結果となっています。

③　原子炉の種類

原子炉の種類には，軽水炉，重水炉，黒鉛減速軽水冷却炉などがあります。この名称に使用されている軽水とは，一般的な水を意味しています。水分子の水素あるいは酸素，または両方が同位体となり，通常の水より比重が重くなり，不安定となった水（重水）と差別化するために軽水と呼ばれています。

黒鉛減速軽水冷却炉（RBMK：英語呼称はLWGR）は，黒鉛減速沸騰軽水圧力管型原子炉ともいわれ，原子炉冷却材には軽水，中性子減速材には黒鉛，燃料には低濃縮ウランの二酸化ウランを採用している発電用原子炉です。旧ソ連が独自に開発した原子炉で，世界で最初に建設された原子力発電所であるオブニンスク発電所の炉型に使われています。1986年4月にウクライナ（当時は

ソ連）のチェルノブイリ原子力発電所で甚大な事故を発生させた炉の方式として知られています。

　また，原子爆弾の原料となるプルトニウムを製造することを目的として作られた原子炉も英国（現 ウインズケール）で稼働していましたが，この炉型も黒鉛減速軽水冷却炉の方式でした。この原子炉も事故を起こし周辺環境，住民に被害が発生しました。この事故は北海をはさんだノルウェーでも放射線リスクが調査されています。

　日本の原子力発電所は，軽水炉型を採用していますが，原子炉から熱の循環方法は２つの方式を使っています。沸騰水型原子炉（Boiling Water Reactor：BWR）と加圧水型原子炉（Pressurized Water Reactor：PWR）があります。PWRは，原子炉の熱を，別の蒸気循環系統へ蒸気発生器を介してタービンを回転させますが，BWRは，原子炉で発生させた蒸気をそのままタービンの回転，冷却（復水器）の工程を得て，原子炉へ戻るシステムとなっています。したがって，BWRは，原子炉から発電システム全体に放射性物質が循環してしまうこととなります。福島第一原子力発電所はBWRを採用していましたので，爆発事故後，配管等設備の複数の箇所から放射性物質が漏洩しました。

図4.2.14　原子力発電所

　ａが，沸騰水型原子炉（BWR），ｂが加圧水型原子炉（PWR）です。原子炉で熱せられた蒸気を冷やすため大量の水が必要となるため，海に面した場所に建設されています。津波や隕石の落下など天変地異がなければ，原子炉は十分な対策（フェールセーフ，フールプルーフ，インターロックシステム等）が施されています。

④　リスク対処技術

　原子力発電所の原子炉に関する最も基本的なリスク対策は「止める」，「冷やす」，「封じ込める」です。米国で1979年に発生したスリーマイル島（Three

Mile Island：TMI）原子力発電所事故では，ECCS（緊急炉心冷却系装置）が作業員のミスで停止してしまっています（*36）。原子炉内で異常反応が発生し，炉心溶融も起こりましたが，原子炉格納容器が通常よりも頑丈に作られていたため，最後のリスク対策である「封じ込め」はできました。しかし，この事故から世界で原子力発電所のリスクに不安を持ち始めるようになりました。科学技術のリスクに対するアセスメントの重要性が高まってきたといえます。

　原子力発電所事故で発生する核分裂生成物質（FP）の封じ込めを確実にするために次のような防護壁（五重の壁）を設けています。

　i　燃料部レット

　ii　燃料被覆管（燃料棒）

　iii　原子炉圧力容器

　iv　原子炉格納容器

　v　原子炉建屋

福島第一原子力発電所（2011年）および旧ソ連のチェルノブイリ原子力発電所（1986年）の事故では，水素爆発が原因で原子炉から放射性物質が大量に環境中に放出され，悲惨な事故が発生しました。

　福島第一原子力発電所の事故（2011年）では，建屋破損（爆発）の原因となった水素は，燃料被覆管のジルカロイが高温の水蒸気と反応して水素が発生したと考えられています。

$$Zr \ + \ 2H_2O \ \rightarrow \ ZrO_2 \ + \ 2H_2$$

次いで水素が空気中の酸素と反応して爆発したと考えられています。

$$2H_2 \ + \ O_2 \ \rightarrow \ 2H_2O$$

現在はこの対処として，水素濃度を下げるイグナイタ（電気式水素燃焼装置）が設置されています。加圧水型原子炉は原子炉格納容器の容積が大きいため，原子炉格納容器内の平均水素濃度が爆発の生じる濃度に達する可能性は低いですが，静的触媒式水素再結合装置とイグナイタも設置している場合が多いです。

218

(2) 核融合

生活に不可欠な太陽光は，太陽で行われている核反応によって，地球に降り注がれています。この光は，地球上に生命を誕生させ，人類の生存を維持しています。しかし，地球の傾きや太陽との距離がわずかに変わったり，太陽表面にちょっとした変化を生じただけで，地球上には大きな環境変化を起こしてしまいます。

核融合に関する研究は，超短時間のプラズマ発生することが中心に行われましたが，その後磁場でプラズマを封じ込める実験へと発展し，大規模な実験設備が必要となりました。日本では，1959年より政府の（茨城県）原子力機関で始まりました。磁気閉じ込め方式には，トカマク型（ソ連のイゴール・タム，アンドレイ・サハロフらによって考案），ステラレータ型，ヘリカル型があります。現在の世界の主流は，トカマク型です。

日本，米国，ロシア，中国，韓国，インド，欧州連合（EU）が参加した，ITER（核融合研究施設）の国際研究機構設立協定が2007年に発効し，フランス南部のサン・ポール・レ・デュランスに研究施設が建設されました。日本の青森県六ヶ所村には情報解析のための（量子科学における解析）スーパーコンピューターがあり，フランスのITERからの情報を解析しています。

この核融合の原料（反応物）には，二重水素（ジューテリリウム：重水素ともいいます）と三重水素（トリチウム）を使います。ジューテリリウムは，海水から分離抽出（蒸留）し収集できますが，トリチウムはリチウムに中性子を照射し生成します。海水中にもトリチウムは微量存在しますが，濃縮に極めて高いコストを要する分離濃縮装置を必要とするため，現状では普及は期待できません。

日本では，1985年に熱核融合技術開発のために製造されたトカマク型臨界プラズマ試験装置「JT-60」がプラズマ生成に成功しています。1億℃の達成に成功し，プラズマ発生が可能になりました。その後約5億℃まで達成しています。現在は，ITERの補完的機能としての実験を行うために国立研究開発法人量子科学技術研究開発機構（National Institutes for Quantum and Radiological Science and Technology：QST）が「JT-60SA」を茨城県那珂市の研究所内に2020年3月に建設しました。この施設では重水素のみで核融合し，プラズマ発

生，磁場封じ込めの実験が行われています。トリチウムとジューテリリウムの実験は行っていません（フランスのITERで当該実験を実施します）(*37)。ITER計画では，50万キロワットの核融合出力を長時間にわたって実現可能であることを目的として進められています。

核融合による発電は，核分裂で行う原子力発電と比べると出力は小さいといえます。しかし，核分裂で強い放射線が減衰するまで数万年要する核廃棄物が発生することはありません。また，核融合炉は重水素の供給を止めれば反応は中止することができます。核分裂のように連鎖反応を止めるまで長期間を要することはありません。

しかし，核融合を利用する水素爆弾は，原子爆弾の数倍から，理論的には果てしなく大きなエネルギーを発生することができるため，核融合制御技術の研究開発は非常に困難を要すると考えられます。ただし，この技術が，リスクを十分理解し，予防することが可能になり実用化，普及すれば，人類のエネルギー供給にとって非常に期待されると考えられます。

【第4章　注釈】

(*1) E3，E50等と表示されガソリンスタンドで販売されています。日本では限られたところのみで取り扱われています。E3は，3％のエチルアルコールが含まれるガソリンで，E50では，50％です。数値はエチルアルコールの配合率を示しています。

(*2) ドレクスラーは，マサチューセッツ工科大学（Massachusetts Institute of Technology）で，1991年に世界で初めて分子テクノロジーに関連した博士号 "Molecular Machinery and Manufacturing with Applications to Computation" を取得しています。わが国では「情報科学」（コンピューターなどの情報機械の理論・応用を研究する学問）としても発展してきています。

(*3) 縦坑は地下545メートル（空気の流通，人の移動，資材の運搬等），坑道の長さは約600キロメートルに及びます。江戸時代より鉱山として注目され（戦国時代：伊達正宗によって開発），鉛生産は，江戸時代からさかんに行われ，硬貨としても成形されていました。昭和に入ってからは，三菱金属によって高い技術をもった採掘が行われるようになりました。粗鉱から選鉱　鉱石とずり（または，ぼた）に分けられ，ずりは土木建築用として使用されています。

(*4) 亜鉛生産（亜鉛選鉱）では，亜鉛鉱石を焙焼炉で焼却し酸化亜鉛にし，酸化亜鉛を稀硫酸で溶かし，不純物を分離後，硫酸亜鉛溶液を抽出しています。硫酸亜鉛溶液は電気分解で，陰極より亜鉛を取り出し，その後電気炉で溶かした後，型に流し込んで電気亜鉛として出荷していました。鉛，亜鉛生産で発生する亜硫酸ガスは，触媒で参加し，水に吸収し，濃硫酸を生成しています。この処理により，大気汚染及び酸性雨を防止し，生産品（濃硫酸）を生成していました。一方，製造工程で発生した汚染溶液は，シックナー浄水器（液体中に混在する固体粒子をスラッジとして分離する

装置）で処理され，処理水は工場内でマテリアルリサイクルされ，水質汚濁を防止しています。本鉱山では，2,000万トンの鉱石が採掘されましたが，他国で安価で鉛，亜鉛が生産されるようになったことで1987年に閉山に追い込まれています。現在もなお700万トンの鉱石が貯蔵されています。

(*5) 2000年頃には，350ドル／オンスでしたが，2011年には1,750ドル／オンスになりました。なお，金の価格は，一般的にロンドン市場午後（または午前）の値決め結果（London PM［AM］Fix）が参考にされ，1オンス（oz：約28.3495231グラム）の値段が示されています。

(*6) したがって，マテリアルリサイクル，ケミカルリサイクル（廃棄物を材料として利用する：製鉄における還元剤，ポリマーの化学反応を利用してモノマーに生成など），サーマルリサイクル（燃焼させ熱利用：熱供給，発電）が対象となります。ケミカルリサイクルおよびサーマルリサイクルは，曖昧に定められているプラスチックが対象と考えられます。

(*7) 西アジアでは，紀元前5,000年頃の遺跡から出土しているとするものもあります。シュメール人が，最初に利用したといわれています。

(*8) 水銀は，大仏全体にアマルガム技法で金をメッキする際に用いられました。6世紀頃から金の冶金技術として利用されていたものです。水銀を気化したことで，大規模な環境汚染が発生したと予測されています。水銀は，当時，奈良県や三重県などから産出する辰砂（硫化水銀［HgS］を主成分とする鉱石）を焼いて沸点の違いにより分離し生産していました。水銀は，紀元前1,500年からエジプトの古墳からも発見されています。

(*9) 2004年における世界での銅の生産量は，1,452.7万トンで，チリ（37％），米国（8％），ペルー（7％），オーストラリア（6％），インドネシア（6％），ロシア（5％），中国（4％）です。

(*10) 足尾銅山の鉱毒事件は国会でも取り上げられ社会問題となりました。栃木県足尾銅山周辺では，1880年前後（明治13年頃）から流出した銅によって渡良瀬川流域沿岸で魚類などに異変が生じ，1890年（明治23年）の洪水によって流域一帯の土壌が銅に汚染され，農作物ができなくなったとされています。個人的見解では，排気で排出された（亜硫酸ガスを中心とした）イオウ酸化物によって，環境中の水分との反応で生成した硫酸によって植物を始め生態系全体に悪影響が発生したと考えます。

(*11) この汚染回避は，現在の大気汚染防止法にも応用されています（第2章で述べたK値規制）。さらに電話回線を使った迅速な汚染状況把握のためにテレメーターシステムも実現しています。また，自社植林500万本，周辺配布植林500万本も行い環境改善にも尽力し，周辺住民とのリスクコミュニケーションを図っています。この会社の技術者（メンテナンス部門）の一人である小平浪平が現在の日立製作所を設立しています。

(*12) 岩手県・釜石における高炉製鉄施設の建設，火入れは1957年12月1日で，日本鉄鋼連盟では「鉄の日」としています。2015年7月には世界文化遺産（明治産業革命遺産）に「橋野鉄鉱山 橋野高炉跡及び関連施設」として登録されています。なおこの地では，江戸時代以前よりたたら製鉄で作られた鉄で刀等が少量生産されていました。

(*13) 実用化には至りませんでしたが，2015年7月に登録された世界文化遺産「明治日本の産業革命遺産 製鉄，鉄鋼，造船，石炭遺産」には，鹿児島の旧集成館，釜石の橋野鉄鉱山，萩の反射炉，大板山たたら製鉄跡，および八幡製鉄所，長崎三菱造船所，長崎の端島炭鉱，三池炭鉱など一緒に登録となっています。なお，日本で最初に反射炉を製造したのは佐賀藩で，長州藩も当該藩より技術を享受されています。長州藩でも萩で製造されましたが試作の段階で取りやめとなっています。

(*14) 修理については厳しい米国安全規格に基づいてわが国のガイドラインも定められていますので，補修できる部分は限られています。しかし，補修性能は高く長寿命性が期待されます。

(*15) クロムメッキは，腐食防止，変色防止を目的として金属部品等に幅広く使われます。薄膜の光沢ある仕上げのもの（メッキの厚さが1μm未満）と，部品や金型等硬度および耐摩耗性向上用

（メッキの厚さが 1 μm 以上，厚いものは100μm 以上にもなります）に分類されます。自動車表面の腐食防止（および外観保持）に使用されるクロムコーティングは高度な技術を要しています。クロムは，有害性が高くEUのRoHS指令の規制対象になっていますが，同等の性能を有する代替品がなかなか開発されないのが現実です。腐食防止の技術レベルが低下するとボディ，部品の劣化が早まり新たな資源を消費することとなり，環境保全面を総合的に考えると容易に廃止できない状況にあります。

（*16）「富岡製糸場と絹産業遺産群」は，「世界の文化遺産および自然遺産の保護に関する条約」に基づいて，2014年にユネスコ世界遺産委員会で世界遺産一覧表に登録されています。

（*17）天然の動植物に広く存在する天然色素でロブスター，フラミンゴ，ニンジンなどの色は，含有されるカテロイドによる発色です。

（*18）カルボン酸エステルの特性基（R-COO-R'）をエステル基とすることが一般的です。

（*19）限界まで達している際に使われる言葉で，化学では化学平衡の状態をいい，化学反応における正反応と逆反応が同じ速度になると反応が進んでいないようにみえる様子のことを示します。溶解平衡，気液平衡，電離平衡などがあります。一定温度，一定圧力のもと溶液中で溶けなくなった固体の状態，液体の蒸発と溶解の同じ速度になった状態，電解質分子の一部が電離して平衡状態になる状態を示します。水は，湿度が100％になると化学平衡の状態になりますが，100％未満状態では気体の水分子の液化するスピードより液体の水分子の気化するスピードのほうが早くなります。環境中で，気化が著しく大きくなると上昇気流が発生します。

（*20）地表より垂直方向の高さに比例してその物体が持つエネルギーが高まります。式で表しますと，E（エネルギー）＝mghとなります。mは質量（kg），gは重力加速度（地球の重力による加速度），h（m）は高さです。ポテンシャルエネルギーともいいます。Eの単位をジュール（J）としますと，重力加速度（g）は，約9.8m/s^{2}です。

　　　（力は，質量とその物体が移動する加速で表され，F（力）＝maとなります。aは加速度です：力の単位をN（ニュートン）としますと，mはkg，aは移動距離［m］／時間［秒］二乗で表せます。N＝k・m/s^2）

　　　また，地震の大きさを表す指標として示される単位であるガル（Gal）は，揺れの加速度で，100Gal＝1 m/s^{2}で表されます。この加速度は，揺れの力に比例します。

（*21）電磁波とは，電磁場の周期的な変化が物質中などを伝わる波のことです。また，p：ピコは，10^{-12}，n：ナノが10^{-9}を表します。

（*22）「核兵器禁止条約（Treaty on Prohibition of Nuclear Weapons：TPNW）」が，2017年7月7日に国連加盟国の3分の2を超える122ヵ国の賛成で採択されました。2017年9月20日に調印（署名）・批准・参加の受付が始まり，批准国が50ヵ国に達した2021年1月22日に条約は発効しました。2021年2月19日時点で，署名国86ヵ国，批准国54ヵ国です。しかし，国連安全保障理事会常任理事国および唯一原爆が投下された日本は署名，批准はしていません。

（*23）デューテリウム（deuterium：水素の安定同位体で，原子核が陽子1つと中性子1つとで構成されるもの：重水素ともいう：^{2}HまたはDと表記する：分子式D_2O）とトリチウム（tritium：水素の安定同位体で，陽子1つと中性子2つから構成される：三重水素ともいう：^{3}H，またはTと標記する：半減期12.32年で3Heへと β 崩壊する放射性同位体である）とを核反応（核融合）させエネルギーを得，発電を行います。例えば，原子炉で軽水炉と呼ばれる炉型は，通常の水を水蒸気にして動力を得てタービンを回し発電しています。

　　　なお，通常存在する普通の水素（原子核が陽子1つのもの）は軽水素（^{1}H）と呼ばれることもあります。

（*24）複数の生物が存在するような化石が存在するような地層（生物・微生物が繁殖）にある植物

（シダ，ブナ等）の化石であることから（ケイ素が多いものは珪化木），メタン発酵によってメタンガス（天然ガス）も存在しています。したがって，石炭採掘時は，当該ガスの存在は発火におけるリスクを高めており，ドラフター等によるガス抜き，採掘前のガス抜きに注意しています。メタンは1mol，16gであることからガスだまりから抜くのは容易だったと思われますが，採掘坑道における上部に溜まる場合は非常に危険であったと考えられます。

(*25) 石炭採掘層には，シリカ（砂に近い成分で，二酸化ケイ素の俗称）が多く含まれており廃棄物として捨てられていました。九州では，「松岩」（筑豊炭田），「ゲッテン岩」（三池炭田）といわれ，常磐炭田では「ズリ」といわれていました。これは，珪化木といわれる植物の化石も多く含まれています。炭鉱では，石炭のなりそこないとされていました。江戸時代に家庭用の燃料に使用されていましたが，燃焼時に不純物の発生で臭く使用づらかったため，いったん蒸し焼きにして不純物を揮発させていました。

　これら鉱山採掘で発生する残渣（石炭副産物）は，「ボタ」（九州地方）とよばれ，鉱山近くにピラミッド型の百メートル以上の山ができています。荒涼とした風景を利用して映画やテレビドラマなどが撮られています。現在は，その残渣の多くが道路の路盤材などに利用され，わずかに残っているだけです。

(*26) IEA（International Energy Agency：国際エネルギー機関）では原子力を国内算出分の一次エネルギーとみなしています。

(*27) 新エネルギー産業技術総合開発機構（new energy and industrial technology development organization：NEDO）が千葉県銚子沖で2009年から「洋上風況観測システム実証研究」されています。観測タワーは2012年8月に建設され，風力発電施設は2013年1月から2014年末まで約2年間実証実験が行われました。現在も発電を行っており海底に敷設された電力ケーブルを利用し，送電をしています。通信ケーブルも敷設されており，風況など情報が送られています。発電容量は，最高2400kWと大きく，ローター径が92m，ブレード中心は海面から高さ80mとなっています。

(*28) 運動している物体がもっているエネルギーを運動エネルギーといい，物質の速さの2乗，質量に比例して大きくなります。エネルギー（E）は，次の式で表されます。

$$E = (1/2) mv^2 \quad （mは質量，vは速さ）$$

　　　　［質量の単位がkg，速さの単位がm/sの場合，Eの単位は，Jである］

(*29) 燃料電池は，使用する電解質の種類によって分類され，作動する温度などが大きく変わります。主要な種類は以下のとおりです。

① 固体高分子形燃料電池（PEFC：Polymer Electrolyte Fuel Cell）

　　電解質にイオン交換膜を利用し，約90℃以下で使用でき，小型，軽量化が可能です。自動車動力，家庭用電力・熱給湯，業務用小型発電，携帯用など既に実用化・普及しています。

② ダイレクトメタノール形燃料電池（DMFC：Direct Methylalcohol Fuel Cell）

　　燃料源として直接メタノールを利用するもので，カートリッジ式で燃料交換ができるなど一般での使用を考慮した研究開発が進んでいます。電解質は，炭素系フラーレンなどナノテクノロジーを利用した電解質膜が研究開発されています。対象とする製品は，携帯用電気・電子機器で，ノートブック型パーソナルコンピューターや携帯電話，デジタルカメラなどです。燃料電池が電源となりますと，アルコール燃料を補給することで継続的な電気供給が可能となります。

③ アルカリ形燃料電池（Alkali Fuel Cell）

　　英国の科学者 フランシス・トーマス・ベーコン（Francis Thomas Bacon）によって実用化研究が行われ，米国のアポロ計画（1960年代）で応用研究が行われ実際に使用されました。水酸化カリウムを電解質に使用しているためアルカリ型とされます。100℃以下で作動するものは，現在でも軍事，宇宙関連技術に利用されています。腐食性が少なく，取扱いが比較的容易で，燃料は

純水素が用いられています。

④ リン酸形燃料電池（PAFC：Phosphoric Acid Fuel Cell）

電解質にリン酸（H_3PO_4）を利用し，約180〜210℃で作動し，排出される熱や水蒸気は，コージェネレーションシステムとして給湯や暖房に直接利用できます。最も普及が進んでいます。燃料は，都市ガス，天然ガスが既に使用されています。

⑤ 溶融炭酸塩形燃料電池（MCFC：Molten Carbonate Fuel Cell）

電解質にLi-Na/K系炭酸塩などを用いたもので，作動温度は，650〜800℃と比較的高いです。高温で発生する水蒸気と廃熱を利用し，タービンを回転させ発電することが可能であることからコージェネレーションとしても期待できます。燃料は，石炭ガスが利用されています。発電システムが大型であることから，一般住宅用には適しておらず，工業用，発電事業者用として実用化段階での開発が行われています。

⑥ 固体酸化物形燃料電池（SOFC：Solid Oxide Fuel Cell）

電解質に，ジルコニア［ZrO_2：酸化ジルコニウムだけが確認されている］系セラミックスを用いています。作動温度は約1,000℃と非常に高温であることから溶融炭酸塩形燃料電池と同様に水蒸気と廃熱により発電することができ，コージェネレーションシステムも可能です。工業用，発電事業者用として研究開発が行われています。

(*30) エネルギー密度を比較するには，仕事率の大きさで比較されます。W（ワット）は，仕事率といい，1秒間に行われた仕事（ジュール）を表します。電力の場合，1A（アンペア：電流），1V（ボルト：電圧）の1秒当たりに消費される電気エネルギーを示します。Pを単位時間当たりの電気的エネルギーの消費（電力）としますと，次の式となります。

P（電力）＝ I × V（電流×電圧）＝（C／s）・（J／C）＝ J／s ＝ W（ワット）

［Cは電気量（単位はクーロン：記号はC），sは秒（Second）］

また，1万kWの電力を，1時間利用した場合の電気的エネルギー（または，電力量）は，1万kWh（または，1万kW時）と示します。1万kWhの仕事量（J：ジュール）は，上記の式を用いて計算しますと，3,600万kJ（$3.6×10^{10}$J）となります。電力量の単位は，kWh（1,000Wの電力を1時間使用した量）で表されることが多くあります。

なお，ジュール（J）は，力学的には1N（ニュートン）の力で，物体を1m移動するときにかかる仕事をいい，熱量（カロリー）との関係は，1cal≒4.2Jとなります。すなわち，水を1℃上昇する際の熱量（1cal）をジュールで表しますと，約4.2Jです（なお，1Nは，質量1kgの物体に1m/s²の加速度を生じさせるような力です）。

(*31) 省エネルギー技術の開発を目的として始められた国家的な計画です。燃料電池は，当初は発電効率が高いことなどから省エネルギー技術として開発が始められました。地球温暖化の原因である二酸化炭素を排出せずに発電できる装置としても注目されています。

(*32) 物質が酸素と化合することですが，一般には，電子を奪われること，またはそれに伴う化学反応を示します。

(*33) 酸化した物質が元の状態に戻すことをいい，一般には，物質に電子を添加する変化，またはそれに伴う化学反応を示します。

(*34) 燃料電池の発電の効率を向上させるために，化学反応を促進する研究が進められています。その方法には，電極の表面積を大きくしたり，電極表面で触媒を利用したりすることなどが検討されています。酸素用の触媒には銀（Ag），ニッケル（Ni）など，水素または炭化水素用の触媒には白金（Pt），パラジウム（Pd）などが利用されています。作動温度は，常温から1,000℃までさまざまですが，高温での反応のものが比較的に多くあります。高温での作動であるため発電時の安全性確保の研究開発は，燃料電池技術の普及には欠かせない研究となっています。

224

　他方，ジルコニア［ZrO_2］系セラミックス（固体酸化物）を電解質に利用した燃料電池では，廃熱・排ガスが約800℃におよびます。この高熱のガスをマイクロガスタービンに送り当該ガスタービン用燃料と混合し燃焼するコージェネレーションが米国政府（環境保護庁およびエネルギー省）によって開発されています。マイクロガスタービンは，燃料電池からの廃熱を得ることによって1,200℃でタービンを高速で回ることができます。また，このエネルギーで空気を圧縮し燃料電池へ酸素源として供給することができます。この方式が相互補完機能となりハイブリッドシステムが可能となっています。

(*35) ベクレル（becquerel）といいます。1ベクレルは1秒間に原子核が1回崩壊する放射能の強さです。現在は国際単位系の組立単位と指定され，標準単位として国際的に使用されています。1キュリーは3.7×10^{10}ベクレル（$1Ci = 3.7 \times 10^{10}Bq$）に相当します。原子力発電所（軽水炉）で100万kWの電気出力で1年間運転しますと，1.5京ベクレル（$1.5 \times 10^{16}Bq$：10,000兆＝1京）の放射能が生み出されます。

(*36) 米国では，1975年以来，原子力発電所について「原子炉安全研究（Reactor Safety Study：RSS）」が実施されています。わが国でも近年政府および原子力関連機関が，確率論的安全評価（Probabilistic Safety Assessment：PSA）を検討しています。PSAとは，リスク分析を行ってその大きさで安全性を表す方法で，故障の発生頻度，人的誤動作の確率等を分析します。

(*37) 2025年にプラズマ発生させる予定で，この成果に基づき，2035年にITERで核融合運転を開始する予定です。2040年に発電用原型炉を運転，2050年に発電開始を想定しています。

おわりに

　科学技術の発展は，人々の幸福の象徴のように取り扱われてきました。しかし，2011年3月に福島第一原子力発電所事故で，デメリットの部分も考えなければ一瞬にして多くの不幸を生み出してしまうことがわかりました。原子力発電は，1970年代は日本の高度な科学技術レベルの代表格で，正義の味方でした。しかし，莫大なリスクを秘めており，莫大なハザードを明白に曝露させました。

　一般公衆にとっては，最新の科学技術はその原理，開発の経緯等はわからなくても，与えられるサービスやものから得られる利益があれば利用は進みます。特に日本は政府，行政への依存度が極めて高いため，政府広報の影響は非常に強いと考えられます。公共の福祉の面からメリットが主張されます。しかし，個人の利益が侵害されるようなデメリットがある場合もあり，実用化，普及させる前に評価し改善しなければなりません。特定の人に受忍を強いるような科学技術に持続可能性はありません。通信技術のように生活に過剰な便利を与えてくれますが，情報漏洩，さまざまな詐欺などの犯罪やトラブルも次々と発生させています。通信やコンピュータプログラムは，科学技術の可能性を飛躍的に向上させ，AI（Artificial Intelligence）技術は失敗分析，改善まで行います。暴走したときの原因を人が解明できるのか疑問です。

　一方，日本におけるアスベストの使用のように，海外で健康被害が発生していることが明白だったにもかかわらず，安価であること，技術的な性能が高かったことを理由に生産，販売，使用が続けられたものもあります。科学技術面では，既に低リスクの材料が開発されていたにもかかわらず，高価であったため使われませんでした。明らかに，日本における社会科学面の対処が怠慢だったといえます。取り返しのつかないことです。科学技術の進展には，自然科学，社会科学，人文科学をバランスよく検討しなければなりません。

　科学技術の暴走による問題は，被害が起こった後でリスク分析が行われ，「再発防止」が図られることがほとんどです。中には，日本におけるアスベスト汚染のように，健康被害の事例があるにもかかわらず十分に再発防止を図ら

なかったものさえあります。これからは，未然防止のために，「予防」を研究開発の重要な項目に加えなければなりません。

図1 SDGs等が提唱された国連本部（米国・ニューヨーク市）

　国連では，企業活動自体へ自己規律を持たせるガイドラインとして国連責任投資原則（United Nations Principles for Responsible Investment：UNPRI）を提唱し，持続可能なグローバル金融システムの達成を目指し，環境（Environment），社会（Social），ガバナンス（Governance：統治）の分野に配慮した投資実施を示しています。1992年にリオデジャネイロで開催された「国連環境と開発に関する会議」以来，「持続な可能な開発」の考え方は世界に浸透し，2015年に具体的な目標が作られ「持続可能な開発のための目標（Sustainable Development Goals：SDGs）」が国連総会で採択されています。この目標には，2016年から2030年に向けての17の項目と169の内容が示されています。これらの目標すべてを15年間で国際的に達成するのは難しいと考えられますが，期間を決めて達成度を，各国政府，行政，企業，産業界，その他組織で評価していくことが望まれます。科学技術開発の必要事項として，時間的，空間的な面から「持続可能な開発のための目標項目」について評価し，適宜改善を図っていくことが期待されます。

　2021年6月5日

勝田　悟

参考文献

【参考文献】

(1) エドワード・ソープ，監修：増田丞美，訳：宮崎三瑛『ディーラーをやっつけろ』（パンローリング，2006年）

(2) 勝田悟『ESGの視点　環境，社会，ガバナンスとリスク』（中央経済社，2018年）

(3) 勝田悟『―汚染防止のための―化学物質セーフティデータシート』（未来工学研究所，1992年）

(4) 勝田悟『環境政策の変貌　地球環境の変化と持続可能な開発目標』（中央経済社，2020年）

(5) 勝田悟『環境責任　CSRの取り組みと視点―』（中央経済社，2016年）

(6) 勝田悟『環境戦略』（中央経済社，2007年）

(7) 勝田悟『環境ビジネス学』（中央経済社，2003年）

(8) 勝田悟『グリーンサイエンス』（法律文化社，2012年）

(9) 勝田悟『原子力の環境責任』（中央経済社，2013年）

(10) 環境省水・大気環境局『地中熱利用にあたってのガイドライン 改訂増補版（平成30』（2018年）

(11) キム・エリック・ドレクスラー，訳：相沢益男『創造する機械―ナノテクノロジー』（パーソナルメディア，1992年）

(12) 産業技術総合研究所「地熱の力」産総研，2008 No.3（2009年）

(13) 中谷宇吉郎『雪』（岩波書店，1994年）

(14) 手代木琢磨，勝田悟『―文科系学生のための―科学と技術』（中央経済社，2004年）

(15) デイナ・マッケンジー，訳：赤尾秀子『世界を変えた24の方程式（The Universe in Zero Word）』（創元社，2013年）

(16) 東北電力『柳津西山地熱発電所パンフレット』（2018年）

【参考インターネットHP】

(1) 国際平和拠点ひろしま「核兵器禁止条約の署名・批准の状況」
アドレス：https://hiroshimaforpeace.com/status-tpnw/

(2) 科学技術・学術政策研究所HP　「科学技術予測・科学技術動向」
アドレス：https://www.nistep.go.jp/research/science-and-technology-foresight-and-science-and-technology-trends#target01

(3) 「科学技術・学術政策研究所HP　「デルファイ調査検索」
アドレス：https://www.nistep.go.jp/research/scisip/delphisearch/start/index.html

(4) 外務省HP「国連宇宙部とのスペースデブリ問題に関する共同声明の署名」

アドレス：https://www.mofa.go.jp/mofaj/press/release/press4_008307.html

⑸　外務省HP「国際宇宙ステーション協力計画（ISS計画）」

アドレス：https://www.mofa.go.jp/mofaj/gaiko/technology/universe/iss.html

⑹　外務省HP「国際原子力機関（IAEA）の概要」

アドレス：https://www.mofa.go.jp/mofaj/gaiko/atom/iaea/iaea_g.html

⑺　国立研究開発法人 量子科学技術研究開発機構 放射線医学総合研究所HP

アドレス：https://www.nirs.qst.go.jp/index.shtml

⑻　国連広報センターHP「宇宙関連条約等」

アドレス：https://www.unic.or.jp/activities/peace_security/outer_space/documents/

⑼　経済産業省資源エネルギー庁「2020―日本が抱えているエネルギー問題」

アドレス：https://www.enecho.meti.go.jp/about/special/johoteikyo/energyissue2020_1.html

⑽　JAXA（Japan Aerospace Exploration Agency：宇宙航空研究開発機構）HPスペースデブリ（宇宙ゴミ）対策

アドレス：https://www.jaxa.jp/projects/debris/index_j.html

⑾　文部科学省・次世代がん研究シーズ戦略的育成プログラムHP「用語集」

アドレス：http://p-direct.jfcr.or.jp/word/

⑿　独立行政法人製品評価技術基盤機構HP「バイオテクノロジー」

アドレス：https://www.nite.go.jp/nbrc/genome/description/analysis1.html

⒀　日本溶射工業会

アドレス：http://www.jtsa.jp/association/index.html

索　引

【著者紹介】

勝田　悟（かつだ　さとる）

1960年石川県金沢市生まれ。東海大学教養学部人間環境学科・大学院人間環境学研究科 教授（大学院研究科長）。学士（工学）新潟大学［分析化学］，修士（法学）筑波大学大学院［環境法］。

<職歴>政府系および都市銀行シンクタンク研究所（研究員，副主任研究員，主任研究員，フェロー），産能大学（現 産業能率大学）経営学部（助教授）を経て，現職。

<専門分野>環境法政策，環境技術政策，環境経営戦略。社会的活動は，中央・地方行政機関，電線総合技術センター，日本電機工業会，日本放送協会，日本工業規格協会他複数の公益団体・企業，民間企業の環境保全関連検討の委員長，副委員長，委員，会長，アドバイザー，監事，評議員などを務める。

【主な著書】

[単著]

『環境政策の変貌　地球環境の変化と持続可能な開発目標』（中央経済社，2020年），『環境政策の変遷　環境リスクと環境マネジメント』（中央経済社，2019年），『ESGの視点　環境，社会，ガバナンスとリスク』（中央経済社，2018年），『環境学の基本　第三版』（産業能率大学，2018年），『CSR　환경 책임（CSR環境責任）』（Parkyoung Publishing Company，2018），『環境概論 第2版』（中央経済社，2017年［第1版2006年]），『環境責任　CSRの取り組みと視点―』（中央経済社，2016年），『生活環境とリスク―私たちの住む地球の将来を考える―』（産業能率大学出版部，2015年），『環境保護制度の基礎 第三版』（法律文化社，2015年），『環境学の基本　第二版』（産業能率大学，2013年），『原子力の環境責任』（中央経済社，2013年），『グリーンサイエンス』（法律文化社，2012年），『環境学の基本』（産業能率大学，2008年），『地球の将来　―環境破壊と気候変動の驚異―』（学陽書房，2008年），『環境戦略』（中央経済社，2007年），『早わかり　アスベスト』（中央経済社，2005年），『―知っているようで本当は知らない―シンクタンクとコンサルタントの仕事』（中央経済社，2005年），『環境保護制度の基礎』（法律文化社，2004年），『環境情報の公開と評価―環境コミュニケーションとCSR―』（中央経済社，2004年），『―持続可能な事業にするための―環境ビジネス学』（中央経済社，2003年），『環境論』（産能大学：現　産業能率大学，2001年），『―汚染防止のための―化学物質セーフティデータシート』（未来工研，1992年）など

[共著]

『先端技術・情報の企業化と法〔企業法学会編〕』（文眞堂，2020年），『企業責任と法―企業の社会的責任と法の在り方―〔企業法学会編〕』（文眞堂，2015年），『―文科系学生のための―科学と技術』（中央経済社，2004年），『現代先端法学の展開〔田島裕教授記念〕』（信山社，2001年），『―薬剤師が行う―医療廃棄物の適正処理』（薬業時報社：現　じほう，1997年），『石綿代替品開発動向調査〔環境庁大気保全局監修〕』（未来工研，1990年）など

科学技術の進展と人類の持続可能性

2021年10月1日　第1版第1刷発行

著　者　勝　　田　　　　悟

発行者　山　　本　　　　継

発行所　㈱中　央　経　済　社

発売元　㈱中央経済グループ
　　　　パ ブ リ ッ シ ン グ

〒101-0051　東京都千代田区神田神保町1-31-2
電話　03 (3293) 3371 (編集代表)
　　　 03 (3293) 3381 (営業代表)
https://www.chuokeizai.co.jp

© 2021
Printed in Japan

印刷／㈱堀 内 印 刷 所
製本／㈲井 上 製 本 所